politique européenne

Les effets de l'européanisation des politiques d'immigration

Sous la direction de
Virginie Guiraudon

n° 31, 2010

Revue publiée avec le concours
du CNRS, du laboratoire PACTE Grenoble
et de la Fondation nationale des sciences politiques

Politique européenne
Centre d'études européennes de Sciences Po
28, rue des Saints-Pères
F-75007 Paris
Tél. : (+ 33 1) 45 49 83 52
Fax : (+ 33 1) 45 49 83 60
politique.européenne@sciences-po.fr
http://www.portedeurope.org/

L'Harmattan

5-7, rue de l'école polytechnique 75 005 Paris

http://www.librairieharmattan.com
diffusion.harmattan@wanadoo.fr
Harmattan@wanadoo.fr

ISBN : 978-2-296-13119-4
ISSN: 1623-6297
EAN : 9782296131194

DIRECTEUR DE LA REVUE

Céline Belot, PACTE, IEP de Grenoble

COMITÉ DE RÉDACTION

Céline Belot, PACTE, IEP de Grenoble

[illegible], IEP de Lyon

[illegible], IEP de Strasbourg, PRISME

Patrick Hassenteufel, Université de Versailles Saint-Quentin-en-Yvelines

[illegible]

Antoine Mégie, Université de Rouen

Frédéric Mérand, Université de Montréal

Olivier Rozenberg, Centre d'études européennes, Sciences Po Paris

Sabine Saurugger, IEP de Grenoble, PACTE

[illegible]

PACTE, IEP de Grenoble

SOMMAIRE

Les effets de l'européanisation des politiques d'immigration

Virginie **Guiraudon**

Les effets de l'européanisation des politiques d'immigration et d'asile

L'européanisation des politiques d'immigration a fait l'objet de plusieurs études insistant à la fois sur des mécanismes d'imitation et de diffusion horizontaux et sur les transferts de compétence progressifs à des forums transgouvernementaux puis européens. Mais quels changements peut-on attribuer à ce processus enclenché il y a un quart de siècle ? Peut-on mesurer les effets de l'européanisation ? Pour répondre à cette question, il faut multiplier les niveaux d'analyse, macro, méso et micro, et construire son objet de recherche en déplaçant le regard pour partir du point de vue de ceux qui doivent s'adapter aux nouveaux cadres et cadrages de l'action publique « européanisée » : ministres des nouveaux États membres, pays tiers négociant avec l'Union européenne, organisations de mouvements sociaux et les migrants eux-mêmes. Tout d'abord, l'article retrace rapidement les vingt-cinq premières années de la coopération en matière d'immigration en Europe et les caractéristiques principales de ce domaine d'action publique. Il définit et analyse ensuite les mécanismes d'européanisation du domaine de l'immigration et souligne l'intérêt qu'il y a à étudier les effets pervers, induits ou non avenus. Puis il souligne l'importance des niveaux d'analyse et de la multiplication des points de vue et des objets.

The consequences of the Europeanization of immigration policies

The Europeanization of immigration policies through horizontal mechanisms and later transfers of competence to the European Union (EU) has been well documented. Yet, what are the changes brought about by a quarter century of this process? What difference does Europeanization make? To answer this question implies multiplying levels of analysis from the macro to the micro and a research design that starts from the point of view of those that have to take into account the new frame and framing of immigration policy: ministers in new member states, third countries negotiating with the EU but also social movement organizations and migrants themselves. This article recaps the first twenty five years of EU cooperation on immigration highlighting the main features of this policy domain. It then discusses the dimensions of Europeanization in the area of immigration policy and the added value that consists in studying its effects. To do so, the article argues implies combining different levels of analysis and shifting the locus of observation and object of study.

politique européenne, n° 31, 2010, p. 7-32.

Alors que parait ce numéro de *Politique européenne*, le traité de Lisbonne est en vigueur depuis quelques mois. Signé en 2007, il prévoit la fin des « piliers » mis en place à Maastricht en 1992 et contribue à normaliser l'ancien « troisième pilier » – le domaine JAI (Justice et affaires intérieures) rebaptisé depuis « JLS » (Justice, liberté et sécurité) dans lequel, et ceci malgré la valse des étiquettes, s'inscrivent encore à bien des égards les politiques européennes d'immigration. En réalité, c'est à partir de la mise en œuvre du traité d'Amsterdam que les « politiques d'immigration, d'asile et de contrôle des frontières extérieures » sont progressivement « communautarisées ». Elles ont ainsi devenues alors moins « intergouvernementales » en impliquant toutes les institutions européennes à des degrés divers. C'est surtout le cas après la phase de transition qui s'achève en 2004.

Un des moments forts depuis lors est l'adoption le 18 juin 2008 de la directive sur le retour des étrangers en situation irrégulière par le Parlement européen à 367 voix contre 206 dans le cadre de la procédure de codécision. Chronique d'une déception annoncée pour les associations de défense des droits des étrangers dont certaines espéraient sans trop y croire que le Parlement européen traduirait en acte la générosité rhétorique envers les ressortissants non communautaires dont il faisait preuve quand il n'avait qu'un pouvoir de consultation et avant sa reprise en main par les partis politiques nationaux et européens. Pourtant, les premières décisions de la Cour de justice des communautés européennes (CJCE) comme celle sur la directive « regroupement familial » avaient démontré que les institutions communautaires n'agissaient pas toujours comme des contre-pouvoirs face aux décisions du Conseil des ministres, c'est-à-dire défendant les « libertés » alors que le Conseil ne se préoccuperait que de « sécurité ».

En tout cas, nous sommes non pas à un tournant ou à un moment de rupture mais plutôt dans la continuité d'un processus d'institutionnalisation, c'est-à-dire de formalisation et de pérennisation de pratiques plus anciennes et d'encastrement de ces pratiques normalisées dans le complexe institutionnel ou organisationnel européen. Il semble alors pertinent de s'interroger sur les effets de l'européanisation progressive des politiques d'immigration, en bref sur ce que change ce changement d'échelle plutôt que sur ce qui le conditionne.

Si la frénésie législative dans le domaine de l'immigration est un symptôme de « l'approfondissement » (« *deepening* ») de l'intégration européenne, elle survient à un moment également marqué par des élargissements successifs (Favell et Hansen, 2002a). Signés par cinq des États fondateurs de la Communauté économique européenne en 1985 et en 1990, l'accord puis la Convention de Schengen ont été incorporés dans l'acquis communautaire et l'espace Schengen recouvre désormais un espace considérable (voir carte ci-dessous). Cet espace recouvre en effet l'Europe à 25 plus l'Islande, la Norvège et la Suisse – sachant que le Danemark a un « *opt-out* » suite à un référendum national, et que le Royaume-Uni et l'Irlande choisissent de participer à chaque disposition législative au cas par cas et que la Bulgarie et la Roumanie n'y participeront pas pleinement avant 2011. Mais en réalité, l'étude de Rebecca Adler-Nissen sur le Danemark et le Royaume-Uni révèlent des pratiques plus « *in* » que « *out* » (2009). Elle montre à quel point le domaine « JLS » construit une « Europe à la carte » (Guiraudon, 2000) avec des marges de manœuvre et des usages stratégiques inégaux d'un pays à l'autre.

Des forums multilatéraux et en partie redondants (« *overlapping* ») continuent de coexister de façon plus ou moins formelle hors du cadre de l'Union européenne voire se multiplient et se diffusent dans le monde (Channac et Thouez, 2006). Dans certains cas, comme celui du traité de Prüm signé en 2005 par l'Allemagne, l'Autriche et le Benelux mais aussi au final par l'Espagne et la France, est négocié à cinq ce que se signe à sept puis devient un règlement européen à 27. En outre, comme le soulignaient Sandra Lavenex et Frédéric Mérand dans un numéro spécial de *Politique européenne* en 2007, l'immigration et l'asile sont des enjeux importants de la politique extérieure de l'UE (Lavenex et Mérand, 2007 ; voir aussi Lavenex, 2004). Lorenzo Gabrielli dans ce même numéro montrait d'ailleurs la façon dont les États membres se servaient de l'UE dans leurs négociations avec les pays du sud de la Méditerranée censés empêcher les flux de migrants sub-sahariens vers l'Europe (Gabrielli, 2007 ; voir aussi Cassarino, 2005).

C'est à une politique chewing gum[1] que nous avons affaire : s'étendant en interne d'un secteur d'action publique à un autre pour impliquer les directions générales de la Commission et les ministères des Affaires extérieures, du Développement, et du Commerce extérieur et

---

[1] L'analogie avec une confiserie trouve des antécédents précieux en science sociale, en particulier chez Erving Goffman avec son « candyfloss » dans son livre *Stigmates*, comme me l'a rappelé Vincent Gayon.

Carte 1. L'Europe de Schengen au 1er juin 2010

L'Espace Schengen (janvier 2008) **Source : La Documentation photograhique n° 8063**

États appliquant l'accord Schengen (janvier 2008)

Union européenne :

États appliquant Schengen

États hors Schengen

Source : http://europa.eu/scadplus/leg/fr/lvb/133020.htm

Atelier de cartographie de Sciences Po, janvier 2008
@ La Documentation française

s'étirant également vers l'extérieur pour impliquer le plus d'États tiers et d'acteurs privés possibles hors de l'Union dans le contrôle des flux migratoires (Guiraudon, 2001). Bien que les acteurs des administrations « Justice et Affaires intérieures » restent dominants, c'est une politique à la fois transversale et externe (voir notamment Guiraudon, 2000 ; Lavenex, 2006 ; Boswell, 2002, 2008). L'objet à construire pour le chercheur est fuyant. Parfois il a l'impression que ce que « ses » acteurs nomment « politiques d'immigration » sont surtout des politiques de contrôle aux frontières extérieures de l'Union européenne, politiques qui empêchent la venue des demandeurs d'asile et tentent de filtrer les migrants indésirables très en amont de la frontière. Mais s'il s'en tient à la signification sociologique du mot (im) migration et suit ce fil d'Ariane dans le labyrinthe des institutions européennes, le chercheur retrouve cet enjeu dans la plupart des politiques de l'Union sous diverses guises y compris celle de la « mobilité » intra et extra-européenne.

C'est un patchwork qui masque en partie les rapports de force au sein des membres fondateurs de Schengen et de ses avatars et la façon différenciée dont l'acquis Schengen ou l'acquis communautaire s'applique dans les nouveaux États membres. En outre, il ne faut pas oublier que certains régimes politiques du Sud de la Méditerranée exploitent à leur avantage la rhétorique de la « forteresse Europe » et profitent de ce que Nora El Qadim nomme dans ce numéro leur « rente géographique ». En d'autres termes, pour comprendre les logiques de pouvoir au sein du domaine du contrôle migratoire, il faut prendre en compte toutes sortes de dynamiques et de jeux. Tous les pays ne sont pas logés à la même enseigne dans ces jeux croisés multi-niveaux ; ils jouent sans toujours savoir ce qu'ils vont gagner en participant au jeu de la coopération européenne. Par ailleurs, le pouvoir de négociation ne correspond pas forcément aux cercles concentriques que l'on trace pour signifier l'accès différencié aux droits des ressortissants des États membres, des nouveaux entrants, des pays candidats, et des « voisins » (voir l'article d'Adrian Favell dans ce numéro).

Ce qui, de loin, s'apparente à un « secteur » (les politiques d'immigration) est, en réalité, un objet de recherche complexe voire insaisissable, un domaine d'action publique avec des contours flous et mouvants. En 2007, dans l'introduction du numéro de *Politique européenne* sur la coopération policière et judiciaire, Jacques de Maillard et Andy Smith considéraient que cette dernière était en voie d'institutionnalisation au niveau européen et en quête de légitimité. Ceci expliquant sans doute cela, elle était d'après eux moins étudiée que les politiques d'immigration, qui avaient pourtant connu les mêmes fonts baptismaux et aussi fait partie du troisième pilier entre 1993 et 1999. Il nous a donc semblé plus fructueux de consacrer ce numéro aux effets de l'européanisation dans le domaine de l'immigration et de l'asile, plutôt qu'au processus d'institutionnalisation lui-même : effets éventuels sur les dynamiques migratoires, sur les stratégies de mobilisations dans ce domaine, sur la pratique des acteurs de la mise en œuvre, sur d'autres secteurs et sur les relations avec les États tiers.

Nous procéderons en trois temps dans cette introduction pour présenter la problématique et les articles du numéro. Comme ces derniers n'y reviendront plus en détail, la première partie retrace au pas de charge le chemin parcouru en vingt-cinq ans dans le domaine de la coopération européenne en matière d'immigration. La seconde partie explicite les mécanismes de l'européanisation dans le domaine de l'immigration et de l'asile et les apports de l'étude de ses effets. La troisième partie s'attarde sur les partis pris qui sous-tendent le choix des enquêtes présentées dans ce numéro et met en valeur ce qu'il y a d'enrichissant dans les points de vue choisis par les auteurs (macro, micro, par le bas, par les marges…).

Retracer les frontières ou brouiller les cartes : qui gouverne la politique d'immigration en Europe ?

La coopération intergouvernementale sur l'immigration et l'asile a commencé dans les années 1980, à un moment où les pays qui avaient recruté des travailleurs étrangers ou des ressortissants de leurs anciennes colonies voulaient restreindre les flux migratoires. Les gouvernements n'avaient pas pu empêcher le regroupement familial ou la venue de réfugiés. Les hautes juridictions administratives ou constitutionnelles s'étaient prononcées en ce sens à la fin des années 1970 et consolidé le statut des résidents étrangers. Pour les fonctionnaires responsables de la gestion des flux migratoires, les forums de coopération intergouvernementale permettaient d'échapper aux contraintes nationales qui pesaient

---

[2] L'accord de Schengen signé en 1990 n'entre en vigueur qu'en 1995 et les frontières internes ne sont levées qu'entre 1997 et 2000 en Europe de l'Ouest.

sur leur action, notamment les normes constitutionnelles qui limitaient leur pouvoir discrétionnaire et les conflits interministériels. Dans ces forums intergouvernementaux à caractère secret, imitant le modèle du groupe de Trevi sur les problèmes liés au terrorisme ou au trafic de drogue, les agents de l'État gagnaient en autonomie.

La première opportunité pour développer l'activité transgouvernementale en matière migratoire se présenta en 1985 avec la signature de l'accord de Schengen entre le Bénélux, la France et l'Allemagne. L'accord de 1985 était une réponse politique à une mobilisation de chauffeurs de poids lourds internationaux qui bloquèrent plusieurs postes frontières en 1984 pour se plaindre des contrôles aux frontières qui ralentissaient le commerce intra-européen. En 1985, Helmut Kohl et François Mitterrand signèrent avec leurs homologues du Benelux une charte d'intention visant à abolir les frontières au sein de l'espace Schengen mais laissèrent le soin aux fonctionnaires organisés en groupe de travail de la concrétiser. C'est l'époque du Livre blanc pour lancer le Marché commun. Les dirigeants politiques se désintéressant désormais du dispositif Schengen, de nombreux conflits interministériels entre les ministères de l'Intérieur et des Affaires étrangères se soldèrent par la mainmise des fonctionnaires de l'Intérieur sur le processus des négociations. Ces derniers purent ainsi définir l'immigration comme exigeant des solutions policières et évincer les autres points de vue. L'accord de mise en œuvre de 1990 en témoigne : il met l'accent sur des mesures telles que la constitution d'une base de données (le SIS, Système information Schengen) où sont inscrits les étrangers inadmissibles dans l'espace Schengen, solution technique où les policiers pouvaient revendiquer une expertise plus légitimement que les fonctionnaires des Affaires étrangères. Ils firent de Schengen un laboratoire non pas pour ouvrir les frontières mais pour les renforcer. Cette phase de négociations entre 1985 et 2000 a aussi permis d'entamer des coopérations transfrontières dans des secteurs très divers y compris en matière d'asile et des migrations, ce qui n'était pas au cœur évidemment de la problématique initiale de 1984 (Marché commun et transport routier européen). Comme ce sont les ministres des Affaires étrangères qui négocient les traités, les diplomates prirent leur revanche sur les policiers en 1997 à Amsterdam[2], avec l'incorporation de l'acquis Schengen dans le cadre communautaire. Cependant, entre-temps, les fonctionnaires chargés de la négociation de 1990 puis du suivi avaient stabilisé leurs positions.

Si Schengen ressemble sans l'être à un simple « *spillover* » de la politique du Marché commun, cela ne veut pas dire que les théories dites « intergouvernementalistes » sont plus performantes que les approches néo-fonctionnalistes de l'intégration européenne (voir Saurugger, 2010 sur les théories de l'intégration européenne). En effet, on ne peut associer la décision de coopérer à la mise en commun d'intérêts communs qui seraient l'afflux massif de ressortissants non communautaires. Les flux d'étrangers non communautaires, légaux ou illégaux, étaient stables et plutôt faibles en 1985-1986, quand les premiers groupes de travail européens furent mis en place. Les flux de réfugiés vont augmenter plus tard et ils vont surtout concerner l'Allemagne. L'effondrement du bloc soviétique en 1989 va servir de point d'orgue à l'activité transgouvernementale en matière d'immigration et d'asile. L'arrivée de réfugiés de l'ex-Yougoslavie en 1992-1993 et, enfin, la vision de l'ex-Union soviétique comme plaque tournante des mafias et de l'immigration clandestine justifient au fil des années 1990 *a posteriori* les mesures de renforcement des frontières extérieures de l'Union européenne. Avec la fin de la guerre froide, les forces de sécurité cherchent à identifier de nouvelles menaces à caractère transnational, et l'immigration en fait partie dans les textes officiels qui associent le phénomène à la criminalité. Les fonctionnaires ont trouvé « la solution » avant de définir le « problème » (Guiraudon, 2003). En résumé, l'ouverture des négociations de Schengen avait offert un cadre décisionnel dans les années 1980 aux fonctionnaires chargés des politiques de contrôle migratoire. La fin de la guerre froide a pérennisé leurs activités. C'est à la faveur de ces opportunités que s'expliquent la forme et le contenu de la communautarisation progressive des politiques migratoires. Il aurait pu en être autrement si la conjoncture économique avait été meilleure. Il est désormais plus difficile de réorienter la politique européenne d'immigration pour en faire une politique de marché du travail maintenant que des groupes de fonctionnaires issus des ministères de l'Intérieur ou de la Justice ayant investi l'espace européen y défendent leurs intérêts et leur point de vue. Les retombées du 11 septembre sur la politique européenne ont en outre renforcé l'éventail des justifications sécuritaires dans l'élaboration des politiques migratoires (voir également Mégie, 2007).

Progressivement depuis l'accord de Schengen, les politiques d'immigration et d'asile sont devenus un domaine de compétence de l'Union européenne accolé aux politiques des « frontières extérieures » de l'Union. Le traité d'Amsterdam, entré en vigueur le 1er mai 1999, consacre la compétence de l'Union européenne en matière d'immigration et d'asile et incorpore dans un protocole les dispositions de l'accord de Schengen et de sa convention d'application dans le cadre légal de l'Union européenne. Le Conseil européen, lors du sommet d'octobre 1999 à Tampere, a déclaré qu'il fallait « *dans les domaines distincts, mais étroitement liés, de l'asile et des migrations, élaborer une politique européenne commune* ». Mais le cadre de prise de décision établi à Amsterdam demeurait plus « intergouvernemental » que véritablement « supranational ». Il semblait contredire la volonté exprimée de réaliser une politique commune. Tout d'abord, jusqu'en avril 2004, la Commission européenne n'était pas la seule institution autorisée à proposer des directives, mais partageait cette compétence avec les États membres qui en ont fait usage, en particulier lorsqu'ils présidaient l'Union. Ensuite, à la demande de l'Allemagne, le Conseil des ministres statuait à l'unanimité (dans la plupart des cas, pas celui des visas). Le Parlement n'a eu longtemps qu'un pouvoir de consultation, et encore celui-ci n'a pas toujours été respecté de façon satisfaisante. Le Conseil a statué en 2004 pour que la codécision s'applique dans une partie seulement du domaine[3]. Enfin, si la CJCE pouvait depuis 1999 se prononcer sur les mesures prises dans le cadre du traité, le titre IV sur l'immigration et l'asile (articles 61 à 63), les États membres, et surtout la délégation française à Amsterdam, avaient jugé bon de limiter son rôle. Seules les juridictions nationales de dernière instance pouvaient demander à la CJCE de se prononcer dans une affaire relevant à leurs yeux du droit communautaire, alors que cette procédure du renvoi préjudiciel est à l'origine de nombreux recours et d'une partie importance de la jurisprudence. La CJCE n'avait pas compétence pour juger des mesures nationales sur le franchissement des frontières prises pour maintenir l'ordre public ou préserver la sécurité intérieure. Sachant que ces deux raisons justifient nombre de mesures dans ce domaine, le rôle de la Cour s'en trouvait amoindri. C'est essentiellement le rôle de la Cour et du Parlement qui se trouve renforcé avec l'entrée en vigueur du traité de Lisbonne (Guild, Carrera, et Eggenschwiler, 2010). Il n'y a plus de restrictions sur les compétences de la Cour et le Parlement est colégislateur.

---

[3] Ce n'est pas dans le cas de l'immigration légale, des visas et de la coopération judiciaire et policière.

Il faut revenir brièvement sur ce qui a conduit les représentants des États membres, en particulier la France et l'Allemagne, à se méfier longtemps des institutions européennes. Le Parlement et certaines unités de la direction générale (DG) Emploi et Affaires sociales de la Commission s'étaient prononcées pour une politique généreuse envers les ressortissants des pays tiers et la Cour avait étendu des droits de libre circulation à des citoyens hors Union européenne leur permettant de résider, de travailler ou d'obtenir des prestations sociales dans un État de l'Union. En effet, cette dernière, par une série de jugements, a accordé des droits dérivés de libre circulation non seulement aux familles des citoyens européens, mais également aux citoyens de pays ayant conclu un accord d'association avec la CEE, notamment la Turquie en 1964 et les pays du Maghreb, et enfin aux employés des entreprises de service communautaires se déplaçant dans un autre pays membre de l'Union. Ainsi, il semble que les autorités nationales responsables de la gestion des flux migratoires, les ministères de l'Intérieur et de la Justice, sans conserver le monopole d'élaboration des politiques d'immigration, voulaient se prémunir contre des points de vue institutionnels différents du leur.

Il peut sembler contradictoire que certaines règles de la coopération européenne rendent cette dernière improbable. C'est le cas en particulier avec la règle de l'unanimité, en particulier à vingt-cinq puis vingt-sept membres. Même à Quinze, avec l'unanimité, on retrouve la logique du plus petit dénominateur commun qui se traduit par des textes de directives qui posent des « standards minimaux » avec toutes sortes d'échappatoires juridiques pour les États membres souhaitant le *statu quo*. En fait, la situation est moins paradoxale qu'il n'y parait de prime abord. Des solutions de type Schengen ont été trouvées, le G-6 ou le traité de Prüm notamment, sans jamais pourtant utiliser la procédure de coopération renforcée. Une fois l'autorité du groupe fondateur affirmée, il devenait plus avantageux de contraindre tous les membres de l'Union à respecter les règles décidées en petit comité et donc de transformer un accord entre amis du même club en politique européenne. L'ensemble des membres qui doit appliquer la politique européenne d'immigration ne participe pas à la prise de décision. On retrouve ici la logique de « club » de Schengen : un petit groupe de membres fondateurs décide des règles du jeu et ensuite d'autres pays peuvent être autorisés à les rejoindre mais en acceptant les décisions déjà prises.

Le traité d'Amsterdam est sans équivoque : les pays candidats doivent se conformer à l'acquis Schengen et aux mesures afférentes à sa mise en œuvre. Les pays candidats ont dénoncé la rigidité de l'Union sur ces questions alors que certains pays de l'Union ne participent pas à Schengen, que d'autres comme l'Italie et la Grèce ont mis sept ans pour satisfaire aux exigences de l'accord. Les pays de l'Europe centrale et orientale ont dû adopter de nombreuses lois sur l'immigration sur le modèle ouest-européen et ont développé les moyens informatiques pour participer aux bases de données de l'Union (voir l'article de Mathilde Darley dans ce numéro). C'est une « Europe à deux vitesses » puisque, si les gouvernements des Pays d'Europe centrale et orientale (PECO) bénéficient des retombées de la politique européenne en matière de légitimité bureaucratique et d'équipements techniques, les ressortissants des nouveaux pays de l'Union européenne ne bénéficient pas tous au même titre de la libre circulation (voir l'article d'A. Favell dans ce numéro). En bref, il n'y a pas juste un différentiel Est-Ouest mais aussi une vitesse supérieure pour les États et inférieure pour les citoyens des PECO en matière d'intégration européenne.

Par ailleurs, la coopération européenne ne se concentre pas uniquement sur les procédures législatives. Il faut mentionner les nombreuses opérations communes, y compris celles désormais coordonnées par l'agence FRONTEX basée à Vilnius. Plusieurs bases de données ont également été créées ou sont en cours de construction, le coûteux SIS II en particulier. Ce goût pour l'opérationnel et la technologie ne connait pas de frontières pas même celles de l'espace puisqu'à terme le système GPS européen Galileo permettra la surveillance satellitaire des mouvements humains. Dans les mesures déjà adoptées, l'accent a été mis sur le contrôle des immigrants « indésirables » avant qu'ils ne franchissent les frontières. Agents publics et acteurs privés opèrent à des points situés en amont de l'entrée sur le territoire (consulats, agents de liaison, compagnies de sécurité des compagnies aériennes). Du point de vue des pays d'accueil, cela empêche l'accès au système judiciaire et aux procédures d'asile. Les règlements sur les visas et la directive sur les sanctions contre les transporteurs entrent dans ce cadre (voir Bigo et Guild, 2005 et Guiraudon, 2002).

Un autre aspect de cette politique est de forcer les pays tiers à empêcher l'émigration. Au niveau européen, un Groupe de haut niveau « asile et migration », « transpilier », a été chargé dès 1998 d'étudier les possibilités de coopérer avec les États de départ et de travailler avec la Turquie pour empêcher l'arrivée de migrants indésirables venus du Moyen-Orient ou des Balkans. De nombreux pays sont tenus de coopérer en matière de « lutte contre l'immigration clandestine » en échange d'une attitude favorable de l'Union en matière de politique étrangère, de politique commerciale ou d'aide au développement. Les accords de réadmission des étrangers en situation irrégulière sont désormais une priorité de l'Union européenne dans ses rapports avec les pays tiers (voir l'article de N. El Qadim dans ce numéro). Au risque de faire échouer au dernier moment les négociations en 2000 lors de la révision de l'accord entre les Quinze et les 71 pays ACP dit accord de Cotonou, les ministères de l'Intérieur insistèrent pour qu'une clause standard portant sur la réadmission soit insérée dans le texte final. Au sommet de Séville de 2002, il a été question de sanctionner financièrement les pays de départ non coopératifs. Les politiques européennes dans ce cadre ne remplacent pas les initiatives bilatérales. L'Italie finance des infrastructures en Libye tandis que l'Union européenne légitime le régime de Mouammar Kadhafi sur la scène internationale en rétablissant des relations diplomatiques et en négociant sur ces questions (Cassarino, 2005).

L'historique et l'analyse de la politique européenne d'immigration et d'asile montrent l'écart entre l'affichage de cette politique et ses réels contours. C'est une politique d'immigration qui s'intéresse plus à la gestion des frontières qu'à la régulation des flux, une politique européenne peu harmonisée ou solidaire, et qui n'est pas seulement « européenne » mais se projette loin des frontières de l'UE. Mais cette politique a désormais des caractéristiques affirmées et une configuration d'acteurs relativement stabilisée. Il est de ce fait intéressant de s'interroger sur la façon dont elle a changé la donne. Dans la section qui suit, nous allons nous pencher plus précisément sur la façon dont le changement d'échelle change le contenu des politiques (« *policy ouput* ») et quelles autres dynamiques sont à l'œuvre.

Les effets de l'européanisation : clarifications théoriques

Nous aimerions expliciter ici pourquoi il semble intéressant d'évoquer les effets de l'européanisation des politiques d'immigration ? Il s'agit de distinguer l'européanisation d'un secteur d'action publique des conséquences de ces changements. Est-ce que l'européanisation change les « *policy outcomes* » pas seulement les « *policy outputs* » ? Observe-t-on des effets collatéraux, des effets pervers, ou aucun effet ? Nous espérons de cette façon gagner en clarté analytique et étendre l'agenda de recherche sur l'européanisation. En effet, si le terme a fait couler beaucoup d'encre (Graziano et Vink, 2006), l'européanisation est souvent traitée uniquement sous un angle politico-juridique sans prendre en compte ses effets sociétaux (Favell et Guiraudon, 2009). En outre, on cherche à savoir s'il y a eu européanisation ou non, sans transformer le processus d'européanisation en variable explicative ou en facteur de changement. Un secteur est européanisé… et alors ? Il s'agit aussi de réintroduire une certaine dynamique dans le processus en envisageant qu'en affectant les cadres de pensée, l'organisation des administrations, le poids de certains groupes d'intérêts (etc.), il y aura une nouvelle configuration d'acteurs dans le secteur d'action publique, des repositionnements, de nouvelles interactions, de nouveaux rapports de force. Quel est en somme le rapport entre « *policy* » et « *politics* » ? Quels effets ont sur la politique les changements d'échelle de l'action publique ?

Dans le domaine de l'immigration, on a observé une « Schengenisation » des discours sur l'immigration, la mainmise des ministères de la Justice et de l'Intérieur, et la volonté de faire de « la lutte contre l'immigration clandestine » un enjeu transversal, conduisant comme dans la notion de « *mainstreaming* » à l'inclure dans tous les autres secteurs d'action publique. Quels sont les effets de ces changements ? Comment réagissent les décideurs publics, en particulier des administrations sollicitées qui ne sont pas chargées de l'immigration, et les acteurs non-gouvernementaux (ONGs, mouvements sociaux, voir l'article de Pierre Monforte dans ce numéro) ? Y a-t-il une plus grande couverture médiatique comme nous l'avons mesuré dans le projet Europub. com sur l'européanisation de la sphère publique européenne (Koopmans et Statham, 2002) ? Quelles sont les retombées sur le débat partisan et sur les clivages politiques avec un positionnement anti-européen anti-immigrant à l'extrême droite et pro-européen pro-immigrant dans l'électorat vert et libéral-démocrate notamment ? (Hooghe, Marks et Wilson, 2002).

Revenons-en d'abord à l'hypothèse de l'européanisation et à ses mécanismes. Il nous faut cependant envisager que les politiques actuellement en vigueur en Europe ne seraient pas différentes si elles étaient restées des prérogatives nationales, en bref en l'absence de coopération et de coordination. Une Europe sans Schengen serait-elle plus ouverte, moins « forteresse » ? Que peut nous apporter l'analyse contrefactuelle sur cette question ? Deux arguments principaux pourraient nous conduire à penser à un effet nul (« *null hypothesis* ») des politiques européennes d'immigration. Le premier consiste à dire que depuis les premiers balbutiements de ces politiques (signature du premier accord Schengen, politique européenne des visas,...) jusqu'à l'entrée en vigueur du traité de Lisbonne, on a vu un peu partout en Europe la montée d'un discours anti-immigré, la montée de partis d'extrême droite alimentant une forme de « crispation identitaire » en exploitant l'insécurité sociale de certains groupes fragilisés par les transformations économiques et cela bien avant la crise financière ou celle de l'euro. Pourquoi alors attribuer aux instances européennes ce qui n'est que le reflet d'un climat politique et médiatique délétère répandu en Europe sur fond de changements structurels de l'économie ? Une politique qui s'européanise dans un contexte peu propice au fait d'assumer les réalités migratoires ne peut être ouverte.

Le deuxième élément à apporter à la discussion renvoie à l'importance de la circulation des normes et des savoirs. On ne peut en effet oublier les transferts de politiques publiques d'un pays à l'autre. Ils sont d'ailleurs nombreux dans le domaine de l'immigration en ce qui concerne les politiques dites d'intégration où il n'y a pas de compétence de l'Union européenne mais, depuis 2004, simplement dix « principes fondamentaux communs » votés à l'unanimité par les ministres de l'Intérieur et de la Justice – une sorte de version « *light* » de la méthode ouverte de coordination à l'initiative des Pays-Bas alors en pleine dramatisation politique du débat sur les immigrés. Certains dispositifs d'action publique se retrouvent dans de nombreux pays. C'est le cas des contrats d'intégration et autres cours de civisme pour primo-arrivants aussi appelés « parcours de citoyenneté » dont l'origine remonte à 1994 aux Pays-Bas justement. Le gouvernement néerlandais a ensuite utilisé les cours de langue comme moyen de diminuer l'immigration familiale. Là encore, ce gimmick a fait des petits avec la France notamment qui met en place des cours de langue avant l'arrivée sur le territoire. On voit ainsi l'échange de recettes et des exemples de mimétisme voire d'isomorphisme institutionnel qui relève plus d'une « européanisation sans Union européenne » pour reprendre l'expression de Bastien Irondelle (2003), ou d'une « européanisation horizontale ».

On qualifiera ici ces phénomènes d'« européanisation horizontale » en opposition avec la notion d'européanisation verticale ou « *top down* » *via* des politiques de coordination plus ou moins contraignantes. L'européanisation horizontale, c'est la prise en compte des décisions prises dans d'autres pays, voire l'imitation, l'appropriation et la réinterprétation de mesures adoptées dans d'autres pays européens. Au sein des études européennes, ce terme apparait peu dans les recherches sur l'action publique même s'il est discuté par Kevin Featherstone et Claudio Radaelli (2003, 41). Il est cependant assez courant dans les études sur la sphère publique, les mobilisations et en théorie sociale (Koopmans et Statham 2002, Beck et Grande, 2007). C'est cette approche qui nous paraît ici pertinente car elle met l'accent sur l'élaboration d'un modèle type et sa diffusion au sein des espaces transnationaux et transgouvernementaux. En effet, au lieu de rester sur un terrain restreint, l'UE, on rejoint ainsi la question plus large de la diffusion internationale des normes et des instruments de politique publique (voir la récente *survey* de Dobbin, Simmons et Garrett, 2007). L'européanisation horizontale peut impliquer la diffusion de débats, de notions ou de dispositifs facilités par les forums transgouvernementaux depuis TREVI.

On peut néanmoins imaginer des situations et se rappeler des épisodes où il y a eu imitation sans passer par la socialisation d'acteurs au sein de forums communs – en d'autres termes, hors d'une grille d'analyse constructiviste. Tout d'abord, il y a des cas d'effets domino ou « boule de neige » : un pays ajuste sa politique à la suite d'un changement dans un pays voisin s'il pense en subir les « externalités négatives », en tout cas si la mesure adoptée par le pays voisin peut en théorie selon les acteurs gouvernementaux rediriger certains flux migratoires. Avant que la notion de « pays tiers sûr » soit « européanisée » en particulier lors des conclusions de la conférence de Londres de 1992, les Pays-Bas avaient adopté la notion de pays de transit sûr car l'Allemagne l'avait fait. Le Département de l'immigration et de la naturalisation néerlandais (IND) ne voulait pas que viennent chez eux les demandeurs d'asile qui allaient avant en Allemagne mais ne le feraient plus à cause de la nouvelle mesure (Guiraudon, 2001). Ensuite, il y a des cas d'adoption de mesures imposées par des pays voisins dans un cadre bilatéral avant l'émergence de structures de coopération. Ce fut le cas après la chute du Mur de Berlin lorsque l'Allemagne, forte de ses D-marks, signa des accords de réadmission avec des pays d'Europe orientale comme la Roumanie en 1993 et mit en place des groupes hors du cadre de l'Union européenne comme le Groupe de Berlin pour « transplanter » leur système de gestion de l'immigration et de l'asile à l'Est (Lavenex et Uçarer, 2002 ; Favell et Hansen, 2002a). En effet, comme l'a souligné Sandra Lavenex (2002), le mécanisme dominant après la chute du Mur est celui des négociations bilatérales non-coordonnées, avec la Pologne notamment. Dans les deux cas, effet domino ou marchandage, une analyse en termes de coûts et de bénéfices ou de pression d'ajustement pourrait rendre compte de la diffusion horizontale des politiques d'immigration.

Si au final des groupes de travail transgouvernementaux sont mis en place (l'Allemagne a aussi participé au groupe de Vienne et de Budapest), on peut avancer que cela facilite la coordination et donc réduit les coûts de transaction pour reprendre les termes de la théorie d'Oliver Williamson. Si enfin on observe un déplacement des mesures au niveau européen, il s'agit avant tout de durcir sous forme de règles européennes les principes inscrits dans les accords bilatéraux ou les échanges des groupes de travail. Une fois cela acquis, cela permet de transformer l'adoption d'une politique conforme aux attentes des responsables allemands et autrichiens entre autres en condition *sine qua non* à l'adhésion. Cela permet d'avoir de nouveaux moyens de pression au-delà des D-marks sonnants et trébuchants mais avec l'aide du programme PHARE, c'est-à-dire la possibilité d'entrer dans l'Union. En termes analytiques, le moment de l'intégration européenne, où la politique d'immigration et d'asile devient une compétence de l'Union vient après plusieurs instances d'européanisation horizontale. En outre, il faut souligner que si les forums mis en place après la chute du Mur vont permettre la socialisation de certains acteurs individuels comme cela avait été le cas au sein des groupes de travail Shengen à partir de 1985, d'autres dynamiques sont à l'œuvre (ajustement, pressions et « *policy linkage* » dans le cadre de négociations plus larges).

Il y a par ailleurs d'autres mécanismes d'européanisation, ceux qui ont trait à la « socialisation » dans les milieux européens et sur lesquels nous avons mis l'accent dans nos propres travaux sur la sociologie de l'Union européenne (Favell et Guiraudon, 2009). Comme le soulignent Hélène Michel et Cécile Robert, il faut revenir à la définition de la notion en sociologie qui considère que « la socialisation c'est ce qui construit socialement l'individu, le processus par lequel il acquiert des façons de faire, d'être et de penser au sein de la société dans lequel il vit » (Michel et Robert, 2010). Il y a bien des dispositions antérieures à la participation dans des arènes européennes, qu'elles soient sociographique, professionnelle ou nationale et des apprentissages à faire ; il y a également un effet propre de l'immersion dans les enceintes européennes. Dans le cadre de notre problématique, les effets de l'européanisation dépendent aussi de la présence d'acteurs multi-positionnés dans le milieu européen, national et international susceptibles de traduire à leur façon et à leurs propres fins la vulgate européenne. Cela suppose d'ailleurs de s'intéresser aussi bien aux acteurs gouvernementaux comme dans ce numéro les ministres tchèques ou marocains ou aux acteurs non-gouvernementaux, travaillant dans des associations ou des groupes d'intérêts.

Pour finir, il ne faut pas négliger le rôle d'acteurs extra-européens, d'arènes ou d'organisations internationales, comme les exigences américaines plus fortes après le 11 septembre en matière de visas et de biométrie, et dans les discussions au sein de l'Organisation de l'aviation civile internationale (OACI) en ce qui concerne le contrôle des documents de voyage des passagers et le transfert de leurs données personnelles – les fameuses PNR pour « *Passenger Name Record* ». Il s'agit de « mobilité » mais cela affecte de façon disproportionnée les migrants transnationaux. Sur le terrain dans les pays tiers mais aussi en Europe dans des situations comme celle du camp de Sangatte, le Haut-commissariat aux réfugiés (HCR) est souvent impliqué ; l'Organisation internationale des migrations (IOM) produit de nombreux rapports sur l'immigration irrégulière et le trafic d'êtres humains repris par d'autres institutions y compris européennes mais organise également des consultations intergouvernementales. Sur l'immigration irrégulière, certains textes sont d'ailleurs adoptés dans le cadre de l'organisation des nations-Unies et avec le support logistique de L'Office des Nations unies contre la drogue et le crime (ONUDC) avec notamment la Convention de Palerme de 2000 et les protocoles qui s'y rapportent dont celui sur le trafic illicite de migrants (sur ce sujet, voir Guild et Minderhoud, 2006).

Internationalisation des enjeux ou poids des arènes transgouvernementales européennes, européanisation horizontale ou verticale, socialisation des acteurs ou pression et ajustement ? Ces questions ne nous renseignent pas sur la différence qu'il peut y avoir entre un avant et un après l'européanisation. Il faut alors se placer de l'autre côté, non plus celui de ceux qui « fabriquent » les politiques publiques mais celui de ceux qui doivent la prendre en compte bon gré mal gré et l'apprendre pour s'y adapter ou lui résister. D'un côté il y a ceux qui reçoivent des injonctions de coopération comme les autorités tchèques ou marocaines étudiées évoquées dans ce numéro ou ceux qui *de facto* ne peuvent ignorer la nouvelle donne en matière migratoire, les migrants mais aussi leurs soutiens. Nous consacrons ainsi deux articles à la façon dont les injonctions européennes sont réinterprétées voire détournées au profit de certains acteurs gouvernementaux avec l'article de M. Darley sur la République tchèque et de N. El Qadim sur le Maroc. Et deux articles à ceux qui sont affectés par le changement des règles européennes : les migrants eux-mêmes dans l'article d'A. Favell et les associations de défense des droits des migrants et du droit d'asile dans l'article de P. Monforte.

Points de vue : décaler le regard sur les politiques européennes d'immigration comme protocole de recherche

Les articles réunis dans ce numéro reflètent deux partis pris : le premier consiste à multiplier les niveaux d'analyse et le second à décaler le regard, c'est-à-dire à trouver une entrée pour étudier les processus européens qui serait idéalement un des points nodaux où les effets de l'européanisation peuvent être observés. Plus qu'un choix méthodologique en termes de niveau d'analyse, c'est une posture théorique qui influe sur la construction de l'objet. En effet, quand on étudie la fabrique d'une politique européenne « de près », on gagne sans doute en finesse d'analyse. Cependant, non seulement on risque de passer de l'autre côté du miroir, celui des « experts » coproducteurs des politiques européennes mais on perd aussi en perspective. La perspective, c'est une question de point de vue dirait le peintre, d'échelle également d'après nous.

Pourquoi multiplier les niveaux d'analyse ? Commençons par le niveau macro, celui des structures sociales et économiques et donc sur l'analyse des dynamiques socio-économiques qui informent ou au contraire découlent des régimes de mobilité de l'Union européenne. C'est dans l'article d'A. Favell que le niveau macro est traité dans une perspective diachronique et comparée.

Évoquer des politiques publiques – européennes ou non d'ailleurs – sans prendre en compte les enjeux économiques serait au mieux naïf (pour un point de vue identique, voir Dezalay et Garth, 1998). En outre, cela introduirait un biais dans l'analyse en amputant l'objet de recherche (les politiques d'immigration) d'un de ses soubassements importants : le fonctionnement de l'économie et donc des marchés du travail européens. Ce que l'action publique donne à voir doit nous alerter sur ce qu'elle cache. Au niveau européen, il est question soit de « lutte contre l'immigration clandestine » soit de « libre circulation ». L'immigration légale est un des dossiers qu'a tenté de porter la Commission en 2000 sans succès puis relancé à la fin de la décennie avec plus de succès mais en accouchant au final d'une souris en mai 2009 avec l'adoption de la directive sur la « *blue card* » européenne, pale imitation de la « *green card* » américaine, une autorisation de résidence et de mobilité intra-européenne de deux ans pour certains migrants qualifiés sous conditions. Les États membres semblent peu enclins à partager les rares « cerveaux » qui « fuient » dans leur direction. Ces textes demeurent intéressants quelle que soit leur portée car ils laissent à voir le discours de l'OCDE (Organisation de développement et de coopération économique) sur les besoins de main-d'œuvre de l'Europe vieillissante. Il est assez aisé de montrer les incohérences dans la rhétorique des divers documents européens, communications ou directives. Il reste à analyser les dynamiques migratoires pour comprendre qu'il y a plus d'effets du régime européen de gestion des flux que ne le laisse penser le discours policier sur l'immigration clandestine ou l'incantation à la mobilité intracommunautaire. Un regard interdisciplinaire où le regard du sociologue croise celui du spécialiste d'action publique est le bienvenu (Guiraudon et Joppke, 2001).

L'article d'A. Favell distingue au-delà du sort réservé aux ressortissants des pays tiers, qui subissent la « Schengenisation » des discours, les populations immigrées installées de longue date, les citoyens communautaires et les ressortissants des pays entrés dans l'Union en 2004 et 2007 dont certains ne peuvent accéder pleinement au marché du travail européen. Ce sont néanmoins ces migrants de l'Est qui illustrent le lien entre politique européenne et marché du travail. Il n'est pas nécessaire d'être un néo-marxiste à la Poulantzas ou de relire les travaux de Michael Piore (1979) sur le marché dual du travail et la façon dont les immigrés protègent les « insiders » en acceptant des tâches et des salaires que les autochtones n'acceptent pas. Dans l'article d'A. Favell comme dans celui qu'il avait coécrit avec Randall Hansen « Market against politics… » (Favell et Hansen, 2002b), l'immigration de l'Est participe à la flexibilité du marché du travail tout comme les migrants en situation irrégulière mais avec des spécificités dues au régime européen de libre circulation. Les femmes migrantes sont nombreuses dans le secteur du « *care* » (médecins, infirmières, aides ménagères, nounous ou garde malade pour personnes âgées). Elles ont des salaires ou des statuts moins importants que les autochtones qui peuvent ainsi préserver les avantages acquis par leurs corporations. Il n'aura échappé à personne qu'il y a plus de médecins étrangers le week-end ou aux urgences : payés au lance-pierre, ils n'ont pas le même statut que leurs collègues français. Par rapport aux ressortissants des pays tiers, les citoyens des nouveaux États membres ont la liberté d'aller et venir. Ils peuvent donc repartir dans leur pays le temps de la crise, lors d'épisodes de chômage ou de récession, puis revenir. Cela impose un moindre coût aux finances de l'État-providence des pays de l'Ouest qui les emploient comme le Royaume-Uni ou l'Irlande. Toute la question est de savoir si ces nouveaux migrants de l'Est vont devenir des « eurostars » ou « libres-circulants » comme les autres ou rejoindre les rangs des minorités immigrées « citoyens de seconde classe ». En conclusion, c'est au niveau macro que l'on voit que les divers statuts et droits accordés par la législation européenne participe d'un système de segmentation du marché du travail.

Il faut également considérer les niveaux d'analyse – micro ou méso – au niveau des acteurs individuels et des institutions au sein des États. Comme le montre l'article de M. Darley, en évoquant la trajectoire de l'ancien dissident devenu ministre de l'Intérieur tchèque, ce niveau d'analyse permet d'identifier le type de ressources nécessaires pour incarner de façon crédible voire légitime l'esprit Schengen, et manier la rhétorique « sécuritaire-humanitaire » dans les États membres. Au niveau méso, il s'agit de ne pas négliger les associations et autres acteurs non gouvernementaux qui ont dû faire face à diverses initiatives de coopération intergouvernementale, de communautarisation et d'externalisation des politiques de contrôle migratoire et de comprendre la variété des stratégies adoptées, ce que fait l'article de P. Monforte.

Notre deuxième parti pris consiste à décaler et déplacer le regard pour se situer du point de vue des acteurs qui doivent d'adapter de diverses manières aux normes européennes. C'est là que l'on est le plus à même d'observer les effets de l'européanisation des politiques migratoires. Ces effets sont d'autant plus flagrants dans le cadre de l'élargissement et de l'externalisation de ces politiques. C'est pourquoi nous avons choisi une enquête sur un « petit nouveau », un nouvel État membre entré en 2004, et une sur le « voisin » marocain qui est en négociation permanente avec l'Union européenne et les États membres.

L'article de M. Darley comme nous venons de le souligner adopte une démarche qui emprunte à la tradition de l'observation ethnographique pour renouveler les travaux sur la mise en œuvre des politiques européennes et les nouveaux États membres de l'Union. L'histoire géopolitique de la République tchèque est un terrain d'observation privilégié pour comprendre comment on a dû *inventer* le problème de l'immigration irrégulière et de sa régulation dans les nouveaux pays membres de l'UE. Comment en l'absence de flux significatifs faire comme si l'on appliquait la logique Schengen ? L'article de M. Darley montre l'importance des trajectoires socioprofessionnelles et des prises de rôle des principaux acteurs impliqués, localement et nationalement dans le processus de réappropriation des normes communautaires sur l'immigration. La socialisation des acteurs à cheval entre position nationale et négociation européenne est essentielle car il y a bien des dispositions préalables qui renforcent la légitimité de ces acteurs dans les deux sphères d'action, comme l'appartenance à la dissidence et l'exil sous le Communisme.

En ce qui concerne le Maroc, on voit que du point de vue de son gouvernement, la présence de migrants sub-sahariens, relativement nouvelle au Maroc, a été utilisée comme un atout dans le cadre des négociations avec les pays européens où ils sont considérés comme « en transit » même si certains restent au Maroc et que cette notion est pour le moins floue et critiquable. La présence de ces migrants de même que sa situation stratégique proche des frontières de l'UE, a selon N. El Qadim servit de « rente géographique ». Ainsi, les différents niveaux de négociations – nationaux ou européen – sont utilisés pour obtenir le plus d'avantages possibles en échange d'une participation active à la lutte contre les migrations irrégulières, notamment à travers la signature d'accords de réadmission et leur interprétation.

Enfin on peut se demander dans quelle mesure les politiques élaborées au niveau de l'Union ont également eu des effets sur la construction de l'action collective en matière d'immigration et d'asile et quels problèmes posent le changement d'échelle des politiques pour les acteurs de la société civile mobilisés sur ces enjeux. Pour les comprendre, il faut tenir compte des ressources des associations impliquées, de leur « identité » historique mais aussi de l'histoire nationale des mobilisations autour de la question. En affirmant l'existence d'une « européanisation par le bas », P. Monforte vient surtout souligner la diversité des stratégies, structures de mobilisation, cadrages et répertoires d'action des organisations de mouvements sociaux dans leur « réponse » aux nouvelles compétences européennes en matière d'asile. En d'autres termes, il faut aller au cœur des associations et des mouvements avec un protocole de recherche comparé dans le temps et l'espace.

Conclusion

En effet, pour comprendre les effets de l'européanisation des politiques de gestion des flux, il faut d'abord l'inscrire dans une histoire et un territoire comme le fait l'article d'A. Favell en décrivant l'évolution et l'interaction des systèmes migratoires en Europe, y compris ceux directement encouragés par le cadre de la libre circulation intra-communautaire, par rapport au système nord-américain largement comparable. Dans les articles suivants, les auteur(e)s adoptent également une approche diachronique et remontent au moins les deux dernières décennies. Avec ce recul, on peut esquisser une conclusion provisoire. Lorsque l'européanisation est entrelacée avec d'autres dynamiques, comme celle de la transition démocratique à l'Est et du « retour dans l'Europe », ses effets sont plus visibles et peuvent être rapides. Il y a malgré tout une grande part d'inertie et aussi des effets différés, en particulier en ce qui concerne les acteurs non gouvernementaux qui sont tributaires de l'histoire des mouvements sociaux dans leur contexte national voire local et ne sont pas tous à armes égales. Le prochain chantier de recherche sera ainsi aussi théorique qu'empirique pour mieux conceptualiser ce qui amplifie ou retarde les effets de l'européanisation.

Tableau 1. Stocks de population étrangère dans l'Europe des 27

	Pourcentage	Pourcentage EU	Pourcentage Pays tiers	Groupe d'étrangers le plus nombreux	Deuxième nationalité la plus importante
UE 27	**6,2**	**2,3**	**3,9**	**Turquie**	**Maroc**
Belgique	9,1	6,2	2,9	Italie	France
Bulgarie	0,3	0	0,3	Russie	Ukraine
Rep, Tchèque	3,3	1,3	2,1	Ukraine	Slovaquie
Danemark	5,5	1,7	3,7	Turquie	Irak
Allemagne	8,8	3,1	5,8	Turquie	Italie
Estonie	17,1	0,6	16,5	—	—
Irlande	12,6	8,9	3,7	—	—
Grèce	8,1	1,4	6,7	Albanie	Ukraine
Espagne	11,6	4,7	7	Roumanie	Maroc
France	5,8	2	3,8	Portugal	Algérie
Italie	5,8	1,6	4,2	Roumanie	Albanie
Chypre	15,9	10,3	5,6	—	—
Lettonie	18,3	0,3	17,9	Apatrides	Russie
Lituanie	1,3	0,1	1,2	Russie	Biélorussie
Luxembourg	42,6	36,6	6	Portugal	France
Hongrie	1,8	1	0,8	Roumanie	Ukraine
Malte	3,8	2	1,8	Royaume-Uni	Inde
Pays-Bas	4,2	1,6	2,6	Turquie	Maroc
Autriche	10	3,5	6,6	Serbie Montenegro	Allemagne
Pologne	0,2	0,1	0,1	Allemagne	Ukraine
Portugal	4,2	1,1	3,1	Brésil	Cap Vert
Roumanie	0,1	0	0,1	Moldavie	Turquie
Slovénie	3,4	0,2	3,2	Bosnie-Herzégovine	Serbie
Slovaquie	0,8	0,5	0,3	Rép. tchèque	Pologne
Finlande	2,5	0,9	1,6	Russie	Estonie
Suède	5,7	2,6	3,1	Finlande	Iraq
Royaume-Uni	6,6	2,6	3,9	Pologne	Irlande

Sources : Eurostat 2008.
Eurostat, « Population of foreign citizens in the EU27 in 2008 », communiqué de presse 184/2009, 16 décembre 2009, Bruxelles, Eurostat.

Références bibliographiques

Adler-Nissen Rebecca (2009), « Behind the scenes of differentiated integration: circumventing national opt-outs in Justice and Home Affairs », *Journal of Common Market Studies*, vol. 16, n° 1, p. 62-80.

Beck Ulrich et Edgar Grande (2007), *Cosmopolitan Europe*, Malden, MA, Polity.

Bigo Didier et Elspeth Guild (2005), *Controlling Frontiers. Free Movement into and Within Europe*, Aldershot, Ashgate.

Bigo Didier (2009), « Un espace de liberté, de sécurité et de justice ? », *in* Renaud Dehousse (dir.), *Politiques européennes*, Paris, Presses de Sciences Po, p. 331-362.

Boswell Christina (2003), « The "external dimension" of EU immigration and asylum policy », *International Affairs,* vol. 79, n° 3, p. 619-638.

Boswell Christina (2008), « Evasion, reinterpretation and decoupling: European Commission responses to the "external dimension" of immigration and asylum, » *West European Politics,* vol. 31, n° 3, p. 491-512.

Cassarino Jean-Pierre (2005), « Migration and border management in the Euro-Mediterranean area: Heading towards new forms of interconnectedness », *Med.2005. L'année 2004 dans l'espace euroméditerranéen*, Institut européen de la Méditerranée et Fundació CIDOB, Barcelone, p. 229-233.

De Maillard Jacques et Andy Smith (2009), « L'Union européenne et la sécurité intérieure : une institutionnalisation en quête de légitimité », *Politique européenne,* n° 27, p. 1-15.

Dezalay Yves et Bryan Garth (1998), *Dealing in Virtue. International Commercial Arbitration and the Construction of a Transnational Legal Order*, Chicago, Chicago University Press.

Dobbin Frank, Beth Simmons et Geoffrey Garrett (2007), « The Global Diffusion of Public Policies: Social Construction, Coercion, Competition, or Learning ? », *Annual Review of Sociology*, vol. 33, p. 449-472.

Favell Adrian et Virginie Guiraudon (2009), « The sociology of European Union : an agenda », *European Union Politics*, vol. 10, n° 4, p. 550-576.

Favell Adrian et Randall Hansen (dir.) (2002a), *EU Enlargement and East-West migration*, n° spécial du *Journal of Ethnic and Migration Studies,* vol. 28, n° 4.

Favell Adrian et Randall Hansen (2002b), « Markets against politics: migration, EU enlargement and the idea of Europe, » *Journal of Ethnic and Migration Studies*, vol. 28, n° 4, p. 581-601.

Featherstone Kevin et Claudio Radaelli (dir.) (2003), *The Politics of Europeanization*, Oxford, Oxford University press.

Gabrielli Lorenzo (2007), « Les enjeux de la sécurisation de la question migratoire dans les relations de l'Union Européenne avec l'Afrique. Un essai d'analyse », *Politique Européenne*, n° 22, p. 149-173.

Graziano Paolo et Marteen Vink (dir.) (2006), *Europeanization: New Research Agendas*, Basingstoke, Palgrave.

Guild Elspeth, Sergio Carrera et Alejandro Eggenschwiler (dir.) (2010), *The Area of Freedom, Security and Justice Ten Years on : Successes and Future Challenges under the Stockholm Programme*, Bruxelles, CEPS.

Guild Elspeth et Paul Minderhoud (dir.) (2006), *Immigration and Criminal Law in the European Union: The Legal Measures and Social Consequences of Criminal Law in Member States on Trafficking and Smuggling in Human Beings*, Brill, Londres et La Haye.

Guiraudon Virginie (2002) « Logiques de l'État délégateur : les compagnies de transport dans le contrôle migratoire à distance », *Cultures et conflits*, n° 45, automne, p. 51-79.

Guiraudon Virginie (2001), « De-nationalizing Control. Analyzing State Responses to Constraints on Migration Control », *in* Virginie Guiraudon et Christian Joppke (dir.), *Controlling a New Migration World*, Londres, Routledge, p. 31-64.

Guiraudon Virginie (2000), « European Integration and Migration Policy: Vertical Policy-making as Venue Shopping » *Journal of Common Market Studies*, vol. 38, n° 2, p. 249-269.

Guiraudon Virginie et Christian Joppke (2001), « Controlling a New Migration World », *in* Virginie Guiraudon et Christian Joppke (dir.), *Controlling a New Migration World*, Londres, Routledge, p. 1-27.

Hooghe Liesbet, Gary Marks et Carole Wilson (2002), « Does Left/Right Structure Party Positions on European Integration? », *Comparative Political Studies*, vol. 35, n° 8, p. 965-989.

Irondelle Bastien (2003), « Europeanization without the European Union ? French military reforms 1991-1996 », *Journal of European Public Policy*, vol. 10, n° 2, p. 208-226.

Koopmans Ruud et Paul Statham (2002), *The Transformation of Political Mobilisation and Communication in European Public Spheres: A Research Outline*. http://europub.wz-berlin.de.

Lavenex Sandra (2006), « Shifting Up and Out: The Foreign Policy of European Immigration Control, » *West European Politics, vol.* 29, n° 2, p. 329-350.

Lavenex Sandra et Frédéric Mérand (2007), « Nouveaux enjeux sécuritaires et gouvernance externe de l'Union Européenne », *Politique européenne*, n° 22, p. 5-14.

Lavenex Sandra (2004), « EU external governance in "wider Europe" », *Journal of European Public Policy*, vol. 11, n° 4, p. 680-700.

Lavenex Sandra et Emek Uçarer (2002) (dir.), *Migration and the Externalities of European Integration*, Lanham, Md, Lexington Books.

Mégie Antoine (2007) « L'institutionnalisation d'un pouvoir judiciaire européen incertain en quête de légitimité : l'unité de coopération Eurojust », *Politique européenne* , n° 23, p. 57-76.

Michel Hélène et Cécile Robert (dir.) (2009), *La fabrique des « Européens ». Processus de socialisation et construction européenne,* Strasbourg, Presses universitaires de Strasbourg.

Piore Michael (1979), *Birds of Passage: Migrant Labor and Industrial Societies.* Cambridge, Cambridge University Press.

Saurugger Sabine (2010), *Théories et concepts de l'intégration européenne*, Paris, Presses de Sciences Po.

Thouez Colleen et Frédérique Channac (2006), « Shaping international migration policy: The role of regional consultative processes », *West European Politics*, vol. 29, n° 2, p. 370-389.

Adrian **Favell**

Immigration, migration et libre circulation dans la construction de l'Europe

Bien que les Européens semblent sédentaires en comparaison des habitants de l'Amérique du Nord, l'histoire européenne a connu d'incessants et d'importants mouvements de populations qui continuent aujourd'hui. Qu'en est-il du rôle de la mobilité spatiale dans toutes ses formes dans la construction européenne ? Cet article répond à cette question en analysant les trois types de migrants dans l'Europe contemporaine : les populations issues des vagues migratoires de l'après-guerre et les nouveaux migrants des pays tiers, les « libres circulants » ou « Eurostars » utilisant le droit à la libre circulation inscrit dans le Traité à la libre circulation, et enfin les ressortissants des pays de l'Europe centrale et orientale entrés dans l'Union européenne (UE) en 2004 et 2007 qui peuvent désormais vivre et travailler dans d'autres pays de l'UE. On peut dire qu'un nouveau système migratoire en Europe se met en place, qui repose sur un marché de travail secondaire exploitant les libres circulants de l'est, une ouverture à l'Est qui a permis une politique de plus en plus sécuritaire de fermeture au Sud avec une logique raciale claire.

Immigration, migration, free movement and the making of Europe

Despite the image of European populations as sendentary in comparison to the highly mobile populations of North America, population movements have played a recurrent role in the history of Europe, up to and including the present day. How then does spatial mobility in all its forms fit into the European integration process? This article answers this question by contrasting the three principle types of migrants in Europe today: the traditional, post war immigration of "ethnically" distinct populations from non-European sources, the "free movers" or "Eurostars" living and working as foreigners within Europe via the use of EU free movement rights, and the citizens from the new East and Central European member states who have gained access to the West European labour market as a result of the EU enlargements of 2004 and 2007. It argues that a new European migration system, dependent on the secondary labour market exploitation of new East-West movers, is in the making, an opening to the East that has enabled a stricter attempt to close doors to immigration from the South and elsewhere along clearly racialised lines.

politique européenne, n° 31, 2010, p. 33-64.

D'un point de vue historique, l'Europe s'est construite, déconstruite et reconstruite par le biais des mouvements de populations[1]. Malgré l'image plutôt sédentaire et socialement peu mobile actuellement prêtée aux Européens, notamment en comparaison avec les modèles nord-américains de populations à forte mobilité spatiale et sociale, l'Europe contemporaine est le résultat d'un creuset de populations qui se sont déplacées aux niveaux local, régional et international au cours des siècles.

Dans cet article, j'aborde l'impact important des migrations sur l'identité européenne, en faisant le lien entre les analyses historiques du phénomène et les schémas émergents qui façonnent l'Europe en tant que nouvel espace régional de migration et de mobilité. Ma contribution montre dans quelle mesure l'Europe se construit et se reconstruit par les migrations. Il s'agit peu, en fait, de la façon dont les gens s'identifient à l'Europe : en réalité, la plupart des migrations contribuent plutôt au développement d'un sentiment anti-européen. L'impact des migrations se situe plutôt au niveau territorial et surtout d'un point de vue structurel. Ceci est plus difficile à mettre en lumière à partir d'une vision purement culturelle de la question européenne. Une fois esquissé le rôle des mouvements de population dans la construction et la reconstruction de l'Europe d'un point de vue historique, je présenterai plus en détail les trois types de migration/mobilité les plus marquants du continent aujourd'hui : en premier lieu, l'immigration traditionnelle « extra-européenne » qui se poursuit, et qui concerne des ressortissants des pays tiers dans les États nations européens ; en deuxième lieu, l'émergence, numériquement faible mais symboliquement importante, des migrations d'une nouvelle « élite » intra-européenne, qui concerne des citoyens européens profitant de leur liberté de circulation au sein de l'UE ; et en troisième lieu, les flux de migrants suivant une trajectoire Est-Ouest – qui se situent quelque part entre les deux autres formes de migration – s'inscrivant dans les processus d'élargissement de l'UE ayant donné lieu aux adhésions de douze pays en 2004 et en 2007. La meilleure manière d'appréhender le caractère distinctif de l'Europe comme entité régionale – et, ainsi, son

---

[1] Cet article est une traduction du chapitre « Migration, immigration and free movement in the making of Europe », publié *in* Jeffrey T. Checkel et Peter J. Katzenstein (dir.), *European Identity*, Cambridge, Cambridge University Press, 2009, p. 167-189 [publié dans cet ouvrage avec la permission des auteurs]. Il constitue une nouvelle présentation des idées développées initialement dans Favell (2003a). Il a été traduit par Cyril Le Roy et édité par Virginie Guiraudon, qu'ils en soient ici vivement remerciés.

identité économique et territoriale – est de la comparer brièvement à nouveau aux États-Unis et à l'Amérique du Nord comme espace régional de migration comparable, mais structuré différemment, thème sur lequel je reviendrai en guise de conclusion.

Mouvements de population dans la construction et la déconstruction de l'Europe

Il n'est pas rare que les citoyens européens se voient prêter une prédisposition naturelle à l'immobilité. L'Europe est généralement vue comme un patchwork de cultures profondément « ancrées », avec des langues et des pratiques sociales fièrement préservées, dressant le tableau d'un continent constitué de peuples aux racines inébranlables, avec de fortes identités nationales et locales, peu sensibles aux efforts des institutions européennes – ou à la mondialisation – pour faire évoluer leur façon de penser. On la considère également comme un continent en grande partie hostile aux nouveaux immigrants, ayant des difficultés à intégrer les diverses minorités ethniques et raciales, pourtant faibles numériquement, qui parviennent à y entrer.

Comme souvent, la situation aux États-Unis est invoquée pour souligner ce contraste. Si l'UE peut être rapidement désignée comme une sorte d'États-Unis d'Europe, les chiffres laissent peu de doute. Alors que 12 % des Américains sont nés à l'étranger (Batalova et Lowell, 2006), moins d'un Européen sur cinquante réside hors de son pays de naissance, et même les migrations *au sein* des États nations européens sont moins importantes que les migrations inter-États aux États-Unis, représentant 22 % de la population en Europe comparés à 33 % aux États-Unis (Fondation européenne pour l'amélioration des conditions de vie et de travail, 2006). La société européenne peut ainsi être vue comme le produit de cultures enracinées historiquement ; l'Amérique s'est quant à elle incontestablement construite par l'immigration et le mélange des nouveaux arrivants. Malgré des résistances fluctuantes à la nouvelle immigration, le nombre de personnes d'origine immigrée récente sur les deux ou trois dernières générations, qui représentent plus de la moitié de la population dans certains États comme la Californie est plus important aux États-Unis que dans les États européens. Ce n'est qu'après le 11 septembre où l'Europe se ferma un moment que les arrivées dans l'Europe des 15 furent plus importantes qu'aux États-Unis :

en 2003, deux millions de personnes migrèrent légalement (Eurostat, 2009, p. 54). Cependant, l'attractivité des États-Unis pour des nouvelles générations d'individus ambitieux et talentueux du monde entier reste incomparable avec celle de l'Europe comme force économique globale : deux tiers des migrants avec une formation dans le secteur tertiaire en provenance des pays en développement choisissent l'Amérique comme destination, avec des bénéfices considérables pour l'économie américaine (Peri, 2005). En résumé, il apparaît donc que les Américains sont disposés à bouger et à accepter les migrants, contrairement aux Européens.

Un peu de recul par rapport à cette hypothèse révèle toutefois rapidement son inexactitude d'un point de vue historique (voir aussi Recchi, 2006). Après tout, l'Amérique a en grande partie été peuplée par des Européens qui ont traversé l'océan pour immigrer, avant de se déplacer encore sur de vastes territoires. Considérée à moins courte vue, l'Europe reste et a toujours été un continent de flux migratoires. Les débuts de l'Europe moderne – l'Europe telle qu'elle est célébrée partout par les nationalistes en termes de folklore enraciné culturellement (Hobsbawm, 1983 ; Anderson, 1991) – étaient effectivement caractérisés par un patchwork de mobilité circulaire, saisonnière et professionnelle bien avant l'industrialisation. Les révolutions ont ensuite tout changé, chassant les paysans de leurs terres, déstructurant les communautés rurales, provoquant l'entassement de nouvelles classes sociales dans des villes en expansion et créant les routes économiques de mobilité reliant l'ensemble de l'Europe, puis du monde, dans un nouveau système impérialiste et capitaliste (Moch, 2003 ; Bade, 2000 ; Hobsbawm, 1987). Concrètement, cela se traduisait par des flux migratoires continuels. La fin du XIXe siècle est marquée par des mouvements inédits de travailleurs qui passent les frontières nationales et de migrants et colons qui traversent les mers pour s'installer dans le nouveau monde (Hatton et Williamson, 1998). Les Européens allèrent partout.

Les raisons pour lesquelles ces faits sont oubliés dans l'image de l'Europe sédentaire d'aujourd'hui se trouvent évidemment dans les guerres du XXe siècle qui ont porté un coup d'arrêt à l'essentiel de ces migrations. Les États nations ont fini par devenir partout la forme dominante d'organisation sociale, institutionnalisant un pouvoir centré autour de l'État pour contenir des populations explosives, utilisant le service militaire, la citoyenneté et les droits sociaux au nom de l'identité nationale, pour créer des distinctions entre les membres de la communauté politique et ceux de l'extérieur, et fixant géographiquement les populations (Torpey, 2000 ; Mann, 1993). Ceci devient ensuite la topographie politique légitime du monde moderne, laissant de nombreux groupes ethniques du mauvais côté des frontières ou dans des situations de relégation sociale, populations résiduelles sans État dans une Europe désormais complètement nationalisée. Ceci engendra un désastre – la Shoah – dont le continent portera pour toujours les cicatrices, ainsi qu'un horrible après-guerre entraînant encore plus de déplacements forcés de populations vers l'Est et l'Ouest. Les Européens furent une nouvelle fois déplacés, à la recherche d'une solution politique stable qui pourrait une fois pour toutes régler le problème des frontières ethniques et idéologiques de ce que certains appelaient la « zone de déflagration » en Europe centrale et orientale (Mazower, 1998 ; Brubaker, 1996 ; Mann, 2005). L'Europe abandonna ses empires et le rideau de fer créa une nouvelle barrière matérielle et psychologique pratiquement imperméable, gelant les déplacements entre Est et Ouest et interrompant littéralement tous les déplacements terrestres latitudinaux et les interactions qui, pour les historiens-géographes, avaient constitué sur la longue durée la manne civilisatrice du continent (Diamond, 1997).

À l'Ouest, les structures généreuses de l'État-providence de l'après-guerre – sorte de forme démocratique libérale du nationalisme socialisé qui prévalait sur l'ensemble du continent jusqu'en 1970 (Mazower, 1998) – ont ancré les populations nationales comme jamais auparavant. Les puissances affaiblies d'Europe occidentale ont fini par renaître sur le plan économique, mais cela s'est produit en faisant alors appel à l'immigration pour répondre à leurs besoins en main-d'œuvre, d'abord *via* une première vague de travailleurs originaires du Sud voisin migrant vers le Nord (Italiens, Espagnols, Portugais et Yougoslaves), puis – lorsque ces mouvements se sont également taris – *via* une immigration d'une ampleur sans précédent en provenance des anciennes colonies et des dépendances extra-européennes (en particulier de Turquie, d'Afrique du Nord, d'Afrique Centrale, des Antilles, d'Asie du Sud et d'Indonésie). Ceci a évidemment produit un mélange encore plus détonant d'origines ethniques et de diversité culturelle dans un continent réticent (Castles et Miller, 2003).

Une représentation historique de la carte des mouvements de population européens, aussi difficile qu'elle puisse être, est nécessaire pour engager toute discussion sur la place des migrations aujourd'hui dans la construction de l'identité européenne. Cette carte est difficile à établir (voir aussi King, 2002). La fin des années 1970 est censée avoir marqué l'arrêt de l'immigration en provenance des anciennes colonies et de l'immigration de travail, limitant les possibilités d'entrée au regroupement familial et à l'asile. Les populations immigrées étaient censées s'être installées et être intégrées par l'acquisition de la nationalité et de la citoyenneté, transformant ce faisant à contre cœur des sociétés nationales plus ou moins culturellement homogènes en sociétés multiculturelles.

Les années 1980, et encore plus les années 1990, ont une nouvelle fois tout bouleversé. Une vague de « nouvelles migrations » a mélangé encore plus le continent (Koser et Lutz, 1998). La mondialisation de l'économie s'est accompagnée de la libéralisation des sociétés post-industrielles, débouchant sur une nouvelle économie duale de service reposant de manière importante sur la disponibilité de main-d'œuvre étrangère à bas coût (Sassen, 2001 ; Piore, 1989). Les systèmes de transport organisés à l'échelle mondiale ont facilité le mouvement vers l'Europe depuis des régions de plus en plus diverses et imprévisibles (Held *et al.*, 1999). Comme en Amérique, les classes ouvrières européennes ne veulent plus assurer les tâches correspondant aux « 3D jobs » (« *dirty, dangerous and dull jobs* ») – c'est-à-dire les emplois sales, dangereux et abrutissants qui peuvent être affectés à des étrangers plus motivés et moins bien payés. Comme dans les autres parties du monde, les migrations se sont considérablement féminisées, les femmes des pays en développement occupant les emplois dans le secteur des soins aux personnes et de l'aide à domicile dans les pays développés. Les demandes d'asile, phénomène autrefois essentiellement symbolique permettant à des nombres réduits de réfugiés politiques de s'échapper vers l'Ouest, ont vu leur nombre fortement augmenter, l'Europe récupérant les morceaux des déchirements provoqués par les nombreuses guerres civiles ou régionales ; l'asile est également devenu en réalité une filière de migration de travail. L'Europe était censée devenir une forteresse, alors que depuis le début des années 2000, c'est l'inverse qui se produit (Favell et Hansen 2002).

En sus de ces nouvelles formes d'immigration, de nouvelles migrations *intracommunautaires* à l'UE se sont développées. L'Union européenne s'est construite autour des quatre libertés, dont la libre circulation des personnes. Cela fait maintenant des dizaines d'années que les ressortissants des premiers États membres de l'UE bénéficient de ces droits. Les mouvements d'Européens de l'Ouest n'ont jamais été très importants par leur nombre, mais ils revêtent un caractère symbolique fort. Pour chaque Européen qui déménage pour travailler et s'installer librement dans un État membre voisin dans l'Union européenne, on compte un nombre beaucoup plus important se déplaçant temporairement en tant qu'étudiant, consommateur, travailleur transfrontalier, ou même retraité. Si on ajoute à cela la redéfinition permanente des frontières géographiques de l'Union, conséquence des élargissements successifs, la possibilité d'un nouveau type de migration en Europe (« libre circulation ») semble en mesure de déconstruire et reconstruire le patchwork existant de sociétés nationales, qui avait, avec plus ou moins de succès, utilisé l'Union européenne pour sauver le modèle de l'État nation européen dans la période de l'après-guerre (Milward, 2005). Les personnes les plus visibles parmi les Européens utilisant leur droit à la libre circulation (les « libres circulants » ou « euromobiles ») sont bien sûr les ressortissants des pays d'Europe de l'Est et d'Europe centrale, très mobiles dans l'espace et, dans certains cas, sur l'échelle sociale, profitant d'un espace européen qui leur est à nouveau entièrement accessible. Mais étant donné la logique de construction concentrique de l'UE vers son voisinage extérieur, les « libres circulants » viendront également d'Ukraine, de Turquie et du Maroc dans le futur.

La combinaison de ces phénomènes donne un cadre assez complexe pour l'évaluation de l'impact des mouvements de population sur l'identité européenne. Comme je le montrerai par la suite, en analysant l'impact de ces différentes migrations sur la construction et la déconstruction européenne, on peut voir que l'Europe peine à maintenir des distinctions entre les trois groupes de migrants. Je dresserai ici les grandes lignes de ce futur probable, avant d'étudier ce scénario de manière plus approfondie dans le reste de l'article.[2]

Un premier type de migration (constituée de ressortissants des pays tiers d'origine modeste en provenance d'Afrique et d'Asie, dans la mesure où ils peuvent être distingués comme tels) suit actuellement un processus, marqué par de nombreux conflits sociaux et politiques, dans lequel on retrouve les méthodes traditionnelles de gestion des travailleurs immigrés de l'après-guerre originaires des anciennes colonies. La question de ces immigrants continue d'être principalement traitée au

---

[2] Fin 2007, l'Europe des 27 accueillait 29,1 millions d'étrangers dont 10,6 millions de migrants intracommunautaires (Recchi et Triandafillydou, 2009).

niveau des sociétés nationales, et non au niveau de l'Union européenne. Les dernières années ont été marquées par le retour de politiques nationalistes en matière d'intégration dans toute l'Europe, qui alimentent de plus en plus les politiques de fermeture symbolique anti-UE et anti-mondialisation. Cependant, en Europe comme ailleurs, ces politiques d'immigration, au visage souvent détestable, ne sont pas en phase avec la réalité économique. La nostalgie de sociétés maîtrisées, sans problème d'identité culturelle, fondées sur la citoyenneté et la nation, fait mauvais ménage avec un marché du travail dual et mondialisé dans des économies reposant sur un secteur des services dirigé par des multinationales, qui ont besoin d'une armée de réserve pratiquement infinie de main-d'œuvre étrangère flexible.

Les expériences vécues par le second groupe de migrants, situé à l'extrême opposée de l'échelle sociale (Européens de l'Ouest jouissant de la libre circulation, que j'appelle les « Eurostars »), racontent une histoire différente sur l'Europe d'aujourd'hui. Sans surprise, ils sont le reflet le plus enthousiasmant d'une Europe cosmopolite, postnationale. Toutefois, même si tous les obstacles formels à la migration ont été levés, leurs mouvements restent soumis à des restrictions et à une résistance qui soulignent la résilience des cultures nationales, jusque dans les lieux les plus structurellement mondialisés et internationaux (Londres et Amsterdam étant utilisés comme exemples).

Un troisième groupe de migrants (constitué des nouveaux immigrés d'Europe de l'Est) est le plus équivoque des trois. Doivent-ils être considérés comme des « Eurostars » en devenir, comme le prédisent la théorie néofonctionaliste de l'intégration européenne et les théories économiques ? Ou sont-ils encore plutôt semblables aux travailleurs immigrés de l'après-guerre, et plus vraisemblablement traités comme tels ? J'apporterai une réponse positive aux deux questions. Ils participent à la construction d'un nouvel espace européen de circulation et réalisent une nouvelle idée de la citoyenneté européenne, mais ils sont dans le même temps renvoyés à des rôles économiques affectés traditionnellement aux immigrés non-européens dans la période de l'après-guerre. Là se trouve un des facteurs clés de l'évolution à venir. Une sorte de forteresse européenne pourrait être construite sur le dos de cet élargissement et de cette ouverture ambigus de l'Europe à l'Est. La tentation d'appliquer une logique ethnique existe aujourd'hui en Europe. L'ouverture aux populations de l'Est pourrait permettre la fermeture véritable de l'Europe au Sud, satisfaisant un besoin structurel pour lequel l'Europe occidentale avait historiquement fait appel à des migrants en provenance des colonies et de pays en développement aux sociétés et aux cultures plus éloignées. Les distinctions ethniques et culturelles pourraient servir à réaliser ce que béton, surveillance électronique et barbelés sont incapables de faire.

Les trois migrations en Europe

Je voudrais à présent examiner de manière plus détaillée chacun des trois types de migrations identifiées ci-dessus : immigrants non-Européens, « Eurostars » d'Europe occidentale et bénéficiaires post-élargissement de la libre circulation Est-Ouest. Il est essentiel de les distinguer de manière analytique avant de montrer comment les nouvelles dynamiques migratoires brouillent nombre de ces soi-disant distinctions évidentes.

Im (migrants) « classiques » non-européens

Les nouvelles formes de migration et de mobilité ont modifié le contexte des mouvements de population en Europe, mais le scénario dominant en Europe aujourd'hui reste celui de l'immigration classique postcoloniale des travailleurs immigrés. Les économies européennes génèrent encore incontestablement une forte demande en travailleurs migrants, ainsi qu'une offre qui résulte d'une image séduisante (suffisamment attractive en regard des coûts et de l'incertitude qui entrent dans les calculs des migrants qui tentent leur chance depuis l'Afrique ou l'Asie). Le changement de scénario se trouve dans la diversité toujours plus grande des origines des migrants actuels, comprenant désormais des pays avec des liens coloniaux faibles ou inexistants avec les pays de destination. Les générations antérieures d'immigrants postcoloniaux pouvaient au moins compter sur un lien symbolique avec les destinations métropolitaines, qui allaient souvent de pair avec une relative socialisation dans la langue et la culture du pays. De nos jours, on peut constater un égal éparpillement des pays d'origine et des destinations des migrants, ce qui accentue les tensions émergeant au plan politique autour des questions migratoires dans les sociétés de destination. Par exemple, le contexte d'accueil des migrants en provenance des Antilles britanniques au cours des années 1960 est radicalement différent de celui que connaissent les Sri Lankais et les Kurdes arrivant au Danemark aujourd'hui. Les systèmes d'intégration nationaux fonctionnent de moins en moins bien face aux nouvelles migrations.

De plus, les canaux de migration aujourd'hui sont organisés de manière beaucoup plus « horizontale » qu'à l'époque de relative planification des migrations postcoloniales et du recrutement de travailleurs immigrés. Parmi les systèmes de migration qui ont vu le jour, certains sont caractérisés par une auto-organisation interne très particulière : vendeurs de rue sénégalais en Italie (Riccio, 2001), travailleurs domestiques capverdiens en Italie et en Espagne (Andall, 1998), migrants chinois en Angleterre et en France (Benton et Pieke, 1998), immigrés du Moyen-Orient en Scandinavie (Diken, 1998), etc. Pour l'essentiel, cependant, les groupes de migrants les plus nombreux (en provenance de Turquie et du Maroc) sont organisés autour de systèmes de migrations plutôt prévisibles et continus qui sont le fruit d'une longue histoire et de connexions aisées avec une série de pays (pour certaines sources, voir Lesthaege, 2000 ; Kastoryano, 1993 ; Bousetta, 2000 ; Phalet *et al.*, 2000).

Comme tout le monde sait, ces diverses immigrations se sont traduites de manière visible par l'arrivée de personnes à peau noire, brune ou jaune en Europe, y compris dans les endroits les plus improbables. Les questions du multiculturalisme et des conflits interethniques, qui étaient auparavant limitées aux anciennes puissances coloniales comme la Grande-Bretagne et la France, se posent désormais dans tous les pays d'Europe occidentale et de plus en plus en Europe de l'Est et en Europe centrale. Étant donné que la majorité de ces nouveaux immigrants sont originaires de pays essentiellement musulmans, cette dimension (que ce soit en termes de pratique religieuse ou simplement de culture d'origine) est devenue la question déterminante en matière d'« identité » européenne la plus souvent associée à l'immigration aujourd'hui (voir aussi Byrnes et Katzenstein, 2006).

Cette question est bien sûr otage des enjeux géopolitiques plus larges liés à la « guerre contre la terreur », également soumise à des points de vue réducteurs et provocateurs sur le soi-disant « choc des civilisations » (Huntington, 1996). Il est maintenant difficile de dépasser la rhétorique pour évaluer dans quelle mesure ces nouvelles migrations et les problèmes multiculturels différents de ceux de la « vieille » immigration des années 1950 et 1960. En effet, la trajectoire de ces migrants qui constituent des « minorités visibles » dans la société européenne est relativement familière. D'un point de vue général, ils constituent une caractéristique structurelle importante de toutes les sociétés européennes d'après-guerre. Les effets ressentis dans les grands pays d'accueil d'immigrés des anciennes colonies et de main-d'œuvre étrangère se retrouvent de manière similaire dans les pays d'Europe du Nord accueillant des demandeurs d'asile puis, ensuite, en Europe du Sud. Chaque État nation a dû faire face à des « questions multiculturelles » similaires, bien qu'à des moments et avec des acuités politiques différentes (Favell, 2001 ; Joppke et Morawska, 2003). L'Europe dans son ensemble est devenue un continent d'immigration et (plus difficilement) une terre d'islam, mais les processus politiques et sociaux engendrés par ces questions ont été partout abordés sous un angle essentiellement national, pour devenir maintenant partout une question centrale de politique intérieure, de la Grande-Bretagne au Danemark en passant par les Pays-Bas et l'Espagne.

L'immigration est donc certes une question européenne, mais les politiques d'immigration restent encore essentiellement nationales *in locus.* La coopération au niveau européen a eu des effets, en particulier en matière de politiques de contrôle des frontières et d'entrée sur les territoires, mais l'UE a eu peu d'impact sur les politiques ou processus d'installation d'immigrants. Le problème essentiel pour ces immigrants non-européens (les « ressortissants de pays tiers » selon leur désignation dans le jargon de l'UE) consiste à obtenir une citoyenneté officielle et un statut reconnu au niveau national : ils n'ont pas la citoyenneté européenne, bien qu'ils soient résidents permanents. La naturalisation dans le pays d'adoption constitue le chemin le plus sûr pour devenir européen, mais une naturalisation réussie passe inévitablement par un processus national (Hansen, 1998). En ce sens, ces nouvelles immigrations ont un impact négatif sur l'identité européenne, car elles contribuent à maintenir le *statu quo* fondé sur la nation. Quelles que soient les constructions sociales pan-européennes que peuvent développer les migrants (l'islam, par exemple, a pris des formes spécifiquement européennes dans la vision de jeunes leaders tels que Tariq Ramadan), les pressions en matière de socialisation auxquelles doivent faire face les immigrants musulmans sont essentiellement nationales. Au cours des dernières années, presque tous les États nations en Europe ont élaboré des « politiques d'intégration » qui sont principalement le reflet des inquiétudes en matière de cohésion nationale sur la manière de transmettre la culture et les valeurs nationales aux nouveaux arrivants, mais il existe très peu des types de réponses post-nationales qui pourraient résulter d'une réelle européanisation des enjeux (Favell, 2003b). Le message le plus encourageant entendu par ces immigrants dans les sociétés d'accueil est « intégrez-vous, sinon… ».

Ainsi, l'immigration est principalement une question nationale *via* la problématique de l'intégration. Même les mouvements progressistes et ouverts pensent d'inclusion dans les identités *nationales* : il s'agit de trouver sa place dans la Grande-Bretagne « multiethnique », ou dans la France « républicaine » ou aux Pays-Bas « tolérants et pluralistes », etc. Comme le montrent les récents débats dans tous ces pays, les questions relatives à l'immigration et les populations vulnérables qui les incarnent sont constamment remises sur le tapis à la fois par les dirigeants politiques pro- et anti-immigration et par les médias dans de grands débats nationaux sur la citoyenneté, la culture nationale, l'acquisition de la langue et l'absorption dans le système d'aide sociale et le marché du travail nationaux. L'immigration non-européenne en cours est en fait devenue un des principaux moyens par lesquels se poursuit de manière classique l'affirmation de la nation dans l'Europe contemporaine, malgré les autres processus d'européanisation et de mondialisation qui sont à l'œuvre. Si par construction de l'Europe ou d'une identité européenne, on entend quelque chose se situant en sus et au-dessus de l'État nation (post-national, cosmopolite, l'émergence d'une « société » européenne, etc.) alors l'« Europe » n'est tout simplement pas pertinente pour la plupart des questions de politique d'immigration traditionnelles.

De plus, les réactions anti-immigrés observées en Europe avec le durcissement des politiques d'immigration et d'intégration sont également un pilier important de la réaction anti-UE. Elles constituent elles aussi un facteur distinct dans la déconstruction de l'identité européenne (au sens post-national) bien que, comme le souligne Douglas Holmes, ces politiques aient elles-mêmes entraîné une européanisation des nationalistes et des opposants à l'immigration dans leur propre vision différente de l'Europe, à savoir une Europe d'États nations (2000). Dans l'ensemble, les peuples restent hostiles aux migrations de tous types. Les politiques d'immigration progressistes (sur les droits à la citoyenneté, etc.) n'ont pu avancer politiquement en Europe que par la dépolitisation de ces questions en les plaçant sur les terrains juridiques et techniques, généralement pendant des périodes d'accalmie du débat politique autour des questions d'immigration (Guiraudon, 1998). Selon les termes de l'analyse de Neil Fligstein sur la manière et les raisons qui font que les personnes se sentent « européennes », l'immigration fait en réalité partie des questions qui font que les ressortissants des États membres se sentent bien *moins* européens, y compris les immigrés eux-mêmes qui n'ont d'autre choix, s'ils souhaitent être intégrés dans leur société d'accueil, que de se conformer aux pressions en matière d'intégration et de « nationalisation », associée à l'acquisition de la citoyenneté et d'un statut officiel. Les effets de l'immigration dénotent une dynamique opposée à l'hypothèse de Deutsch : une plus grande mobilité et une interaction accrue aboutissent à une Europe *moins* intégrée.

Un point de vue différent sur les effets conjugués de la nouvelle immigration pourrait émerger en considérant la question en termes structurels et économiques, au lieu des termes culturels que l'on retrouve dans les débats politiques et les discussions autour de l'identité. Loin du maelström de la rhétorique des politiques intérieures, les décideurs ont certes abordé la coordination ou l'élaboration de politiques d'immigration au niveau de l'UE. Les tentatives d'externalisation de l'immigration et du contrôle aux frontières fondées sur la sécurité constituent d'ailleurs le seul champ de politique de l'UE dans lequel on assiste à une intégration rapide. Il s'agit plus pour les nations de déléguer efficacement les mécanismes de contrôle à une agence efficace qu'une entreprise supranationale en tant que telle, mais cela a assurément entraîné une européanisation des forces de police et d'autres agences d'État. Il semble y avoir un travail énorme de redirection du projet d'intégration européenne interne vers la construction et le renforcement des frontières extérieures (en particulier au Sud). Dans ce sens, l'immigration apparaît comme participant à la construction (négative) de l'Europe, comme « forteresse » telle qu'elle est souhaitée par des populations inquiètes dans les différentes nations.

Toutefois, l'économie pourrait mettre à mal cette vision particulière de l'Europe. Le nombre d'immigrés extracommunautaires augmente encore, malgré les tentatives de contrôle. Cette migration semble encore répondre à un besoin structurel en migrants, correspondant à des besoins en matière démographique dus au déclin de la natalité et au vieillissement de la population, ainsi qu'à la restructuration économique de l'État-providence national à l'européenne vers une économie de services mondialisée. Aucun État nation européen ne peut échapper à l'évolution structurelle du marché de l'emploi, à son élargissement à l'échelle européenne, organisé partout autour de pôles importants constitués par des « villes globales ». Dans chaque économie européenne, on assiste à une division du travail et à une augmentation des inégalités entre les secteurs principaux d'emploi des classes moyennes et supérieures, et les emplois moins qualifiés de la classe ouvrière que les autochtones sont de moins en moins nombreux à vouloir occuper : travail d'entretien, aide à domicile, employés dans la restauration, ouvriers d'usine, chauffeurs de taxi, ouvriers dans le bâtiment et l'agriculture, etc. Il existe une résistance nationale à ce processus, ainsi que des différences entre les « variétés de capitalisme européen » (Esping-Andersen, 1999). La Grande-Bretagne est beaucoup plus inégalitaire et par conséquent ouverte aux migrants que, par exemple, le Danemark. Cependant, ces effets économiques structurels se retrouvent dans tous les pays.

Ces processus participent ainsi à l'intégration de l'Europe selon une nouvelle rationalité économique. Avec leurs trajectoires économiques convergentes, les économies européennes finissent par ressembler de plus en plus à l'Amérique du Nord en ce qui concerne leur besoin structurel en migrations pour occuper les emplois du marché du travail secondaire : cela signifie pour l'avenir des niveaux importants de migrations tacites, la marginalisation sociale et économique des immigrés et des politiques aux frontières officiellement axées sur le contrôle, mais poreuses et libérales dans leurs effets ; des politiques de contrôle aux frontières désignées dans le contexte américain de « miroir aux alouettes » (Massey *et al.,* 2002). Vue sous cet angle, l'immigration *participe* encore à la construction de l'Europe, d'un point de vue structurel, même si les populations des pays d'accueil n'apprécient pas vraiment l'Europe en apparence néolibérale qui se construit par le biais de ces processus (Diez Medrano, 2009).

Eurostars et Eurovilles

Qu'advient-il lorsque vous enlevez les questions de couleur, de classe, d'origine ethnique, d'inégalité, de frontières, de barrières et de position de faiblesse culturelle de l'immigration ? Réponse : vous obtenez des « libres circulants ». Les ressortissants des États membres de l'Europe sont également des citoyens européens, dont les droits incluent la possibilité de se déplacer, de consommer, de travailler, de vivre et de s'installer sans entrave où ils le souhaitent en Europe, quand ils le souhaitent et comme ils le souhaitent. À l'échelle mondiale, l'Union européenne est un espace unique de ce point de vue : il n'existe aucun autre espace post-national construit politiquement de ce type sur la planète. Les citoyens européens bénéficiant de la libre circulation n'ont pas besoin de visas. Ils n'ont à s'inquiéter ni de leur citoyenneté, ni de leur intégration. Souvent, ils n'ont même pas besoin d'avoir de résidence officielle pour vivre et travailler où ils le souhaitent (ils peuvent aller et venir librement dans l'espace européen). La législation européenne sur la libre circulation des personnes inscrite dans le traité de Rome de 1957 a défait la logique nationaliste des États nations comme communautés d'appartenance au moment où les migrations d'après-guerre et la mise en place des États-providence européens cimentaient fermement les systèmes nationaux.

Ensuite, en théorie, la libre circulation en Europe pouvait constituer une piste pour construire une Europe de type très différent. Toutefois, le nombre de migrants de ce type est resté faible historiquement. Aujourd'hui encore, moins d'un Européen sur cinquante vit hors de son pays d'origine et les chiffres n'ont augmenté de manière significative qu'au cours des étapes majeures vers l'intégration européenne. L'intérêt de cette population peu nombreuse de « libres circulants » par rapport aux migrants traditionnels réside précisément dans son caractère de cas limite inattendu : ils révèlent exactement ce que les autres types d'immigrants doivent faire pour être à pied d'égalité avec les ressortissants nationaux (le développement qui suit s'appuie sur Favell, 2008a).

Les « Eurostars » comme je le nomme sont au cœur des efforts de la Commission européenne pour construire une Europe *via* des politiques de mobilité. Aujourd'hui, il ne s'agit plus de déplacer des mineurs et des ouvriers du Sud vers le Nord, comme c'était le cas lorsque la liberté de circulation des personnes a été inscrite comme l'une des dispositions principales du Traité de Rome en 1957. Le propos de la stratégie de Lisbonne présentée à grands renforts de publicité en 2000 concerne plutôt les mouvements de personnes hautement qualifiées, à savoir la circulation des talents dans une économie de la connaissance, ayant pour effet secondaire la construction de l'identité européenne. Ce mouvement a de fortes chances de devenir un phénomène de concentration à dominante urbaine, d'où l'émergence d'« Eurovilles » constituant un réseau de lieux cosmopolites moteurs de la nouvelle économie européenne : des grandes villes comme Londres, Amsterdam, Bruxelles,

Milan, Munich, Berlin, Barcelone, Vienne, entre autres, pas complètement ancrées dans les sociétés dans lesquelles elles se trouvent.

Londres a incontestablement été la plus grande bénéficiaire de ce phénomène depuis les années 1990. Au large du continent, hub mondial et passerelle pour l'ensemble de l'Europe, Londres est *la* destination par excellence de la libre circulation, avec une économie urbaine qui a attiré les plus brillants et les meilleurs éléments d'une génération entière de « libre circulants » français, allemands, italiens et espagnols (ainsi que d'autres nationalités), frustrés par la stagnation de l'économie et la rigidité provinciale des hiérarchies professionnelles dans leur pays d'origine. Ce qui a débuté comme une migration importante, mais plutôt invisible d'Européens de l'Ouest a pavé la route pour une nouvelle génération de jeunes polonais, hongrois et roumains talentueux et éduqués, et pour d'autres qui prennent la même direction, entre autres parce que d'autres pays (comme la France et l'Allemagne, en particulier) ont imprudemment fermé leurs portes à ces mêmes immigrants de premier choix des nouveaux pays membres. Ce type de mobilité européenne est également présenté comme modèle pour les migrations futures post-élargissement. Au minimum, le nombre des citoyens de l'UE originaires d'Europe de l'Est utilisant les opportunités offertes par l'Europe de devenir des « libres circulants » et non plus des « immigrés » devrait largement dépasser le nombre dérisoire d'Européens de l'Ouest qui a déménagé grâce à ces mêmes droits au cours des trois ou quatre décennies précédentes.

Ces « libres circulants », pionniers de la vie d'Eurostars, sont sans aucun doute ceux qui ont le plus de chance de ressentir et de créer une identité européenne post-nationale/cosmopolite. Comme le décrit de manière détaillée l'étude PIONEUR (Recchi et Favell, 2009), ils incarnent en chair et en os (quoiqu'en petit nombre) ce dont les philosophes et les théoriciens du social cosmopolites rêvent depuis longtemps[3]. Ceci n'est pas surprenant en soi. Selon les termes de Fligstein, ces

---

[3] Financé par le Cinquième Programme cadre de l'UE, le projet PIONEUR (2003-2006) « Pioneers of European Intergation "from below": Mobility and the Emergence of European Identity among National and Foreign Citizens in the EU », sous la direction d'Ettore Recchi de l'université de Florence, a conduit la première enquête systématique jamais menée sur les citoyens européens migrant au sein de l'UE, interrogeant environ 5 000 résidents étrangers des cinq plus grands États (UE15) dans les cinq plus grands Lander (Allemands en Grande-Bretagne, en France, en Italie et en Espagne ;

personnes représentent sans aucun doute le prototype des Européens même si, comme le montre l'étude PIONEUR, ils rencontrent de petites difficultés à combiner leur nouvelle identité européenne avec des identités trouvant leurs racines à la fois dans leur pays d'origine et dans leur pays de résidence (Rother et Nebe, 2008).

Jouent-ils pour autant un rôle dans la construction ou l'évolution de l'Europe d'un point de vue macrostructurel ? L'ironie de la situation est évidente : en supprimant toutes les barrières, en créant une multitude de dispositifs incitatifs, en dépeignant une Europe sans frontières et offrant seulement des opportunités, on obtient en fait des niveaux de circulation statistiquement insignifiants. L'explication la plus courante consiste à dire que les Européens n'aiment pas bouger, qu'ils sont par nature enracinés dans la région où ils sont nés par la culture et par la langue. Mais cette explication par une vision culturaliste de l'Europe est intenable étant donné l'importance des migrations dan son histoire, et le fait que l'anglais est devenu une seconde langue courante qui est utilisée indifféremment par les Européens dans le cadre professionnel ou dans les entreprises multinationales implantées dans les grandes villes. Quelle que soit la cause de l'immobilité, les circulations transfrontalières des Européens constituent un moyen terriblement lent et marginal de construction de l'Europe. Tant pis pour la philosophie et la théorie économique. Ce scénario exceptionnel du « cas d'étude le plus probable » (« *most likely case* ») révèle toutefois les limitations réelles de tout espace postnational européanisé, même dans la situation théoriquement la plus probable.

Ainsi, être Européen pour ces libres circulants n'est certainement pas une chose banale en termes de questions relatives à l'identité. Il existe assurément des formes d'une nouvelle vie européanisée qui ont émergé, des espaces fortement européanisés au sein des villes avec une population de « nouveaux Européens ». Mais surtout, malgré les faibles chiffres, lorsque l'on étudie les vies, les expériences et les trajectoires de ces « citoyens du monde » en puissance d'un point de vue ethnographique, il apparaît que les circulants doivent faire face à des obstacles locaux et

---

Britanniques en Allemagne, en France, en Italie et en Espagne ; Français dans les quatre autres pays, etc.). Elle a posé des questions sur le profil socioéconomique et géographique de ces migrants, leurs motifs de migration, leur mobilité spatiale et sociale, leurs sentiments vis-à-vis de la citoyenneté européenne, leur consommation médiatique et leur participation politique. Voir aussi notre site web : http://www.obets.ua.es/pioneur.

nationaux surprenants qui bloquent leurs aspirations, même dans les endroits les plus ostensiblement cosmopolites.

Après Londres, Amsterdam constitue une autre plateforme ou « *hub* » de la mobilité européenne. L'économie des Pays-Bas est souvent classée comme la plus ouverte du monde et Amsterdam est vue comme la capitale européenne des libertés, avec la culture urbaine considérée comme la plus ouverte et la plus tolérante du continent. C'est une destination très populaire parmi les migrants irlandais, britanniques, allemands ou originaires d'Europe du Sud. Mais là aussi, les ressortissants de pays de l'UE se retrouvent souvent exclus de manière informelle dans les lieux de résidence choisis par des processus d'exclusion particuliers, extrêmement ethnicisés. À Amsterdam comme dans d'autres Eurovilles, ces processus se caractérisent par une concurrence sans merci pour bénéficier des fruits de l'enracinement, c'est-à-dire de la meilleure qualité de vie urbaine dans les quartiers les plus prisés des villes globales. Les Néerlandais sont certes ouverts, tolérants, cosmopolites, mais ils ne facilitent pas la tâche au quotidien à ceux qui souhaitent s'installer, faisant en sorte que même leurs voisins européens les plus proches aient un accès minimal aux secrets intimes d'une « culture » nationale réservée aux personnes qui parle le néerlandais. Cette « culture » structure les traditions déroutantes et les règles qui régissent l'organisation de la vie quotidienne, l'accès aux meilleurs logements, à une qualité de vie, difficile à atteindre, obtenues après des années par les Amstelodamois grâce à une stratégie bien élaborée. Malgré son attrait et le grand nombre d'étrangers qui s'y installent, peu d'entre eux restent, le turnover est important et les Pays-Bas ont une des populations de résidents étrangers les plus faibles du continent. Un capital réservé à l'élite et l'adoption d'une vie d'« expatrié » déconnectée de la ville sont nécessaires pour surmonter ces barrières (stratification empêchant une massification de la mobilité européenne par le bas, concernant les classes moyennes, ou un impact de type structurel sur l'Europe des États nations). La mobilité restera exclusivement réservée aux élites, si tant est qu'elle se maintienne, et les opportunités de mobilité dans l'espace européen n'entraîneront ni nouvelle mobilité sociale, ni l'émergence d'une sensibilité cosmopolite plus répandue (voir aussi Recchi, 2009, pour une analyse quantitative des résultats de l'étude PIONEUR dans ce sens).

Il ne serait pas justifié de dire que l'espoir d'une construction de l'Europe par les Européens qui se déplaceraient et s'installeraient à long terme à l'étranger constitue un objectif un peu trop ambitieux.

Cependant, ces mêmes Européens placent invariablement (dans les enquêtes de l'Eurobaromètre) leur droit à la libre circulation en tête des bénéfices importants que leur apporte l'appartenance à l'UE (devant l'économie et la sécurité) et environ un tiers déclarent être prêts à s'installer à l'étranger si l'opportunité et le besoin se présentaient (Année européenne de la mobilité des travailleurs 2006)[4]. D'autres formes de mobilité plus passagères/temporaires en Europe seront peut-être plus significatives : hommes d'affaires, étudiants, retraités, clients, commerçants transfrontaliers, navetteurs, etc. Toute expérience de mobilité transfrontalière, même sur le plus court terme, peut avoir des impacts importants en termes d'européanisation. En revanche, si la mobilité consiste principalement à prendre des vacances avec des compatriotes sur une plage de la Costa del Sol, ou à aller se déchaîner comme un hooligan lors d'un match de championnat d'Europe de football, elle ne débouchera pas sur une identité européenne. Jusqu'à présent, les constatations restent ambiguës, même pour les bénéficiaires les plus évidents comme les étudiants Erasmus ou les immigrés retraités. La plupart des observations sur ces autres formes de mobilité semblent montrer que l'expérience de ces bénéfices de l'Union européenne n'est ni particulièrement destructrice, ni transformatrice des cultures ou des identités nationales (comme le montre également l'étude PIONEUR ; voir aussi King, Warnes *et al.,* 2000 ; King et Ruiz-Gelices, 2003), et que, lorsque les Européens rentrent chez eux, ils retournent vers leurs identités nationales principales. Les Eurostars, en revanche, essayent explicitement d'avoir une vie post-nationale ; la plupart d'entre eux trouvent que ce n'est pas chose facile aujourd'hui dans l'Union européenne.

Circulants Est-Ouest

Le contraste entre ces deux types de migrants en Europe (migrants non-européens et ressortissants de l'UE appartenant à l'« élite ») souligne malheureusement l'écart en termes d'opportunités de mobilité devenu un cliché dans la littérature sur les vainqueurs et les perdants des

---

[4] Parmi les personnes interrogées, 37 % pensent qu'elles seraient prêtes à déménager dans un autre pays qui leur offrirait une meilleure situation, 53 % pensent que la « liberté de voyager et de travailler dans l'UE » est le bénéfice principal de l'adhésion – devant l'euro (44 %) et la paix (36 %) – et 57 % ont voyagé à l'étranger au sein de l'UE au cours des deux dernières années. Pourtant, moins de 4 % ont déjà vécu et travaillé à l'étranger.

processus de mondialisation et d'intégration régionale (voir par exemple Bauman, 1998). L'image est pourtant loin de refléter la réalité (sur ce sujet, voir Smith et Favell, 2006). Parmi les migrants non-européens, on compte un nombre conséquent d'individus issus des classes moyenne et supérieure hautement qualifiées, qui utilisent souvent le relatif capital social et économique qu'ils ont acquis dans leur pays d'origine pour obtenir un travail de niveau inférieur à l'Ouest, ce qui s'apparente à un déclassement social en contrepartie d'une meilleure rémunération. Il s'agit d'un fait universellement reconnu dans les migrations que ce *ne sont pas* les plus pauvres et les moins capables de migrer qui se déplacent, mais ceux qui disposent d'un certain niveau de capital humain ou d'un capital social basé sur des réseaux (Hammar *et al.*, 1997). Parmi les migrants intracommunautaires, en attendant, il apparaît clairement que le droit de libre circulation en Europe a été utilisé de manière plus efficace par une nouvelle génération de « *social spiralists* » – migrants qui montent dans l'échelle sociale, ambitieux, provinciaux, travailleurs et de classe moyenne inférieure, souvent originaires du Sud, souvent de sexe féminin, utilisant la migration internationale en Europe comme moyen d'échapper aux frustrations liées à leur carrière professionnelle et leur style de vie dans leur lieu d'origine (Favell, 2008a, 64).

La caricature opposant migrants pauvres et « libres circulants » appartenant aux élites sociales est encore moins applicable à la nouvelle forme de migration qui s'est développée au cours des dernières années pour devenir la preuve la plus visible de l'évolution de l'Europe, à savoir la migration post-élargissement. Cette migration peut être datée après 2004 et 2007, même si la réalité était déjà bien établie auparavant, à la fois de manière informelle et semi-formelle, et concerne des ressortissants de pays qui n'appartiennent pas encore aujourd'hui aux vingt-sept pays officiellement membres de l'Union européenne[5]. La discussion qui suit concerne les ressortissants des dix pays de l'Europe centrale et

---

[5] Les trois quarts des primo-arrivants dans l'Europe des 27 en 2006 venaient des nouveaux États membres : 1,2 million sur 1,6 million (Recchi et Triandafyllidou, 2009). Bien plus que 500,000 Polonais, par exemple, ont été enregistré comme vivant au Royaume-Uni entre 2004 et 2006. En fait 40 % des citoyens des pays de l'Est qui ont demandé un permis de séjour en 2004 au Royaume-Uni y résidaient déjà (Recchi et Triandafillydou, 2009). Après 2007, le « stock » de ressortissants roumains et bulgares installés dans les autres pays de l'Union était pratiquement équivalent à celui des pays entrés dans l'UE en 2004 : 1,7 million et 2,1 million de personnes respectivement – sachant qu'évidemment en proportion de la population totale des pays d'origine, les

orientale (PECO), citoyens des pays qui ont récemment rejoint l'UE, et par extension les migrants de tous les pays candidats, potentiellement candidats, associés et voisins de l'UE à cause des effets territoriaux, « centrifuges » de l'intégration des marchés à l'échelle régionale *via* la « Politique européenne de voisinage » (Rogers, 2000 ; Favell, 2008b). La question est de savoir si les individus de la migration post-élargissement suivent la trajectoire classique des immigrés non-européens, ou s'ils sont plutôt des « libres circulants » amenés à devenir les libres citoyens européens du futur ? Quel est le scénario qui s'applique le mieux ?

Les théories démographique et économique sont ici très encourageantes. Les nouveaux « libres circulants » incarnent le triomphe de la théorie de l'intégration européenne, qui prédit une issue gagnant-gagnant-gagnant pour l'Europe à cause de ces nouveaux mouvements (ECAS, 2005, 2006) : les migrants sont gagnants car ils satisfont leurs ambitions et leurs objectifs de mobilité, la société d'accueil est gagnante car elle reçoit les bénéfices de leur talent et de leur enthousiasme et la société d'origine bénéficiera de la dynamique de développement positive initiée par les mouvements d'individus talentueux qui font circuler les devises et les réseaux dans la nouvelle Europe, et qui rapporteront leurs talents à un moment donné dans l'économie de l'Est nouvellement intégrée (où se trouveront de meilleures opportunités dans le futur). En résumé, les mouvements promeuvent théoriquement l'intégration européenne, une dynamique économique efficace et une circulation des compétences et du capital qui se transformeront en retour en développement. Confirmant cette théorie, on assiste à une mobilité spatiale/sociale accrue parmi les circulants originaires d'Europe de l'Est. Cette génération de nouveaux Européens *est* ambitieuse, avec des « libres circulants » dynamiques prêts à obtenir ce qui leur appartient de l'Ouest, tout en tirant avantage de la possibilité d'aller et venir entre l'Ouest et l'Est. Plus d'un demi-million de ressortissants des huit PECO ayant rejoint l'Union en 2004, par exemple, ont tenté leur chance dans l'économie florissante britannique depuis 2004. Sur ce point au moins, ils participent sans aucun doute à la construction de l'Europe (indépendamment de ce qu'ils expriment ou de ce que les autres expriment dans les Eurobaromètres ou

---

flux de roumains et bulgares sont plus importants (Recchi et Triandafyllidou, 2009). En tout état de cause, les chiffres sous-estiment le nombre de travailleurs des PECO puisqu'ils ne comptent pas les saisonniers, les travailleurs temporaires et les frontaliers.

en termes d'identité). Ce mouvement constitue sans doute le plus grand changement social des cinquante dernières années en Europe : la fin définitive de la guerre froide et une expérience sociale européenne qui ne laissera intacte ni l'Est ni l'Ouest.

Toutefois, dans le même temps, un scénario politique négatif se poursuit en réaction à ces migrants considérés comme des « immigrés » plutôt que comme des « libres circulants ». L'identité peut être mobilisée de manière négative sur cette question si les migrants sont considérés par les populations des pays d'accueil comme des menaces plutôt que comme des soutiens bienvenus pour les économies nationales. Les éléments observés sur ce point sont équivoques. Globalement, la plupart de ces migrants ont fait l'objet de réactions pragmatiques. Pour les Roumains à Milan et Bilbao, les Polonais à Berlin et Londres, les Russes et Yougoslaves à Paris ou Amsterdam, la réaction politique n'a pas atteint la même violence que celle subie par les populations immigrées (relativement) plus visibles originaires d'Afrique du Nord et d'Afrique noire dans les mêmes pays. Certes, le plombier polonais et l'« invasion » de Rome ont fait la une des journaux en France et en Grande-Bretagne ; la France reste pratiquement fermée aux ressortissants des nouveaux pays membres[6] et la Grande-Bretagne a fermé ses portes aux Roumains et aux Bulgares. Cependant, la réaction a été globalement lente et mesurée, plus en phase avec la prise de conscience progressive que ces nouveaux visages font plutôt partie d'un système économique Est-Ouest amené à durer, et qui pourrait avoir des conséquences bien plus importantes que la simple installation de nouveaux immigrants « ethniques ».

Cette réaction peut survenir même lorsque ces migrants sont Blancs, chrétiens, compétents et répondent à un fort besoin (et cela peut concerner autant l'ouvrier agricole roumain en Italie que le commerçant polonais en Allemagne ou encore l'employé de bureau hongrois très compétent en Angleterre [voir les ethnographies dans Favell et Elrick 2008]). L'ambiguïté de leur présence est accentuée par le fait qu'il n'est pas si évident que les formules traditionnelles en matière d'intégration inspirées de la formation des États nations s'appliquent ici. Les populations immigrées lors des vagues précédentes pourraient être contrariées par le

---

6 Les ressortissants des PECO comme les Polonais doivent obtenir de haute lutte un permis de travail « étranger ». Les restrictions sur l'accès au marché du travail des citoyens des PECO devraient prendre fin en 2011.

fait que les Européens de l'Est puissent aller et venir, occuper les mêmes emplois, sans être soumis à aucune pression en matière d'intégration, alors que les migrants non-européens doivent démontrer leur « appartenance » aux pays d'accueil d'Europe occidentale, notamment *via* des cours ou des contrats d'intégration ou des parcours de citoyenneté. Il reste possible d'incorporer ces migrants dans les processus traditionnels d'exclusion/inclusion mais, pour l'essentiel, les nouvelles dynamiques migratoires Est-Ouest définissent des schémas de mobilité pendulaire, temporaire et non résidentielle dans le nouvel espace européen (Morawska, 2002 ; Wallace et Stola, 2001). Les populations locales sont horrifiées lorsque les épouses et les enfants des ouvriers polonais encombrent les institutions scolaires et médicales. Ils ont bien compris que la solution consiste à s'assurer d'avoir des liaisons aériennes *low cost* suffisamment nombreuses, de faciliter la mobilité et de garantir une situation économique prometteuse dans les pays d'origine pour que leur installation soit temporaire. En restant ouvertes et suffisamment poreuses, les nations d'Europe de l'Ouest pourraient mettre en œuvre la formule adéquate avec la Pologne, mais la poursuite de la fuite des cerveaux et des bras constitue actuellement un danger pour les nouveaux États membres de la région des Balkans.

Pour évaluer l'avenir de ce nouveau système de migration européen, il est donc nécessaire de s'interroger sur le type d'Europe qu'il est en train de construire. L'intégration de l'Europe de la mobilité promise par les démographes et les économistes est effectivement en train de se produire. Mais le système vers lequel on tend est dans la plupart des cas un système basé sur un marché du travail dual dans lequel les Européens de l'Est occuperont des rôles secondaires, temporaires, flexibles fondés sur la possibilité d'exploitation en termes d'avantages de coût et de capital humain. Ainsi, l'Europe en vient à ressembler au modèle constitué par les États-Unis, où les circulants Est-Ouest occupent les emplois les plus durs et dangereux ou se heurtent à des barrières invisibles, et où les distinctions « ethniques » entre l'Est et l'Ouest ont peu de chances de disparaître. Dans un certain sens, ce mode d'inclusion perpétue la longue relation historique inique entre Est et Ouest. Les Européens de l'Est pourront circuler et ils feront l'amère expérience que l'Ouest ne les accepte que pour les emplois dont les Occidentaux ne veulent pas. En résumé, le danger est qu'ils deviennent une nouvelle classe de domestiques au sens victorien pour une aristocratie de mères d'Europe de l'Ouest éduquées dans les universités et de « créatifs », qui ont besoin d'aide pour mener à bien leurs vies de rêve.

La logique centrifuge de l'intégration régionale pousse dans le même temps l'UE à engager des négociations au-delà de ses frontières orientales, en gérant des scénarios particuliers aux frontières avec les nouveaux voisins pour encourager les échanges commerciaux et la mobilité tout en gardant le contrôle sur les implications indésirables en matière de sécurité et de surveillance. Une nouvelle fois, l'idée sous-jacente est que tous les types de libre circulation peuvent être gérés, et que de leur bonne gestion dépend la situation de gagnant-gagnant pour les deux parties. Cette caractéristique de l'intégration européenne place l'Europe en avance par rapport aux autres entreprises d'intégration régionale existant dans d'autres parties du monde. Grâce à des accords bilatéraux avec ses voisins extérieurs et des politiques de voisinage, le projet d'intégration européenne s'étend loin à l'Est jusqu'à l'Oural, au Sud jusqu'aux monts de l'Atlas et englobe les régions jusqu'aux frontières de la mer Morte. Il est probable que les mouvements de population de tous types se développeront dans cet espace européen et que ceux qui s'y déplacent réclameront de nouveaux droits en tant que libres circulants européens *de facto* plutôt qu'en tant qu'immigrants non-européens *de jure*.

Conclusion : Migration et processus d'intégration régionale comparés

Les différents types de migration participent à la construction de l'Europe selon de nouvelles modalités, mais c'est le nouveau système de migration engendré par les élargissements successifs de l'UE et les autres initiatives liées à la politique européenne de voisinage qui devrait être d'une importance capitale. Alors que la logique de l'élargissement l'emporte sur celle de l'approfondissement, un nouvel espace régional européen est en cours de construction, réglant les questions de démographie/ économie/ sécurisation (même si les frontières de cet espace ne se limitent assurément pas aux frontières de l'UE à 27). Au moment où l'intégration politique de l'UE se heurte à un mur, toute l'énergie constructive de l'UE a été reportée sur les initiatives de maîtrise des frontières poreuses d'un nouvel espace régional, ouvrant ainsi la mobilité et les quatre libertés (au moins de façon partielle) à une UE à 45 ou 55 par le biais de l'extension du marché européen au-delà des conceptions antérieures de l'Europe.

La question clé sera bien évidemment de situer les frontières de cet « espace » et de ce « système ». Qui se situe, à l'intérieur ? À l'extérieur ? En d'autres termes, quelle sera la relation entre les nouveaux « libres circulants » d'Europe de l'Est (à la fois des nouveaux pays membres et des futurs États membres éventuels), qui se déplacent de manière fluide dans l'espace européen, avec ces « immigrants non-Européens » postcoloniaux qui occupaient les emplois secondaires en Europe par le passé ?

Une manière de répondre à cette question consiste à revenir à la comparaison entre les États-Unis et l'Europe et à établir les grandes lignes de l'espace régional européen émergent par rapport à celles de l'espace régional nord-américain. Sous cet angle, il devient instructif de comparer la logique d'extension explicitement politique de l'intégration régionale européenne au scénario politiquement non maîtrisé et socialement désastreux auquel les États-Unis sont aujourd'hui confrontés avec l'Amérique centrale. Là où l'Europe se tourne de plus en plus vers l'Est pour ses besoins en main-d'œuvre de migrants, les États-Unis dépendent de la migration massive de Latino-Américains en provenance du Sud pour remplir les mêmes rôles. Et comme le montre la politique d'immigration récente aux États-Unis, le scénario de l'immigration entre le Mexique et les États-Unis (et par extension les relations avec l'ensemble de l'Amérique centrale) est incapable de prendre les mesures politiques efficaces vers une intégration régionale post-nationale à l'image de celle de l'Europe, tout en restant structurellement dépendants de la mobilité transfrontalière (Massey *et al.,* 2002). L'Amérique a désespérément besoin d'une solution économique rationnelle, mais celle-ci est impossible pour des questions de politique intérieure.

L'économie et la société américaines continuent d'avoir besoin de l'immigration. L'économie américaine a plus que jamais besoin de frontières poreuses pour son fonctionnement. Sans cela, l'agriculture californienne s'effondrerait. Il en est de même pour le Texas. Que font les habitants de Los Angeles lorsqu'ils ont un problème de toiture, des soucis avec le système d'arrosage de leur jardin ou une clôture à garder la nuit ? Ils appellent Carlos, un Américain d'origine mexicaine récemment naturalisé, qui vit en fait à Los Angeles depuis vingt-cinq ans. Celui-ci appelle alors quelques « gars » qu'il connaît et vous arrêtez de poser des questions. Ou si vous avez besoin d'aide pour nettoyer la maison ou garder les enfants, la femme de ménage de votre voisin, Susana, a toujours une « sœur » ou une « cousine » prête à venir contre quelques billets donnés de la main à la main. Les classes moyennes et supérieures peuvent ainsi se consacrer à leurs activités consistant à faire de l'argent en vendant des séries télévisées pour le câble ou à aller à leurs cours de yoga après avoir déposé les enfants à l'école. C'est ainsi que la ville fonctionne, que tout le monde gagne de l'argent et libère du temps pour soi. De nos jours, New York, Chicago, Atlanta et Houston fonctionnent exactement de la même manière et ce mode de fonctionnement se généralise à Dalton, en Géorgie, à Las Vegas, au Nevada, ou même (très bientôt) à Des Moines, dans l'Iowa. Les classes moyennes européennes de Londres, Paris ou Rome suivent la même logique économique et les aides domestiques auxquelles elles ont recours, et dont elles sont de plus en plus dépendantes, sont de plus en plus souvent originaires d'Europe de l'Est.

Pourtant, les deux continents divergent politiquement. L'hostilité aux immigrants progresse aux États-Unis, basée sur des arguments culturels et linguistiques non fondés témoignant d'une ignorance crasse de la dynamique des populations à l'œuvre dans les grands centres urbains (Huntington, 2004). Le Congrès a récemment échoué plusieurs fois à voter des textes visant à régulariser la situation des migrants sans-papiers et à gérer les besoins économiques en matière de travailleurs en allant vers un contrôle politique accru. Seuls le contrôle aux frontières et la sécurité intérieure ont été renforcés. Mais comme l'a bien montré un récent film satirique, « Un jour sans Mexicains » (*A day without a Mexican*) entraîne la paralysie du miracle de l'économie américaine. Le scénario du film s'est réalisé le jour des manifestations de masse qui se sont déroulées à Los Angeles et ailleurs au printemps 2006. L'Amérique a essayé de se tourner vers l'Est pour satisfaire ses besoins énormes en immigrants (on peut supposer que c'est précisément la raison pour laquelle les États-Unis sont si souples concernant l'immigration en provenance de Corée, du Japon, de Chine et du Vietnam), mais elle continue d'avoir besoin de Carlos et de son équipe. Les suprémacistes blancs sont passés de mode aux États-Unis, grâce à la démographie. Même la présidence Bush a compris qu'un républicain sans électeurs asiatiques ou latinos était désormais voué à l'échec électoral. Les personnes hostiles à l'immigration continueront à vouloir des barrières toujours plus hautes et ils pourront encore se sentir autorisés et légitimes à prendre les armes comme les miliciens (*minutemen*) patrouillant dans le désert de l'Arizona. Mais comme le montrent les camions qui affluent vers le nord par cette frontière, alors que le capital et les touristes américains prennent la direction inverse vers le Sud, l'économie des États-Unis ne s'arrête pas et ne s'arrêtera jamais à El Paso ou Tijuana – et une partie bien plus importante de l'Amérique centrale et de l'Amérique du Sud que ne voudraient l'admettre les citoyens américains fait sans aucun doute partie de l'Amérique du Nord (voir également Pastor, 2001). Mais, comme toujours, la compréhension politique est en retard sur cette réalité guidée par des facteurs économiques.

L'Europe est confrontée à des questions similaires en matière d'immigration, mais elle a choisi d'emprunter une voie différente politiquement et économiquement. Au XXe siècle, la grande faiblesse de l'Europe par rapport aux États-Unis résidait dans ses frontières mal établies et ses déchirements politiques et économiques internes (au prix de millions de morts). Les États-Unis étaient un État nation unique en son genre, pratiquant essentiellement une politique de portes ouvertes à l'immigration sans barrière interne aux migrations qui alimenta sa croissance et sa puissance. L'Europe a également fini par ouvrir ses sociétés à l'immigration et aux migrations intra-régionales et cherche maintenant à mettre en œuvre un scénario proche dans son dynamisme et dans l'abolition des contrôles intra-européens que celui qui domine les débats en Amérique du Nord. Londres, *la* ville qui symbolise le mieux le développement de la mobilité européenne fait maintenant de l'ombre au New York mythique des immigrants en termes de croissance de la population par les immigrants sur la période 2000-2005. Mais il existe une différence essentielle entre les continents. Les États-Unis ont dû se tourner vers le Sud pour trouver une main-d'œuvre bon marché. L'Europe, de son côté, peut se tourner vers l'Est, et c'est ce qu'elle fait de plus en plus.

Mais quelles sont alors les conséquences pour le Sud traditionnellement en relation avec l'Europe ? En d'autres termes, on retrouve à nouveau ici la question ethnique de l'identité européenne, le problème essentiel consistant à déterminer si les Marocains et les Turcs (qui constituent de loin les populations d'immigrants les plus nombreuses en Europe, et les étrangers les plus proches) sont également des Européens mobiles selon la logique de l'intégration régionale. La politique actuelle ne semble pas aller dans le bon sens : l'Europe pourrait choisir de tenir compte de l'hostilité aux immigrants et de traiter les Marocains et les Turcs de la même manière lamentable dont les États-Unis traitent leur force de travail « étrangère » en provenance d'Amérique centrale. Toutefois, par une logique purement économique/concentrique d'intégration régionale, leur mobilité pourrait finir par ressembler de moins en moins à la trajectoire traditionnelle de l'immigrant, nationalisante et intégrationniste, mais plus à celle des ressortissants des nouveaux pays membres et candidats à l'adhésion d'Europe de l'Est. D'autres peuples voisins au Sud et à l'Est pourraient également exprimer cette même revendication (bien que l'espace du voisinage européen, comme tout espace, doive se terminer quelque part). Les frontières physiques ont leur importance ; il est possible jusqu'à un certain point de construire des murs et de surveiller les mers. Mais d'autres mécanismes peuvent rendre la migration beaucoup plus désagréable. Si l'Europe pouvait supprimer sa dépendance vis-à-vis des travailleurs « ethniques » pour occuper les emplois moins qualifiés, subalternes de son économie ; si le besoin lui-même pouvait être supprimé par une logique raciale et ethnocentrique ? Pour le moment, cela semble être la logique sous-jacente fixée pour déterminer qui peut bénéficier ou non de la « libre circulation ». L'extension de l'Europe à l'Est est souvent soupçonnée d'être basée sur le choix d'une logique ethnique, dans laquelle les frontières s'ouvrent à l'Est alors qu'elles se ferment au Sud. Cette conception est fonctionnelle du point de vue politique, intéressante économiquement et constitue une solution dynamique à court terme.

L'élargissement européen et les accords avec les pays du voisinage européen ont permis à l'Europe de se tourner vers l'Est et à surveiller les frontières au Sud (renforcement des frontières et soutien financier et politique, dans le cadre de politiques de voisinage, aux États du Sud en Afrique et au Proche-Orient, contre la mise en œuvre de moyens plus efficaces de contrôle à distance). La contrepartie pour une Europe qui exprime plus de méfiance envers ses voisins musulmans de ses frontières sud que des peuples balkaniques à ses frontières orientales. Les Roumains et les Ukrainiens sont blancs et chrétiens, contrairement aux Turcs, Marocains, Sénégalais ou Somaliens. Mais il y a un problème dans cette logique, à savoir qu'elle ne résoudra pas la question démographique sur le long terme. Les taux de natalité des Européens de l'Est sont aussi faibles que ceux de leurs voisins d'Europe de l'Ouest. La tension entre porosité à l'Est et fermeture au Sud a ainsi de fortes chances d'être une des caractéristiques centrales de l'intégration régionale en cours par le biais de l'élargissement. Comme pour toute analyse des mouvements de population, ce macro-processus très important peut être observé et compris dans sa dimension humaine par le biais des expériences des différents migrants.

Références bibliographiques

Andall Jacqueline (1998), « Catholic and State Constructions of Domestic Workers: The Case of Cape Verdean Women in Rome in the 1970s », *in* Khalid Koser et Helma Lutz (dir.), *The New Migration in Europe*, Londres, Macmillan Press, p. 124-142.

Anderson Benedict (1991), *Imagined Communities*, Londres, Verso.

Bade Klaus (2000), *Europa in Bewegung: Migration vom späten 18. Jahrhundert bis zur Gegenwart*, Münich, Beck Verlag.

Batalova Jeanne et B. Lindsay Lowell (2006), « "The Best and the Brightest" : Immigrant Professionals in the US », *in* Michael P. Smith et Adrian Favell (dir.), *The Human Face of Global Mobility*, New Brunswick, NJ, Transaction Publishers, p. 81-102.

Bauman Zygmunt (1998), *Globalization: The Human Consequences*, Cambridge, Polity Press.

Benton Gregor et Frank Pieke (dir.) (1998), *The Chinese in Europe*, Londres, Macmillan.

Bousetta Hassan (2000), « Political Dynamics in the City. Citizenship, Ethnic Mobilisation and Socio-Political Participation: Four Case Studies », *in* Sophie Body-Gendrot et Marco Martiniello (dir.), *Minorities in European Cities: The Dynamics of Social Integration and Social Exclusion at the Neighbourhood Level*, Londres, Macmillan.

Brubaker Rogers (1996), *Nationalism Reframed: Nationhood and the National Question in the New Europe,* Cambridge, Cambridge University Press.

Byrnes Timothy et Katzenstein Peter (dir.) (2006), *Religion in an Expanding Europe*, Cambridge, Cambridge University Press.

Castles Stephen et Mark Miller (2003) [3e éd.], *The Age of Migration: International Population Movements in the Modern World,* Londres, Palgrave Macmillan.

Diamond Jared (1997), *Guns and Germs and Steel: The Fates of Human Societies*, New York, W.W. Norton & Co.

Diken Bülent (1998), *Strangers, Ambivalence and Social Theory*, Aldershot, Ashgate.

Esping-Andersen Gösta (1999), *The Social Foundations of Post-Industrial Society*, Oxford, Oxford University Press.

European Citizenship Action Service (2005), *Who's Afraid of EU Enlargement?,* Bruxelles, ECAS.

European Citizenship Action Service (2006), *Who's Still Afraid of EU Enlargement?,* Bruxelles, ECAS.

European Foundation for the Improvement of Living and Working Conditions (2006), *Mobility in Europe: Analysis of the 2005 Eurobarometer Survey on Geographical and Labour Market Mobility*, Dublin.

European Year of Workers' Mobility (2006), *Europeans and Mobility: First Results of an EU-wide Survey*, Bruxelles, Commission européenne.

Eurostat (2009), *L'Europe en chiffres, annuaire 2009*, Luxembourg, Office des publications officielles des Communautés européennes.

Favell Adrian (2001), « Integration Policy and Integration Research in Western Europe: A Review and Critique », *in* Alex Aleinikoff et Doug Klusmeyer (dir.), *Citizenship Today: Global Perspectives and Practices*, Washington, DC, Brookings Institute, p. 349-399.

Favell Adrian (2003a), « Games without Frontiers? Questioning the Transnational Social Power of Migrants in Europe », *Archives européennes de Sociologie*, vol. XLIV, n° 3, p.106-136.

Favell Adrian (2003b), « Integration Nations: The Nation State and Research on Immigrants in Western Europe », *Comparative Social Research*, n° 22, novembre, p. 13-42.

Favell Adrian (2008a), *Eurostars and Eurocities: Free Movement and Mobility in an Integrating Europe*, Oxford, Blackwell.

Favell Adrian (2008b), « The New Face of East-West Migration in Europe », *Journal of Ethnic Migration Studies*, vol. 34, n° 5.

Favell Adrian et Tim Elrick (dir.) (2008), « The New Face of East-West Migration in Europe », Édition spéciale, *Journal of Ethnic and Migration Studies*, vol. 34, n° 5.

Favell Adrian et Randall Hansen (2002), « Markets against Politics: Migration, EU Enlargement and the Idea of Europe », *Journal of Ethnic and Migration Studies*, vol. 28, n° 4, p. 581-601.

Guiraudon Virginie (1998), « Citizenship Rights for Non-Citizens: France, Germany and the Netherlands », *in* Christian Joppke, *Challenge to the Nation State*, Oxford, Oxford University Press, p. 272-319.

Hammar Tomas, Grete Brochmann, Kristof Tamas et Thomas Faist (dir.) (1997), *International Migration, Immobility and Development*, Oxford, Berg.

Hansen Randall (1998), « A European Citizenship or a Europe of Citizens? Third Country Nationals in the EU », *Journal of Ethnic and Migration Studies*, vol. 24, n° 4, p. 751-768.

Hatton Tomothy J. and Jeffrey G. Williamson (1998), *The Age of Mass Migration*, Oxford, Oxford University Press.

Held David, McGrew Anthony, Goldblatt David et Perraton Jonathan (1999), *Global Transformations: Politics, Economics and Culture*, Oxford, Polity Press.

Hobsbawm Eric (1987), *The Age of Empire*, New York, Pantheon Books.

Hobsbawm Eric (1983), *The Invention of Tradition*, Cambridge, Cambridge University Press.

Holmes Douglas (2000), *Integral Europe: Fast-Capitalism, Multiculturalism, Neofascism*, Princeton, Princeton University Press.

Huntington Samuel (1996), *The Clash of Civilizations and the Remaking of the New World Order*, Chicago, Chicago University Press.

Huntington Samuel (2004), *Who Are We? The Challenges to American National Identity*, New York, Simon and Schuster.

Joppke Christian et Morawska Ewa (dir.) (2003), *Toward Assimilation and Citizenship: Immigrants in Liberal Nation States*, Londres, Palgrave Macmillan.

Kastoryano Riva (1993), *Être Turc en France*, Paris, L'Harmattan.

King Russell (2002), « Towards a New Map of European Migration », *International Journal of Population Geography*, vol. 8, n° 2, p. 89-106.

King Russell, Warnes Tony et Williams Allan (2000), *Sunset Lives: British Retirement Migration to the Mediterranean*, Oxford, Berg.

King Russell et Ruiz Gelices Enric (2003), « International Student Migration and the European "Year Abroad" : Effects on European Identity and Subsequent Migration Behaviour », *International Journal of Population Geography,* vol. 9, p. 229-252.

Koser Khalid et Lutz Helma (dir.) (1998), *The New Migration in Europe*. Londres, Macmillan.

Lesthaege Ron (dir.) (2000), *Communities and Generations: Turkish and Moroccan Populations in Belgium*, Bruxelles, VUB Press.

Mann Michael (1993), *The Sources of Social Power,* vol. 2. *The Rise of Classes and Nation-States 1760-1914*, Cambridge, Cambridge University Press.

Mann Michael (2005), *The Dark Side of Democracy*, Cambridge, Cambridge University Press.

Massey Douglass, Durand Jorge et Malone Nolan (2002), *Beyond Smoke and Mirrors: Mexican Migration in an Era of Economic Integration*, New York, Russell Sage.

Mazower Mark (1998), *Dark Continent: Europe's Twentieth Century*, Londres, Penguin.

Milward Alan (2005) [2e éd.], *The European Rescue of the Nation State*, Londres, Routledge.

Moch Leslie Page (2003) [2e éd.], *Moving Europeans: Migration in Western Europe Since 1650*, Bloomington, Indiana University Press.

Morawska Ewa (2002), « Transnational Migration in the Enlarged European Union: A Perspective from East and Central Europe », *in* Jan Zielonka (dir.), *Europe Unbound*, Oxford, Oxford University Press, p. 161-190.

Pastor Robert A. (2001), *Toward a North American Community: Lessons from the Old World for the New*. Washington, DC, Peterson Institute.

Peri Giovanni (2005), « Skills and Talent of Immigrants: A Comparison between the European Union and the United States », *Institute of European Studies Working Paper,* 050304, Berkeley, University of California.

Phalet Karen, van Lotringen Claudia et Entzinger Hans (2000), *Islam in de multiculturele samenleving*, Utrecht, ERCOMER.

Piore Michael (1989), *Birds of Passage: Migrant Labor in Industrial Societies*, Cambridge, Cambridge University Press.

Recchi Ettore (2006), « From Migrants to Movers: Citizenship and Mobility in the European Union », *in* Michael P. Smith et Adrian Favell (dir.), *The Human Face of Global Mobility*, p. 53-77.

Recchi Ettore (2009), « The Social Mobility of Mobile Europeans », *in* Ettore Recchi et Adrian Favell (dir.), *Pioneers of European Integration*, Cheltenham, Edward Elgar.

Recchi Ettore et Favell Adrian (dir) (2009), *Pioneers of European Integration*, Cheltenham, Edward Elgar.

Recchi Ettore et Triandafillydou Anna (2009), *The Changing Face of Intra-EU Migration after the Union's 2004 and 2007 enlargements*, Communication au IXe congrès de la European Sociological Association, Lisbonne, 4 septembre.

Riccio Bruno (2001), « From "Ethnic Group" to "Transnational Community": Senegalese Migrants' Ambivalent Experiences and Multiple Trajectories », *Journal of Ethnic and Migration Studies*, vol. 27, n° 4, p. 583-599.

Rogers Alisdair (2000), « A European Space for Transnationalism? », *Transnational Communities Programme Working Paper*, Series WPTC-2K-07, Oxford, COMPAS. http://www.transcomm.ox.ac.uk/working %20papers/rogers. pdf.

Rother Nina et Nebe Tina (2009), « More Mobile, More European? Free Movement and EU Identity », *in* Ettore Recchi et Adrian Favell (dir.), *Pioneers of European Integration: citizenship and mobility in the EU*, Cheltenham, Edward Elgar.

Sassen Saskia (2001) [2e éd.], *The Global City*, Princeton, Princeton University Press.

Smith Michael P. et Favell Adrian (dir.) (2006), *The Human Face of Global Mobility: International High Skilled Migrants in Europe, North America and the Asia Pacific*, New Brunswick, NJ, Transaction Press.

Torpey John (2000), *The Invention of the Passport*, Cambridge, Cambridge University Press.

Wallace Claire et Stola Dariusz (dir.) (2001), *Patterns of Migration in Central Europe*, Londres, Palgrave.

Mathilde **Darley**

La construction du problème de l'immigration en République tchèque : l'action publique sous influence européenne ?

L'histoire géopolitique de la République tchèque, marquée par son passé communiste, la construction d'un État indépendant au tournant des années 1990, puis l'accession à l'Union européenne en 2004 et à l'espace Schengen en 2007, semble fournir un terrain d'observation privilégié de la manière dont, au cours des vingt dernières années, s'est construit, voire inventé, le problème de l'immigration irrégulière et de sa régulation dans les nouveaux pays membres de l'UE. Au-delà de l'analyse de l'européanisation comme un transfert « top-down » de modèles européens imposés aux acteurs nationaux, la contribution proposée ici vise à mettre en évidence l'influence, dans le processus de réappropriation des normes communautaires, des trajectoires socio-professionnelles et des prises de rôle des principaux acteurs impliqués, localement et nationalement, dans la définition du « problème » de l'immigration. Cette démarche pluriscalaire et plurisdisciplinaire empruntant tant à la sociologie de l'action publique qu'à la tradition de l'observation ethnographique doit ainsi permettre de renouveler l'approche de ce qui fonde, en République tchèque comme dans d'autres États récemment intégrés à l'UE et/ou à l'espace Schengen, la légitimité du projet européen en matière de politique migratoire.

The construction of the immigration problem in the Czech Republic: Public action under European influence?

The geopolitical history of the Czech Republic, characterized by its communist past, the construction of an independent State at the beginning of the 1990s, the entry into to the EU in 2004 and into the Schengen area in 2007, seems to be a privileged field for observing how the issue of irregular migration and its control has been constructed, or even invented, in the new EU member States in the last twenty years. Beyond analyses of europeanization as a "top-down" transfer of European models imposed to national actors, this article seeks to explore the influence, in the process of reappropriation of European norms, of socio-professional careers and roles of the main actors locally and nationally involved in the definition of the immigration "problem". This interdisciplinary and multi-level approach, inspired both by the sociology of public action and the tradition of ethnographic observations, should enable to bring a new light on what founds the legitimacy of the European project in matters of migration policy, in the Czech Republic as well as in other States which have recently joined the EU and/or the Schengen area.

L'histoire géopolitique de la République tchèque, marquée par son passé communiste, la construction d'un État indépendant au tournant des années 1990, puis l'accession à l'Union européenne en 2004 et à l'espace Schengen en 2007, semble fournir un terrain d'observation privilégié de la manière dont, au cours des vingt dernières années, s'est construit, voire inventé, le problème de l'immigration irrégulière et de sa régulation dans les nouveaux pays membres de l'UE. Le régime communiste en place en Tchécoslovaquie jusqu'en 1989, et la fermeture des frontières du pays qui l'a accompagné, n'avaient en effet que très marginalement autorisé l'immigration, limitée à la main-d'œuvre étrangère recrutée sur la base d'accords bilatéraux passés avec d'autres pays socialistes (le Vietnam notamment) et ne constituant par conséquent pas un enjeu politique majeur. Au cours des années 1990 pourtant, l'immigration se développe rapidement en République tchèque. Le moment de sa mise à l'agenda politique, dans la deuxième moitié de la décennie 1990, semble alors coïncider avec l'ouverture des négociations en vue de l'adhésion du pays à l'UE : dans ce contexte, le problème de l'« immigration de transit »[1] acquiert une actualité particulière tant pour les pays membres voisins de la République tchèque (Allemagne et Autriche) que pour la Commission européenne chargée d'évaluer la conformité de la politique migratoire tchèque avec les orientations communautaires.

Cette concomitance des agendas européen et nationaux en Europe centrale et orientale a encouragé l'analyse de l'émergence de la problématique migratoire dans les pays candidats à l'UE comme le résultat d'un processus d'européanisation *top-down* articulé autour du principe de conditionnalité (Schimmelfennig et Sedelmeier, 2004) : la reprise de l'acquis communautaire (dont la politique migratoire constitue un

---

[1] L'expression « immigration de transit » est utilisée par les instances nationales et européennes pour décrire les flux migratoires (généralement irréguliers) pour lesquels les pays d'Europe centrale et orientale fonctionnent comme des « passerelles » vers l'Europe de l'Ouest.

élément important depuis le traité d'Amsterdam[2]) est en effet une condition devant être nécessairement remplie par les pays souhaitant intégrer l'Union européenne, ce qui expliquerait l'adoption relativement rapide, dans les pays d'Europe centrale et orientale, de mesures politiques et d'instruments législatifs contraignants visant à mettre la politique migratoire en conformité avec les normes communautaires. De nombreux travaux ont cependant récemment cherché à complexifier cette approche « par le haut » en croisant l'analyse de l'imposition des orientations européennes avec la prise en compte des logiques d'acteurs, tant au niveau national qu'au niveau européen. Ces recherches ont ainsi notamment permis de mettre en évidence la possibilité d'une réappropriation opportune, par les acteurs nationaux, des normes dictées par l'Union (Lavenex et Uçarer, 2004), voire d'un investissement stratégique de l'arène européenne par certains groupes d'experts et de décideurs dont l'action se trouvait entravée, sur la scène nationale, par différents obstacles d'ordre juridique et/ou politique (Guiraudon, 2000a).

La recherche proposée ici, visant à analyser la construction du « problème » de l'immigration irrégulière en République tchèque et à questionner l'influence de l'intégration de la République tchèque à l'Union européenne puis à l'espace Schengen sur les formes de problématisation et de résolution retenues au niveau national, s'inspire directement de ces travaux visant à saisir « l'Europe » avec les instruments de la sociologie politique et à réintroduire ainsi les acteurs et leurs trajectoires dans l'analyse : loin de réduire l'européanisation à un processus d'ajustement national au cadre dicté par Bruxelles, nous chercherons à mettre en évidence l'influence, dans le processus d'ancrage des normes communautaires dans le contexte national et local, de la socialisation, des trajectoires socio-professionnelles et des prises de rôle des principaux acteurs impliqués dans la définition du « problème » de l'immigration.

Nous nous appuierons pour ce faire non seulement sur des entretiens réalisés avec les décideurs politiques tchèques, mais aussi sur la conduite d'observations à la frontière aéroportuaire de la République tchèque entre 2004 et 2007. Nous inscrivons ainsi également cette contribution

---

[2] Le traité d'Amsterdam, signé en 1997, est entré en vigueur le 1er mai 1999. Il intègre l'acquis de Schengen à l'Union européenne et transfère vers le premier pilier sur les Communautés européennes certains domaines relevant jusqu'alors du troisième pilier consacré à la Justice et aux affaires intérieures (JAI), et notamment le contrôle de l'immigration, les visas, le droit d'asile et la coopération judiciaire en matière civile.

dans le prolongement d'une perspective de recherche relativement nouvelle et jusqu'à présent quasiment absente des travaux sur les politiques migratoires, visant à « faire du local un niveau d'analyse de l'intégration européenne » (Pasquier et Weisbein, 2004, 6). Cette démarche pluriscalaire et plurisdiscplinaire empruntant tant à la sociologie de l'action publique qu'à la tradition de l'observation ethnographique, en mettant en évidence la manière dont les orientations communautaires ont pu s'articuler (ou être articulées) au contexte national *et* local, devrait ainsi contribuer à l'analyse de la construction du « sens européen » (*Ibid.*,14), en République tchèque comme dans d'autres États récemment intégrés à l'UE et/ou à l'espace Schengen.

Construction de l'objet de recherche : cadre contextuel et théorique

L'invention d'une politique migratoire en République tchèque

Après la chute du régime communiste en novembre 1989, la Tchécoslovaquie adhère rapidement aux principaux instruments internationaux adoptés dans le domaine de la protection des réfugiés (et notamment à la Convention de Genève de 1951[3]) et se dote d'une nouvelle législation relative au droit des étrangers[4]. Celle-ci, considérée comme très libérale (Drbohlav, 2001, 218) et adoptée dans un contexte national caractérisé depuis le milieu du XXe siècle par son homogénéité « ethnique », se concentre avant tout sur l'institutionnalisation de la protection des réfugiés ainsi que sur la constitution d'un cadre légal pour les mesures de police à l'encontre des étrangers.

Dès la première moitié des années 1990 cependant, la Tchécoslovaquie – puis République tchèque (après la partition de la Tchécoslovaquie en 1993) – voit le nombre d'étrangers présents sur son territoire augmenter rapidement, à la faveur notamment de la relative stabilité politique et économique du pays après son accession à l'indépendance : tandis que les formes d'immigration de la première heure

---

3 La Convention relative au statut des réfugiés, dite Convention de Genève, a été adoptée par l'Organisation des Nations unies le 28 juillet 1951 et est entrée en vigueur le 22 avril 1954.

4 Voir l'adoption d'une loi sur les réfugiés en 1990 (*Zákon 498/1990 Sb. o uprchlících*) et celle d'une loi relative au séjour des étrangers sur le territoire de la Tchécoslovaquie en 1992 (*Zákon 123/1992 Sb., o pobytu cizinců na území ČSFR*).

(retour d'exil de citoyens tchécoslovaques[5] et mouvements « internes » depuis les régions slovaques vers les régions tchèques) diminuent, le nombre d'étrangers résidant sur le territoire tchèque est multiplié par quatre entre 1992 et 1996, passant de 50 000 à 200 000 (Drbohlav, 2000, 170 ; 2004, 14).

La croissance rapide du chômage et la récession économique de la deuxième moitié des années 1990 confèrent toutefois une visibilité nouvelle à la présence d'un nombre important de travailleurs ukrainiens en République tchèque, venus pour la plupart à la faveur du régime migratoire libéral du début de la décennie. Le système des « clients », c'est-à-dire des intermédiaires ukrainiens chargés de procurer un emploi et un logement aux migrants ukrainiens en assurant leur placement (illégal ou semi-légal) auprès d'entrepreneurs tchèques[6], est alors érigé en « problème » sur l'agenda politique, concentré sur la question du « travail clandestin » (Drbohlav, 2003 ; Nekorjak, 2006).

Dans le même temps, la perspective de l'adhésion du pays à l'Union européenne entraîne une multiplication des pressions extérieures, bilatérales d'abord à l'initiative des pays voisins ouest-européens, puis européennes, en faveur d'un contrôle plus strict des frontières de la République tchèque afin d'éviter le passage de migrants en situation irrégulière vers le territoire de l'UE. Ces pressions sont invoquées par le gouvernement tchèque pour justifier la refonte du droit des étrangers en 1999. Les nouvelles législations sur l'asile[7] et, surtout, sur le séjour des étrangers[8], semblent ainsi traduire l'élargissement du concept d'« immigration illégale », jusqu'alors posé en synonyme de « travail illégal » par les autorités tchèques, et incluant désormais, conformément à l'acception européenne, l'ensemble des formes de migration non documentée d'installation ou de transit.

L'année « charnière » de 2004 (la République tchèque intègre l'UE le 1er mai) offre un éclairage particulier sur certaines tendances des

---

5 L'assistance aux citoyens tchécoslovaques regagnant leur pays après s'être exilés en Ukraine, au Kazakhstan ou en Roumanie notamment constitue une des priorités des autorités tchèques après la chute du régime communiste.

6 Cette stratégie mise en place par les représentants de la communauté ukrainienne en République tchèque et visant à tirer profit des zones grises de la législation sur le travail est une des formes de « ressources » déployées par les migrants de l'Est pour travailler à l'Ouest. Voir Morawska (2001).

7 *Zákon o azylu* n° 325/1999.

8 *Zákon o pobytu cizinců na území České republiky*, n° 326/1999.

courants migratoires à destination de la République tchèque et sur leur problématisation par les acteurs publics. À la veille de l'entrée de la République tchèque dans l'Union européenne, un Plan d'action pour la lutte contre l'immigration illégale est adopté[9] et présenté par le ministère de l'Intérieur comme une nécessité dictée par la perspective de l'adhésion prochaine de la République tchèque à l'UE et à l'espace Schengen. Il s'inscrit dans le cadre plus large du Plan d'action national de lutte contre le terrorisme[10], traduisant l'ancrage – nouveau dans le contexte tchèque – des questions migratoires dans le champ de la criminalité internationale.

Avec son entrée dans l'UE le 1er mai 2004, la République tchèque devient à la fois un pays membre, bénéficiant par conséquent d'un allègement des contrôles à ses frontières Ouest et Sud avec l'Allemagne et l'Autriche, et la dernière marche avant l'espace Schengen. C'est cette situation particulière qui explique sans doute que, à partir de 2004 et alors que les interpellations en situation irrégulière aux frontières et sur le territoire sont en baisse (comme dans la plupart des pays européens), le nombre de personnes interceptées en situation irrégulière à la frontière aéroportuaire (alors frontière extérieure de l'UE) soit multiplié par quatre. Si les chiffres restent modestes, passant de 153 personnes en 2003 à 630 en 2005, la part des personnes interceptées en situation irrégulière à leur arrivée par avion dans le nombre total d'interpellations pour entrée irrégulière aux frontières nationales augmente malgré tout de manière significative après l'entrée de la République tchèque dans l'UE, de 2,4 % en 2004 à 11,1 % en 2005 et 13,2 % en 2007 (MVČR, 2009, 75). Comme toujours face à la statistique policière, il est évidemment difficile de dire si cette augmentation enregistrée par les agences de sécurité est le résultat de contrôles plus marqués dans la perspective de la transformation prévue, en 2007, de la frontière aéroportuaire tchèque en frontière Schengen, ou si l'intensification du contrôle a elle-même été dictée par l'évolution des stratégies migratoires. Force est cependant de constater que, de fait, la frontière aéroportuaire, et en particulier le centre fermé pour demandeurs d'asile qui s'y trouve, ont émergé au cours des dernières années comme des points de cristallisation de la lutte contre l'immigration irrégulière et le crime organisé

9 Le Plan d'action pour la lutte contre l'immigration illégale (*Akční plán boje proti nelegální migraci*) est adopté le 4 février 2004 par une résolution du gouvernement (n°108).

10 *Národní akční plán boje proti terorismu*, adopté en avril 2002.

(entendu ici comme lié aux activités des réseaux de passeurs) en République tchèque.

L'européanisation des politiques migratoires : cadre théorique et protocole de recherche

L'exposition du cas tchèque invite avant tout à s'interroger sur les raisons ayant permis ou motivé une évolution rapide de la définition et du cadrage de la question migratoire, d'abord articulée autour de l'institutionnalisation de la protection aux réfugiés, puis recentrée sur la lutte contre le travail clandestin, pour désormais reposer sur l'établissement direct d'un lien entre asile, immigration irrégulière et criminalité.

Différents auteurs se sont attachés à classifier les pays mettant en place des politiques de contrôle migratoire selon leur tradition d'immigration plus ou moins ancienne, ou encore leur autodéfinition ou non comme « pays d'immigration » (Cornelius, Martin et Hollifield, 1994), rappelant ainsi le poids des facteurs historiques et situationnels dans le développement des stratégies nationales de contrôle de l'immigration : les « précédents historiques », et plus particulièrement les « traditions en termes de valeurs humanitaires, d'ouverture culturelle vers le monde extérieur » et d'indexation des politiques migratoires sur les conditions économiques nationales constitueraient ainsi, selon Grete Brochmann, les éléments normatifs d'une « culture étatique du contrôle » influençant la définition des politiques migratoires contemporaines (Brochmann, 1999, 16). Si l'on suit cette construction théorique, la résurgence d'une rhétorique du contrôle frontalier (appliquée ici à la frontière aéroportuaire) dans le contexte tchèque, marqué par un relatif rejet des politiques de contrôle pouvant évoquer les pratiques policières en cours sous le communisme[11], semble devoir faire l'objet d'une analyse particulière : comment en effet expliquer le succès de ce glissement dans la construction tchèque du problème de l'immigration et quel rôle ont pu jouer ici l'influence européenne, mais aussi le contexte et les acteurs locaux et nationaux ?

---

[11] Cette réticence, fréquemment relevée par les policiers interrogés, s'expliquerait notamment par le passé communiste du pays et la politique de fermeture des frontières qui le caractérisait, lesquels rendraient aujourd'hui peu souhaitable le retour de pratiques de contrôle historiquement connotées comme l'une des formes d'atteinte à la liberté mises en place par l'ancien régime autoritaire.

Depuis la fin des années 1990, nombre de travaux se sont attachés à mettre en évidence l'impact des décisions européennes sur la définition des politiques nationales, en particulier dans le cadre de l'élargissement de l'UE et de la nécessité faite aux candidats de reprendre l'acquis communautaire. Ces recherches, partant du caractère non négociable de la reprise de l'acquis, ont appréhendé l'« européanisation » à l'Est de l'Europe avant tout en termes de « transfert », *a priori* coercitif, des normes européennes (Schimmelfennig et Sedelmeier, 2004). Une proportion croissante d'auteurs s'intéressant aux mécanismes d'européanisation a cependant cherché à se distancier de cette approche, critiquée pour l'idée qu'elle induisait d'une diffusion linéaire des normes communautaires.

Dans le cas particulier des politiques migratoires, une nouvelle perspective de recherche a ainsi émergé, s'appuyant sur les instruments de la sociologie politique et de l'action publique pour insister sur « l'aspect dynamique de l'interaction entre institutions européennes et champ politique national » (Guiraudon, 2000b, 26). Cette prise en compte des agents, de leurs trajectoires nationales et européennes et des ressources et contraintes éventuelles guidant leur action a ainsi notamment permis de mettre en lumière le processus de constitution d'une expertise européenne en matière de politique migratoire, et le rôle clef joué dans ce domaine par les acteurs nationaux de la sécurité : c'est à ce courant de recherche que l'on doit notamment l'analyse des premières formes de « transnationalisation » de l'action publique, initiées par les praticiens du contrôle dès les années 1970 à travers la participation à différents groupes de travail intergouvernementaux devant leur permettre de libérer leur action des dispositions nationales[12] perçues comme trop contraignantes (Guiraudon et Lahav, 2000). Institutionnalisés en forums régionaux (Bigo, 1992)[13], ces acteurs de la sécurité prennent rapidement conscience de la « nouvelle structure d'opportunité politique » (Favell, 2000) que leur offre l'arène européenne et s'imposent comme les principaux artisans de la définition, dans un cadre intergouvernemental initialement opaque, très technique et non contraignant, d'instruments

---

12 Voir notamment les décisions rendues alors par les tribunaux de plusieurs pays européens et visant à accorder davantage de garanties aux étrangers en termes de protection contre l'expulsion. *Cf.* Guiraudon (2000) ; Guiraudon et Lahav (2000).

13 Tels le groupe Ad hoc Immigration, le groupe Trevi, le groupe Schengen, le Club de Vienne ou encore le Groupe de travail à haut niveau sur l'asile et la migration.

européens de politique migratoire. Ce processus de constitution d'une expertise régionale puis européenne explique notamment l'éviction, dès le début des années 1980 et les négociations autour de l'Accord de Schengen, des ministères du Travail ou des Affaires sociales (au profit des praticiens du contrôle et des ministères de l'Intérieur des pays membres, voir Hreblay, 1998, 28), ou encore le rapprochement entre migration et sécurité établi par la Convention d'application de l'Accord de Schengen de 1990 puis le traité de Maastricht de 1992 (Favell, 2000).

Dans le contexte ultérieur de la reprise de l'acquis par les États membres ou candidats à l'adhésion, cette perspective de recherche sensible à la socialisation et aux trajectoires des acteurs invitait à dépasser l'analyse de l'européanisation comme un processus de « transfert » autoritaire et contraignant des normes communautaires pour observer « non seulement la façon dont les acteurs politiques saisissent et utilisent des opportunités politiques européennes mais aussi dont ils les monopolisent et les reproduisent » (Favell, 2000). Ainsi, les recherches de Virginie Guiraudon, Adrian Favell ou Sandra Lavenex notamment, ont mis en lumière le potentiel stratégique et « opportun » (Lavenex et Uçarer, 2004, 421) éventuellement associé par les acteurs au développement d'une action transnationale. La participation aux forums et groupes de travail européens, et l'apparente « délégation » du pouvoir de contrôle aux instances européennes que semble impliquer la communautarisation des politiques d'immigration, sont alors apparues comme pouvant servir une stratégie politique de *venue shopping* (Guiraudon, 2000a, 252) : celle-ci conduit les acteurs politiques à rechercher un cadre institutionnel où l'équilibre des forces joue en leur faveur, leur offrant ainsi les meilleures chances d'atteindre leurs objectifs politiques tout en limitant l'incertitude liée aux controverses et ambiguïtés politiques nationales.

Les mécanismes d'influence à l'œuvre dans le processus d'européanisation apparaissent alors multiples : au-delà de l'imposition *top-down* des normes communautaires aux acteurs nationaux, la mise en évidence d'une part du potentiel stratégique éventuellement associé par ces derniers à la transnationalisation de leur action et, d'autre part, des formes de réappropriation nationale des instruments européens dessinent des formes d'européanisation multiples, incluant également des processus horizontaux, voire *bottom-up* (Lavenex et Uçarer, 2004, 420).

La présente contribution s'inscrit donc directement dans ce courant de recherche appelant à combiner une approche de l'Europe par

« secteurs » et une démarche réintroduisant les « acteurs » dans l'analyse (voir Pasquier et Weisbein, 2004, 13). Il s'agira notamment ici de questionner, dans le contexte tchèque, les modes d'influence et de réappropriation des normes communautaires par les acteurs nationaux de la politique de contrôle migratoire. Empruntant également à la sociologie de Gusfield sur la construction des problèmes publics, nous chercherons à montrer comment certains acteurs ont pu, en République tchèque, disposer de ressources personnelles et professionnelles leur conférant une autorité particulière pour être reconnus comme des « sources légitimes de définition de la réalité d[u] problème » et en revendiquer ainsi la « propriété » (Gusfield, 2009, 9-10). Nous compléterons notre boîte à outils analytique par une approche multiscalaire inspirée de l'invitation, formulée par différents chercheurs au cours des dernières années, à saisir sociologiquement l'Europe « au microscope du local » (Pasquier et Weisbein, 2004). L'observation des conditions de définition puis de redéfinition de l'enjeu migratoire en République tchèque nous amène en effet à formuler l'hypothèse que la légitimité et le sens conférés, sur la scène nationale, aux orientations communautaires ne sauraient se comprendre sans que celles-ci ne soient articulées avec le contexte local. Partant du principe que l'« européanité » d'un phénomène, en l'occurrence l'immigration irrégulière et la nécessité de sa régulation, « n'est pas une caractéristique en soi, auto-construite et détachée », mais réside au contraire « dans l'interaction constante entre la dimension communautaire [...] et la dimension nationale ou infra-nationale [...] » (Pasquier, et Weisbein, 2004, 9), nous chercherons à mettre en relation la construction européenne du problème de l'immigration irrégulière avec ses modes d'incorporation par les acteurs nationaux, en montrant dans quelle mesure le contexte local a pu constituer une plateforme privilégiée d'interprétation et de réappropriation des normes institutionnelles. Pour ce faire, nous nous appuierons notamment sur les matériaux empiriques collectés entre 2004 et 2007 et constitués, d'une part, d'entretiens conduits avec des experts et décideurs nationaux de la politique migratoire tchèque et, d'autre part, d'observations réalisées au sein du centre fermé pour demandeurs d'asile de l'aéroport de Prague[14].

---

[14] Ces observations ont été conduites en tant que bénévole d'une association caritative en charge de l'organisation d'activités de loisirs au sein du centre fermé, entre janvier et avril 2006.

L'européanisation, contexte ou prétexte ?

Aux origines de l'européanisation : influences internationales, bilatérales et communautaires

En fait d'influence extérieure, c'est d'abord celle des organisations internationales qui, à la chute des régimes communistes, s'avère déterminante pour la constitution d'un cadre législatif et politique en matière de régulation de l'immigration – et en particulier de l'asile – en Europe centrale et orientale. La République tchèque adhère ainsi dès 1991 à la Convention des Nations unies relative au statut des réfugiés, à la suite de quoi le Haut-commissariat aux réfugiés (HCR) de l'ONU ouvre un centre à Prague (comme dans la plupart des capitales centre-européennes). Le HCR, mais aussi le Conseil de l'Europe, jouent un rôle structurant pour la mise en place, dans l'urgence, d'un dispositif matériel et législatif d'accueil des demandeurs d'asile, qui arrivent en République tchèque à partir de l'été 1990 (Carton, 2003)[15]. Comme le rappelle Laure Neumayer (2006), l'absence de « modèle administratif » européen en matière de politique migratoire limite alors l'influence communautaire sur les nouveaux États indépendants centre- et est-européens (Neumayer, 2006, 242). Jusqu'à la communautarisation de la politique migratoire avec le traité d'Amsterdam de 1997, c'est au niveau bilatéral qu'ont lieu les négociations et éventuelles prises d'influence relatives à la politique migratoire, ce dont témoignent notamment les accords conclus entre l'Allemagne et les pays frontaliers est-européens : dès le début des années 1990, l'Allemagne cherche en effet à inciter ses voisins anciennement socialistes à développer une politique de contrôle migratoire, et en particulier de contrôle frontalier, plus stricte, afin de diminuer le nombre de migrants arrivant illégalement sur le territoire allemand après avoir transité par l'Europe centrale. Après de longues négociations, l'Allemagne conclut ainsi en 1993 un accord de réadmission avec la Pologne par lequel cette dernière s'engage à réadmettre les migrants parvenus en Allemagne en passant par le territoire polonais, en échange de quoi l'Allemagne apporte une aide importante

---

[15] Le Haut-commissariat des Nations unies pour les réfugiés (UNHCR) est également à l'origine de la création, au cours des années 1990, de la plupart des organisations non gouvernementales impliquées dans l'assistance et la prise en charge des étrangers en République tchèque. (Voir Neumayer, 2006, 256).

à l'amélioration des contrôles frontaliers en Pologne en finançant l'achat d'équipements plus modernes et la formation du personnel de police. Un accord similaire est conclu l'année suivante avec la République tchèque.

L'accession de l'Autriche à l'Union européenne en 1995, et avec elle la transformation de la frontière tchéco-autrichienne en frontière extérieure de l'UE, accroissent encore les pressions exercées par les pays voisins sur la République tchèque pour que la lutte contre l'immigration irrégulière soit érigée en priorité du gouvernement. Ainsi, c'est sous la pression de l'Autriche et de l'Allemagne que la République tchèque ouvre le premier centre de rétention pour migrants en situation irrégulière sur son territoire : les pays voisins se plaignent en effet, notamment à partir du milieu des années 1990, du manque de mesures de la police tchèque pour garantir le contrôle des migrants en situation irrégulière, fréquemment interceptés lors du franchissement clandestin de la frontière vers l'Allemagne ou l'Autriche. Le centre de rétention de Balková, non loin de la frontière allemande, est donc ouvert en 1998, alors que sont lancées les négociations en vue de l'adhésion de la République tchèque à l'UE.

Ces influences bilatérales préfigurent également certains programmes communautaires déployés à destination des États d'Europe centrale et orientale dans la deuxième moitié des années 1990, alors que la perspective de leur adhésion est de plus en plus souvent évoquée. Ainsi, le programme Phare[16] comporte à partir de 1997 un volet « Justice et affaires intérieures » dont une part importante du budget est consacrée à l'amélioration des contrôles frontaliers dans les pays bénéficiaires. Le contrôle des frontières constitue en effet un élément central de l'appréciation rendue par la Commission européenne, en charge depuis l'ouverture des négociations pré-adhésion en 1998 d'évaluer les « progrès » réalisés par les

---

[16] Le programme Phare d'aide communautaire aux pays d'Europe centrale et orientale, créé en 1989 pour soutenir le processus de réforme et la transition économique et politique en Pologne et Hongrie, est étendu fin 1994 aux dix pays associés d'Europe centrale. En 2001, 163 millions d'euros ont été consacrés à la coopération transfrontalière, soit environ 10 % du budget total annuel du programme Phare. *Cf.* http://europa.eu/scadplus/leg/fr/lvb/e50004.htm (14/04/2007). À titre d'exemple, le programme Phare a permis de doter en 2004 la République tchèque de 76 caméras thermovision ainsi que de deux véhicules spécialement équipés pour la surveillance des frontières vertes à l'aide de caméras thermovision. *Cf.* ministère de l'Intérieur tchèque (MVČR, 2005, 28).

pays candidats en matière de reprise de l'acquis communautaire. Dans ce cadre, la République tchèque est plusieurs fois sommée de pallier l'insuffisance technique et humaine de ses contrôles frontaliers (Commission européenne, 2000, 89). Candidate à l'UE, et par conséquent tenue d'intégrer à son appareil législatif les normes communautaires en matière de contrôle migratoire, la République tchèque a alors *a priori* intérêt à se conformer aux exigences européennes en vertu d'un principe de conditionnalité : le respect de l'acquis communautaire et des dispositions qu'il contient quant à la circulation des personnes et au contrôle des frontières constitue en effet ici une condition nécessaire de l'accession des États candidats à l'Union européenne et le poids de la récompense attendue, à savoir le « retour à l'Europe », semble devoir peser davantage que les coûts accompagnant éventuellement le durcissement de la politique migratoire (Schimmelfennig, 2007).

Pourtant, l'analyse de l'émergence d'un dispositif de contrôle migratoire comme le simple fruit d'une « imposition de problématique » par l'UE masquerait le caractère potentiellement « opportun » (Lavenex et Uçarer, 2004, 421), pour la République tchèque, du principe européen de conditionnalité. En effet, l'absence de débats suscités sur la scène nationale par l'importation d'un dispositif européen de gestion de l'immigration articulé autour de la question des « risques migratoires » et de leur régulation semble devoir s'expliquer non seulement par la perception des normes européennes comme non négociables et de leur respect comme le « prix de l'existence dans le monde extérieur » (Gurowitz, 1999, 422-424), mais aussi par le contexte national particulier dans lequel s'inscrit ce processus d'importation : de fait, la République tchèque « découvre » le problème de l'immigration incontrôlée de manière quasi simultanée au lancement des négociations en vue de l'adhésion à l'UE. Non politisée[17],

[17] Des organisations non gouvernementales ont entrepris de faire circuler auprès des partis politiques, peu de temps avant les élections législatives de 2006, un questionnaire portant sur l'immigration et la politique migratoire, lequel confirme le faible intérêt des acteurs politiques pour les questions migratoires, complètement absentes de la campagne : sur les vingt-deux partis candidats auxquels le questionnaire a été adressé, seuls huit partis ont répondu, et certains des partis les plus importants (dont le parti civique démocrate ODS, arrivé en tête à l'issue du scrutin, ou le parti des Verts, membre de la coalition gouvernementale entre 2006 et 2009) n'ont pas jugé utile de clarifier, par le biais de ce questionnaire, leurs positions sur les questions migratoires. Le parti social-démocrate (CSSD), arrivé deuxième aux élections législatives de 2006 derrière l'ODS, a considéré comme « peu importante » la discussion politique sur le thème de

la question migratoire ne fait pas débat sur la scène nationale. Le « kit » de solutions proposé (ou imposé) par l'UE avant même que l'immigration irrégulière et les formes possibles de sa régulation se soient constituées en enjeu de politique nationale peut donc être adopté sans controverses sur la scène politique tchèque, et permet même de limiter l'apparition d'incertitudes politiques nationales autour des questions migratoires. Le consensus autour des solutions livrées « clef en main » par l'UE dépasse d'ailleurs la seule sphère gouvernementale et transparaît également dans les principaux travaux de recherche consacrés à la question migratoire en République tchèque, qui saluent l'influence des États membres de l'Union européenne et la « maturité » de leurs politiques migratoires comme devant permettre l'émergence d'une politique migratoire « active, systématique et cohérente » en République tchèque (Drbohlav, 2003, 220).

Cette rhétorique commode de la conformité nécessaire avec les instruments européens, soutenue par l'argument du caractère supposément plus « avancé » des politiques migratoires ouest-européennes, est donc régulièrement sollicitée pour justifier toute évolution législative : lorsque d'autres pays de la zone (et notamment l'Autriche et Allemagne) mettent l'accent sur la nécessité du contrôle pour protéger les citoyens nationaux, le ministère de l'Intérieur tchèque indique que « le combat contre l'immigration illégale est nécessaire non pas pour les citoyens tchèques mais par rapport à l'Union européenne »[18].

Les acteurs de la politique migratoire tchèque : monopolisation des ressources et européanisation des trajectoires

Dans ce processus de construction de l'immigration incontrôlée comme « enjeu », toutes les parties ne disposent cependant pas du même degré d'autorité et de légitimité. Il apparaît ainsi que, en République tchèque comme dans la plupart des pays européens, le traitement de la question migratoire s'est progressivement imposé comme relevant de la

---

l'immigration et de l'accès aux titres de séjours permanents et à la nationalité en République tchèque. Voir « Volby 2006 - názory osmi politickych stran na imigraci » [Elections 2006 - Opinions des partis politiques sur l'immigration], disponible sur http://www.migraceonline.cz/e-knihovna/?x=1957027 (20/11/2009).

18 Entretien avec le responsable des questions migratoires au sein du ministère de l'Intérieur tchèque, Prague, 26/09/2007.

compétence quasi exclusive du ministère de l'Intérieur, au détriment par exemple du ministère du Travail et des Affaires sociales. Ce monopole détenu sur la scène tchèque par le ministère de l'Intérieur s'explique en partie par l'histoire des institutions européennes elles-mêmes, dont nous avons rappelé plus haut qu'elles se distinguent par le primat accordé, dès les débuts de la constitution d'une politique communautaire en matière migratoire, aux experts du contrôle. À la légitimité dont sont auréolés les acteurs de la sécurité dans l'arène européenne s'ajoute cependant la reconnaissance que confère au ministère de l'Intérieur tchèque la trajectoire personnelle et socioprofessionnelle (et ses modes de présentation) du principal responsable des questions migratoires. Celui-ci est en effet devenu, depuis sa prise de fonction au début des années 1990, l'interlocuteur désigné pour tout échange (politique, médiatique ou universitaire) relatif à la politique migratoire tchèque, dont il semble érigé en décideur, juge, expert, porte-parole, défenseur et représentant.

Plusieurs éléments peuvent contribuer à expliquer la concentration, par ce responsable, de l'autorité morale et politique en matière de choix de politique migratoire. Celle-ci semble en premier lieu découler de la légitimité qu'il tire de ses expériences antérieures et de leur mise en récits : ainsi, son passé d'universitaire et de chercheur en sociologie (spécialiste des « processus ethniques » et de la question des Roms notamment) est avancé pour justifier sa qualité d'expert de la question migratoire[19]. Cette position se trouve d'ailleurs confortée par l'économie de la recherche sur l'immigration en République tchèque, caractérisée par « une forte circulation entre les institutions productrices de savoir et les institutions productrices d'action » (Jobard et Filleule, 1999, 804). Ainsi, la majorité des études consacrées aux questions migratoires en République tchèque répondent à l'expression d'un besoin de connaissance par un ministère, besoin qui se traduit par l'attribution de financements ministériels au chercheur ou à l'équipe en charge de l'étude. Cette fluidité des échanges entre sphère ministérielle et sphère académique explique sans doute en grande partie « l'étonnante exiguïté de l'espace des prises de positions observables [...] » (*Ibid.*, 804), laquelle constitue indéniablement une ressource pour le ministère de l'Intérieur et la construction qu'il propose du problème de l'immigration irrégulière.

---

19 Entretien, ministère de l'Intérieur, Prague, 26/09/2007.

Outre sa biographie universitaire, le passé de dissident contraint à l'exil du responsable des questions migratoires au sein du ministère de l'Intérieur est également régulièrement évoqué par ce dernier pour justifier sa légitimité à définir la question migratoire : son expérience d'opposant au régime communiste lui permet d'abord et avant tout d'incarner « la rupture de 1989 en termes de capitaux sociaux légitimes » (Neumayer, 2006, 246). Le gouvernement mis en place au tournant des années 1990 cherche en effet, sous la pression des organisations internationales (puis de la Commission européenne dans la deuxième moitié de la décennie), à évincer des services ministériels en charge de l'immigration et de l'asile les acteurs policiers, jugés trop marqués par la politique de fermeture du régime communiste à l'égard des étrangers (voir Neumayer, 2006). La trajectoire d'universitaire et de dissident de celui qui occupe, depuis 1993, le poste de directeur du Département pour la politique d'asile et d'immigration au sein du ministère de l'Intérieur lui confère alors une position stratégique et valorisée, tant aux yeux des acteurs nationaux du nouveau régime que des acteurs internationaux et européens cherchant à « dépoliciser » la question migratoire dans les pays ex-communistes. Par ailleurs, outre qu'elle constitue un capital social et politique reconnu, son expérience de l'exil est également invoquée par le Directeur du Département pour justifier sa « compréhension » des motifs de la migration et sa capacité à « ressentir profondément ce que ressent »[20] un migrant. Cette « compétence humanitaire » est réaffirmée par le rappel des premières fonctions qu'il a exercées en tant qu'« assistant du vice Premier ministre pour les questions humanitaires et des droits de l'homme » au sein du gouvernement mis en place après la révolution de Velours de 1989.

La concentration, depuis le début des années 1990, de la quasi-totalité des ressources européennes et nationales par le responsable des questions migratoires au ministère de l'Intérieur semble donc devoir s'expliquer par sa socialisation personnelle et professionnelle : il a acquis, sous l'ancien régime et au cours des premières années de transition, des capitaux savants, militants (« dissidents » et « humanitaires ») et bureaucrates qui font de lui un interlocuteur valorisé dans le contexte national et européen (voir aussi Neumayer, 2006). Cette légitimité multiforme l'autorise dès lors à revendiquer avec succès la « propriété » (Gusfield,

---

20 Entretien, ministère de l'Intérieur, Prague, 26/09/2007.

2009, 9-10) du « problème » migratoire : dans le contexte tchèque marqué par l'absence de contestation des définitions par d'autres acteurs nationaux – les champs politique et scientifique étant, on l'a vu, fortement subordonnés au ministère de l'Intérieur -, les prises de positions du responsable des questions migratoires au ministère de l'Intérieur constituent en effet les principaux éléments de constitution d'une « connaissance publique » (Gusfield, 2009, 39) de l'immigration irrégulière et des liens qu'on lui prête avec le détournement de la procédure d'asile et la criminalité organisée. L'analyse du contexte migratoire tchèque, et en particulier d'un épisode récent et de sa construction en « événement », donne à voir avec une acuité particulière la manière dont ce responsable a pu mobiliser les ressources sociales et professionnelles dont il dispose pour proposer une lecture du « problème » de l'immigration irrégulière légitime tant sur la scène européenne que nationale.

L'européanisation « par le bas » ? L'incorporation locale de la variable européenne

Au cours de l'été 2006, la République tchèque enregistre une augmentation très rapide du nombre de demandeurs d'asile égyptiens, qui passe de 7 en 2005 à 422 en 2006 (soit 14 % du total des demandes pour l'année 2006, juste derrière l'Ukraine)[21]. Censés transiter par l'aéroport de Prague, opération pour laquelle ils ne sont alors pas soumis à une obligation de visa de transit aéroportuaire, ces citoyens égyptiens y déposent une demande d'asile selon une procédure que les autorités policières décrivent aussitôt comme « organisée »[22]. Au cours des mois de juillet et août 2006, l'augmentation des demandes d'asile déposées par des migrants d'origine égyptienne à l'aéroport de Prague est telle (la part des demandeurs d'asile égyptiens atteint en août 50 % des demandes totales) que les capacités d'accueil du centre fermé de réception situé dans la zone de transit de l'aéroport ne suffisent plus. Le ministère de l'Intérieur décide alors d'héberger une partie des demandeurs d'asile

---

[21] Voir les statistiques du Département pour la politique d'asile et d'immigration du ministère de l'Intérieur tchèque, disponibles sur http://www.mvcr.cz/statistiky/2006/uprch_rok/2nz_rok. html (13/09/2007).

[22] Entretien avec un responsable du Département pour la politique d'asile et d'immigration du ministère de l'Intérieur tchèque, Prague, 3/07/2007.

égyptiens dans différents centres d'accueil ou de rétention situés sur le territoire tchèque. C'est de ces centres, pourtant hautement sécurisés, que plus de cent cinquante demandeurs d'asile égyptiens parviennent, au cours de l'été, à prendre la fuite[23].

Cet épisode, présenté par les autorités et la presse tchèque comme un « événement » sans précédent orchestré depuis l'Egypte par un réseau de passeurs, ne renvoie pourtant pas à une rupture dans la réalité migratoire tchèque : le nombre de demandeurs d'asile égyptiens reste relativement insignifiant au regard de l'ensemble des flux à destination de la République tchèque, et les demandes d'asile enregistrées sont en baisse constante en République tchèque depuis 2004. La présentation de l'arrivée des demandeurs d'asile égyptiens comme un « événement » par le ministère de l'Intérieur est donc davantage à interpréter comme une rupture dans « l'intelligibilité » (Bensa et Fassin, 2002) du contexte migratoire : en effet, l'augmentation rapide du nombre de demandeurs d'asile égyptiens, le caractère organisé de leur démarche et les échos sensationnalistes donnés à leur évasion (et notamment à l'usage qu'ils ont pu faire de la violence à l'encontre des agents de sécurité des centres où ils étaient détenus) semblent fournir les conditions nécessaires à la définition de l'événement comme une « crise » (Edelman, 1991, 70). La lecture des faits qui s'impose alors au ministère de l'Intérieur, relayé par les médias, est la suivante : les migrants égyptiens auraient « violé » les frontières nationales et « abusé » les autorités tchèques en se présentant comme demandeurs d'asile, alors même que leur évasion témoigne d'une part de la dimension économiquement intéressée de leur migration et d'autre part de son caractère « organisé », empreinte des « réseaux criminels » supposés violents. Cette interprétation, propice à l'activation de la métaphore « invasionnelle » (Huysmans, 2000, 769) souvent invoquée par les gouvernements pour garantir une forte résonance sociale aux politiques de contrôle des flux, doit donc apporter la preuve des « menaces » pesant désormais sur la sécurité et la stabilité de la société tchèque et qui incluent, dans un même « continuum » (Bigo, 1992, 27), asile, crime organisé et migration.

---

23 En août 2006, une quarantaine de demandeurs d'asile égyptiens s'enfuient du centre de Velké Přílepy avec la complicité de chauffeurs de taxi postés devant le centre. Une nouvelle évasion d'une ampleur similaire a lieu en septembre 2006, tandis que soixante Egyptiens placés dans le deuxième centre de réception du pays, situé à Vyšní Lhoty (à l'Est du pays), s'étaient également enfuis au cours de l'été.

Cet événement est par conséquent présenté comme étant à l'origine des amendements proposés en 2007 à la loi sur l'asile et sur les étrangers : ceux-ci sont discutés sur fond de préparation, au niveau européen, de la « directive retour », finalement adoptée en juin 2008 et qui énonce une durée de détention maximale de dix-huit mois pour les étrangers en situation irrégulière[24]. Dans ce contexte de légitimité accrue accordée à l'enfermement des étrangers soupçonnés d'irrégularité sur le territoire européen, le ministère de l'Intérieur tchèque propose une série d'amendements prévoyant notamment d'étendre à 180 jours la durée maximale de détention des demandeurs d'asile ayant déposé leur demande dans le centre aéroportuaire[25]. Ce recours systématique, et pour une durée allongée, à l'enfermement des demandeurs d'asile est d'abord justifié par la nécessité de pallier la « faiblesse » de la frontière aéroportuaire en termes de lutte contre l'immigration irrégulière, dont « certaines nationalités » chercheraient à tirer parti pour abuser de la procédure d'asile et pénétrer illégalement sur le territoire[26]. L'épisode des demandeurs d'asile égyptiens est ainsi relaté comme la conséquence de la réputation, au sein des filières migratoires, de la procédure d'asile à l'aéroport comme un bon moyen de « casser les frontières » : « tout de suite après que l'information avait circulé parmi les migrants, la capacité du centre a explosé »[27]. Différents entretiens conduits au ministère de l'Intérieur attestent de cette stigmatisation de la frontière aéroportuaire comme réceptacle des « faux réfugiés » et des « fraudeurs » :

> « Vous pouvez être sûrs qu'au centre de l'aéroport, il ne reste que ceux qui ne sont pas d'authentiques réfugiés [...]. Les vrais réfugiés potentiels ne

---

24 Directive relative aux normes et procédures communes applicables dans les États membres au retour des ressortissants de pays tiers en séjour irrégulier (appelée directive « retour ») adoptée par le Parlement européen le 18 juin 2008. Le texte vise à fixer des normes minimales en matière de reconduite à la frontière des étrangers en situation irrégulière.

25 Jusqu'alors, la durée de détention dans le centre de l'aéroport ne pouvait en principe excéder 42 jours. L'amendement finalement adopté et entré en vigueur en décembre 2007 prévoit, pour les demandeurs d'asile du centre fermé aéroportuaire faisant appel du rejet de leur demande d'asile, une durée de détention maximum de 120 jours à partir de la décision de première instance rendue par le ministère de l'Intérieur (décision qui doit être rendue dans les quatre semaines suivant le dépôt de la demande de protection).

26 Entretien, ministère de l'Intérieur, Prague, 03/07/2007.

27 Entretien, ministère de l'Intérieur, Prague, 03/07/2007.

viennent pas à l'aéroport mais utilisent les centres normaux pour demandeurs d'asile répartis sur le territoire[28]. »

Cette construction de la frontière aéroportuaire comme un espace à part, hors de la « normalité » institutionnelle, et investie « à 90 % » par les « faux réfugiés »[29] induit également une forme de racialisation du soupçon à l'égard de l'étranger « lointain », c'est-à-dire arrivé par avion (à la différence des demandeurs d'asile qui, arrivés par voie terrestre, sont accueillis dans les centres « normaux » répartis sur le territoire). Ainsi, selon les responsables du ministère de l'Intérieur, les « faux réfugiés » représenteraient désormais « 95 % des demandeurs d'asile africains »[30]. Comme cela a pu être observé dans d'autres pays, il apparaît ainsi que la question de l'asile se trouve articulée à celle du contrôle migratoire au moment où l'origine nationale des demandeurs glisse de plus en plus vers les pays « non-blancs » (Ellermann, 2009, 20)[31].

Pourtant, alors même qu'il est lui-même à l'origine des amendements visant à étendre les possibilités de détention des demandeurs d'asile à l'aéroport afin de lutter contre la fraude, les capitaux sociaux « européanisés » (Neumayer, 2006, 241) dont dispose le responsable des questions migratoires au ministère de l'Intérieur semblent lui permettre de convertir un discours axé autour d'une racialisation de la fraude et du délit en une rhétorique plus « irréprochable », et donc plus susceptible d'occuper une position « hégémonique » (Karakayali, 2008, 228). Celle-ci revient en effet à présenter la lutte contre l'abus de la procédure d'asile et la détention des demandeurs d'asile qui doit l'accompagner comme un instrument au service de la protection des migrants eux-mêmes contre « ceux qui sont responsables de tragédies, les trafiquants »[32] :

---

[28] Entretien, ministère de l'Intérieur, Prague, 26/09/2007.

[29] Entretien, ministère de l'Intérieur, Prague, 03/07/2007.

[30] Entretien, ministère de l'Intérieur, Prague, 26/09/2007.

[31] En 2004, 68% des demandes d'asile enregistrées en République tchèque émanaient de personnes originaires du continent européen, 28% étaient le fait de demandeurs asiatiques et 3% de demandeurs africains. En 2007, la part des demandeurs d'asile originaires d'Asie s'élevait à 49,5%, contre 33% pour l'Europe et 8,9% pour l'Afrique. Voir les statistiques du ministère de l'Intérieur tchèque, disponibles sur http://aplikace.mvcr.cz/archiv2008/statistiky/azyl.html (15/06/2010).

[32] Entretien, ministère de l'Intérieur, Prague, 26/09/2007.

« Essayez d'imaginer le destin de ces gens et les conditions dans lesquelles ils ont voyagé. Cela ne devrait pas être possible[33]. »

Cette articulation entre rhétorique sécuritaire (mettant en avant la nécessité de protéger la sécurité du territoire et l'intégrité de la procédure d'asile) et discours « humanisant » (voire « humanitaire »), animé par un idéal de défense des valeurs telles que l'empathie ou l'altruisme (Finnemore, Sikkink, 1998), nous semble particulièrement éclairante pour comprendre la manière dont les acteurs du contrôle revendiquent aujourd'hui avec succès, à l'échelle européenne, le monopole de la définition du « problème » de l'immigration irrégulière : en déplaçant le discours sur l'immigration sur le terrain des droits de l'homme, l'invocation d'une « raison humanitaire » au contrôle permet aux acteurs de la sécurité de bénéficier de l'aura « bienfaitrice » (Fisher, 1997) habituellement réservée aux acteurs non gouvernementaux en charge de l'aide aux migrants. Plus encore, c'est l'engagement humanitaire qui légitime la revendication du contrôle :

« Nous faisons aussi de l'aide au développement. [...] Nous avons donc le droit de dire qui est autorisé et qui n'est pas autorisé à entrer dans le pays[34]. »

Cette intrusion de l'humanitaire dans la justification par l'État d'une politique publique « inventée » en République tchèque au cours des vingt dernières années se double cependant d'un second glissement, en sens inverse cette fois, de l'action « humanitaire » vers la justification « sécuritaire ». Les observations conduites au sein du centre fermé pour demandeurs d'asile de l'aéroport de Prague révèlent ainsi que la construction par les acteurs ministériels de la frontière aéroportuaire comme un espace déviant investi par les « faux » demandeurs d'asile semble traverser les pratiques et les représentations des acteurs non étatiques mandatés par l'État pour assister (et éventuellement contrôler) les demandeurs d'asile détenus à l'aéroport : la plupart des représentants d'ONG en charge de l'assistance juridique à l'aéroport semblaient ainsi eux aussi concevoir le centre aéroportuaire comme une zone de tri entre une minorité de demandeurs d'asile « méritants » et une vaste majorité de « faux » demandeurs d'asile dont la demande de protection est motivée par des « raisons économiques » et qui « inventent une

---

33 Entretien, Prague, 26/09/2007.

34 Entretien, ministère de l'Intérieur, Prague, 26/09/2007.

histoire »[35]. La distinction s'est d'ailleurs trouvée institutionnalisée dans les pratiques des acteurs non gouvernementaux présents, qui se sont répartis les tâches selon la logique suivante : les demandes dont il est estimé qu'elles émanent de personnes « sincères » et ayant des chances d'obtenir une protection sont transférées au conseiller de l'association A, doté d'importantes compétences juridiques. Le reste des dossiers fait l'objet d'une procédure traitée de manière standardisée par la conseillère de l'organisation B, dont les compétences apparaissent limitées et qui justifie l'enfermement des demandeurs d'asile à l'aéroport par la nécessité de « punir ceux qui ont "commis un délit" »[36] (le délit semblant ici entendu comme l'absence de documents d'identité ou le dépôt d'une demande de protection motivée par des « raisons économiques »). Elle rédige alors à la chaîne le même type d'argumentaire pour tous les demandeurs qu'elle estime ne pas « mériter » l'asile, jugement rendu en fonction de critères qui semblent relever davantage de l'affect personnel que de la norme juridique (Darley, 2010).

***

La mise en perspective proposée ici des modes de problématisation de l'immigration irrégulière et de son contrôle aux niveaux européen, national et local, à travers l'exemple particulier de la cristallisation de la frontière aéroportuaire tchèque comme lieu de dissuasion des « faux demandeurs d'asile » par le recours accru à l'enfermement, donne à voir avec une acuité particulière d'une part la manière dont le contexte local peut être réinterprété pour donner prise aux instruments de régulation et aux formes de problématisation importés de l'UE, et d'autre part les logiques et les pratiques sociales à travers lesquelles les normes européennes et nationales se diffusent au niveau local. Ainsi, dans le contexte tchèque jusqu'alors majoritairement décrit comme « calme »[37], la sociologie des trajectoires des acteurs de la sécurité revendiquant la propriété du « problème » de l'immigration au niveau national fait apparaître la monopolisation opportune, par le responsable des questions migratoires

---

35 Entretien avec un représentant d'ONG, Centre fermé de l'aéroport de Prague, 17/02/2006.

36 Entretien avec un représentant d'ONG, Centre fermé de l'aéroport de Prague, Octobre 2005.

37 Entretien, Police des étrangers, Prague, 05/09/2006.

au ministère de l'Intérieur, de ressources sociales reconnues tant sur le plan national qu'à l'échelle européenne : son parcours d'ancien dissident et de savant lui confère en effet un profil valorisé dans le contexte des efforts européens et nationaux pour écarter de la politique migratoire les acteurs policiers, accusés d'être trop marqués par la politique de fermeture du pays sous le communisme. En outre, sa double socialisation, d'abord dans le milieu universitaire et dissident jusqu'au tournant des années 1990, puis au ministère de l'Intérieur, lui permet d'articuler avec succès raison « sécuritaire » (en faveur d'un durcissement des contrôles des demandeurs d'asile à la frontière aéroportuaire) et raison « humanitaire », justifiant le contrôle par la nécessité de protéger les migrants contre les réseaux de passeurs. Cette « victimisation » du discours (Karakayali, 2008, 228), par ailleurs observable dans d'autres contextes nationaux (Darley, 2008) ainsi qu'à l'échelle européenne, favorise l'émergence d'un nouveau champ de compromis entre les milieux gouvernementaux, non gouvernementaux et universitaires tchèques, où la lutte contre les « fraudeurs » est mise au service de la protection des « vulnérables ». Les logiques d'action déployées au niveau local dans le centre fermé de l'aéroport de Prague témoignent alors de l'intégration, par les acteurs de terrain, de cette ligne de rupture entre « bons » et « mauvais » migrants, qui semble de plus en plus coïncider avec la nouvelle frontière Schengen aéroportuaire érigée en lieu de stigmatisation de l'étranger lointain, soupçonné de fraude.

Les pistes de réflexion esquissées dans cette contribution nous semblent donc plaider en faveur du développement de perspectives de recherche s'attachant à analyser les processus d'européanisation « par le bas » : au-delà des mécanismes d'imposition des normes communautaires, seule la prise en compte des trajectoires des acteurs mais aussi du contexte local et de la réappropriation, en discours et en pratiques, dont il a pu faire l'objet à la lumière des orientations européennes permet d'expliquer ce qui a pu, dans les nouveaux pays membres offrant *a priori* peu de prise à la rhétorique européenne du « risque migratoire », combler le « décrochage entre les représentations de la menace et la réalité » (Linhardt, 2001, 92) et construire ainsi la légitimité du projet européen en matière de politique migratoire.

RÉFÉRENCES BIBLIOGRAPHIQUES

Bensa A. et Fassin D. (2002), « Les sciences sociales face à l'événement », *Terrain*, n° 38.

Bigo D. (1992), *L'Europe des polices et de la sécurité intérieure*, Bruxelles, Éditions Complexe.

Brochmann G. (1999), « The Mechanisms of Control », *in* G. Brochmann et T. Hammar (dir.), *Mechanisms of Immigration Control: A Comparative Analysis of European Regulation Policies,* Oxford/New York, Berg, p. 1-27.

Carton F. (2003), *La République tchèque : Un exemple d'institutionnalisation de l'asile en Europe centrale (1990-2003)*, Université Paris-I Panthéon-Sorbonne, Mémoire de Magistère.

Commission européenne (2000), *Regular Report from the Commission on the Czech Republic's Progress Towards Accession*, Bruxelles, disponible sur http://ec.europa.eu/enlargement/archives/pdf/key_documents/2000/cz_en.pdf (08/06/2010).

Cornelius A. W., Martin L. P. et Hollifield F. J. (dir.) (1994), *Controlling Immigration: A Global Perspective*, Stanford, Stanford University Press.

Darley M. (2008), *Frontière, asile et détention des étrangers. Le contrôle étatique de l'immigration et son contournement en Autriche et en République tchèque*, Thèse de doctorat en science politique, Institut d'études Politiques de Paris.

Darley M. (2010), « Le pouvoir de la norme. La production du jugement et son contournement dans les lieux d'enfermement des étrangers », *Déviance et Société*, vol. 34, n° 2, p. 229-239.

Drbohlav D. (2000), « Die Tschechische Republik und die internationale Migration », *in* H. Faßmann et R. Münz (dir.), *Ost-West-Wanderung in Europa*, Vienne, Böhlau Verlag, p. 163-181.

Drbohlav D. (2001), « The Czech Republic », *in* C. Wallace et D. Stola (dir.), *Patterns of Migration in Central Europe*, New York, Palgrave, p. 203-226

Drbohlav D. (2003), « Immigration and the Czech Republic (With a Special Focus on the Foreign Labor Force) », *International Migration Review*, vol. 37, n° 1, p. 194-224.

Drbohlav D. (2004), *The Czech Republic. The Times They Are A-Changin*, Vienne, IOM.

Edelman M. (1991), *Pièces et règles du jeu politique*, Paris, Éditions du Seuil.

Ellermann A. (2009), *States Against Migrants. Deportation in Germany and the United States*, Cambridge, Cambridge University Press.

Favell A. (2000), « L'européanisation ou l'émergence d'un nouveau "champ politique" : le cas de la politique d'immigration », *Cultures et Conflits*, n° 38-39, p. 153-185.

Finnemore M. et Sikkink K. (1998), « International Norm Dynamics and Political Change », *International Organization*, vol. 52, n° 4, p. 887-917.

Fisher W. F. (1997), « Doing Good? The Politics and Antipolitics of NGO Practices », *Annual Review of Anthropology*, vol. 26, p. 439-464.

Guiraudon V. (1999), « Jeux d'ombre et de lumière : les politiques envers les étrangers en Europe », *Revue française de science politique*, vol. 49, n° 6, p. 755-781.

Guiraudon V. (2000a), « European Integration and Migration Policy: Vertical Policy-Making as Venue Shopping », *Journal of Common Market Studies*, vol. 38, n° 2, p. 251-271.

Guiraudon V. (2000b), « L'espace sociopolitique européen, un champ encore en friche ? », *Cultures et Conflits*, n° 38-39, p. 7-37.

Guiraudon V. et Lahav G. (2000), « A Reappraisal of the State Sovereignty Debate. The Case of Migration Control », *Comparative Political Studies*, vol. 33, n° 2, p. 163-195.

Gurowitz A. (1999), « Mobilizing International Norms: Domestic Actors, Immigrants and the Japanese State », *World Politics*, vol. 51, n° 3, p. 413-445.

Gusfield J. (2009) [(Éd. originale 1981], *La Culture des problèmes publics. L'alcool au volant : la production d'un ordre symbolique*, Paris, Economica, [Ed. Originale (1981), The Culture of Public Problems. Drinking-Driving and the Symbolic Ordre, Chicago, University of Chicago Press].

Hreblay V. (1998), *Les Accords de Schengen – Origine, fonctionnement, Avenir*, Bruxelles, Éd. Bruylant.

Huysmans J. (2000), « The European Union and the Securitization of Migration », *Journal of Common Market Studies*, vol. 38, n° 5, p. 751-777.

Jobard F. et Filleule O. (1999), « Action publique sous dépendance. Conditions et effets du changement de paradigme dans la lutte contre la délinquance associée à la drogue en Europe », *Revue française de science politique*, vol. 49, n° 6, p. 803-834.

Karakayali S. (2008), *Gespenster der Migration. Zur Genealogie illegaler Einwanderung in der Bundesrepublik Deutschland*, Bielefeld, Transcript Verlag.

Koslowski R. (2001), « Personal Security and State Sovereignty in a Uniting Europe », *in* V. Guiraudon et C. Joppke (dir.), *Controlling a New Migration World*, Londres, Routledge, p. 99-120.

Lavenex S. (2006), « Shifting Up and Out: The Foreign Policy of European Immigration Control », *West European Politics*, vol. 29, n° 2, p. 329-350.

Lavenex S. et Uçarer E. M. (2004), « The External Dimension of Europeanization. The Case of Immigration Policies », *Cooperation and Conflict*, vol. 39, n° 4, p. 417-443.

Ministère de l'Intérieur tchèque (MVČR) (2005), *2004 Status Report on Migration in the Czech Republic*, Prague, MVČR.

Ministère de l'Intérieur tchèque (MVČR) (2009), *2008 Status Report on Migration in the Czech Republic*, Prague, MVČR.

Linhardt D. (2001), « L'économie du soupçon. Une contribution pragmatique à la sociologie de la menace », *Genèses*, n° 44, p. 76-98.

Morawska E. (2001), « Gappy Immigration Controls, Resourceful Migrants, and *Pendel* Communities. East-West European travellers », *in* V. Guiraudon et C. Joppke (dir.), *Controlling a New Migration World*, Londres, Routledge, p. 173-199.

Nekorjak M. (2006), « Klientsky systém a ukrajinská pracovní migrace do Ceské republiky », *Sociální studia*, n° 1, p. 89-109. Disponible sur http://www.migraceonline.cz/e-knihovna/?x=2197596 (02/06/2010).

Neumayer L. (2006), « L'asile en Hongrie et en République tchèque », *Revue internationale de politique comparée*, vol. 13, n° 2, p. 239-257.

Pasquier R. et Weisbein J. (2004), « L'Europe au microscope du local. Manifeste pour une sociologie politique de l'intégration communautaire », *Politique européenne*, n° 12, p. 5-21.

Schimmelfennig F. et Sedelmeier U. (2004), « Governance by Conditionality: EU Rule Transfer to the Candidate Countries of Central and Eastern Europe », *Journal of European Public Policy*, vol. 11, n° 4, p. 661-679.

Schimmelfennig F. (2007), « European Regional Organizations, Political Conditionality, and Democratic Transformation in Eastern Europe », *East European Politics and Societies*, vol. 21, n° 1, p. 126-141.

Nora **El Qadim**

La politique migratoire européenne vue du Maroc : contraintes et opportunités[1]

La présence de migrants sub-sahariens, relativement nouvelle au Maroc, n'a été reconnue qu'après 2000. En effet, bien que les projets de ces migrants ne soient pas nécessairement linéaires, ils sont considérés comme des migrants « en transit » dans le cadre des négociations avec les pays européens. En fait, le Maroc n'est pas le simple exécutant des politiques migratoires européennes : la présence de ces migrants sur son territoire, de même que sa situation stratégique proche des frontières de l'Union européenne, a pu servir de « rente géographique ». Ainsi, les différents niveaux de négociations – nationaux ou européen – sont utilisés pour obtenir le plus d'avantages possibles en échange d'une participation active à la lutte contre les migrations irrégulières, notamment à travers la signature d'accords de réadmission. L'interprétation de ces accords lors de leur mise en oeuvre créé également de nouvelles opportunités de négociations.

Confronting European migration policy: dealing with constraints, finding opportunities? The case of Morocco

The presence of sub-Saharan migrants in Morocco is relatively recent, and was not officially recognized before 2000. These migrants, in spite of the complexities of their routes and projects, are considered "transit" migrants in the context of negotiations with European countries. However, I argue that Morocco is not the simple agent of European migration policies: the presence of these migrants on its territory, in addition to its strategic location at the gates of European territory, has been used as a "geographic rent". Different levels of negotiation – national or European – have been used in order to obtain as many advantages as possible in exchange of an active participation to the fight against irregular migration, mainly through readmission agreements. The interpretation and implementation of these agreements have also created new opportunities for negotiations.

[1] Merci à Virginie Guiraudon et à Hein de Haas pour leurs commentaires sur les premières versions de cet article.

politique européenne, n° 31, 2010, p. 91-118.

Introduction

Les politiques d'immigration sont l'objet de coopérations intergouvernementales depuis plus de vingt ans en Europe, et relèvent en grande partie des compétences communautaires depuis 1999. L'émergence d'une politique « transgouvernementale » visant à réguler l'immigration, si elle a sans aucun doute un impact sur les différents États membres, a aussi des conséquences pour les pays voisins de l'Union européenne. La focalisation européenne sur « la lutte contre l'immigration clandestine » a ainsi conduit à des tentatives d'externalisation des politiques migratoires, par exemple dans le cadre de la Politique européenne de voisinage. Pourtant, les voisins de l'Union n'ont pas été de simples récepteurs ou exécutants des politiques européennes en matière de migration, mais ont pu voir dans l'émergence de ce thème une opportunité dans leurs négociations avec l'Union européenne. Le cas du Maroc, voisin de l'Union au Sud de la Méditerranée, permet de comprendre la centralité du thème des migrations pour les pays du Sud dans leurs relations avec les pays européens et l'Union.

Le Maroc, traditionnel pays d'émigration, a progressivement modifié ses relations avec l'Europe en adoptant, en sus, la caractérisation de « pays de transit », bien que l'émigration marocaine soit toujours importante. En effet, le phénomène des migrations irrégulières transsahariennes s'est accentué dans les années 1990. Géographes et sociologues ont ainsi noté les transformations qui ont affecté l'espace saharien, avec l'émergence de véritables villes-étapes pour les migrants. Dans ce cadre, le Maroc apparaît comme une étape dans le projet de certains migrants (Alioua, 2005 ; Bensaâd, 2005 ; de Haas, 2005). La difficulté de définir les notions d'espace ou de migrant de transit est également soulignée : les entraves à la circulation et la variabilité ou l'adaptabilité des projets des migrants rendent ces notions imprécises (Bredeloup et Pliez, 2006). Les migrants qui tentent de franchir les frontières marocaines vers l'Europe sont ainsi de plus en plus fréquemment des migrants venant de pays au Sud du Sahara ou d'ailleurs. En 2000, le nombre d'Africains subsahariens interceptés par les gardes-frontières européens a dépassé le nombre de Nord-africains (de Haas, 2007).

Depuis le début des années 2000, le Maroc a modifié sa réaction aux accusations européennes. Au lieu de nier la présence de ces migrants sur son territoire, il a pu utiliser leur présence comme une

« rente géographique »[2] (Bensaâd, 2005 ; Gabrielli, 2008) : en effet, arguant de sa situation géographique stratégique, très proche des frontières européennes, le Maroc s'est présenté comme un allié potentiel de l'Union européenne dans la lutte contre les migrations irrégulières. Ainsi, nous ne reprenons pas l'expression de « coopération forcée » (Boubakri, 2006). Certes les pays européens exercent une forte pression sur les pays au Sud de la Méditerranée pour une politique migratoire plus ferme, mais on remarque également que les bénéfices des négociations lancées autour de ce thème ont été importants pour les pays du Maghreb, et pour le gouvernement marocain en particulier. La Libye représente l'exemple le plus flagrant d'un gouvernement qui a tiré profit des négociations sur les migrations : l'intérêt de l'Italie pour la collaboration libyenne a ainsi fortement contribué à la réinsertion du pays sur la scène internationale (Boubakri, 2006). Si le cas du Maroc est moins clair, il n'en reste pas moins que le gouvernement a su jouer de sa situation stratégique et de la présence de migrants subsahariens sur son territoire.

On peut donc se demander si l'européanisation des politiques migratoires a influencé d'une part les politiques marocaines internes, d'autre part les attentes et l'attitude du Maroc dans ses négociations avec les pays européens et avec l'Union européenne. On essayera de comprendre comment l'importance du thème des migrations pour l'Europe et la multiplication des niveaux de traitement de cette question ont placé des contraintes sur certains aspects des politiques marocaines, mais ont aussi pu constituer une ressource, malgré l'asymétrie initiale des relations. Après une présentation rapide de la démarche de cet article et un bref rappel des évolutions du cadre institutionnel des politiques migratoires européennes, nous verrons comment les accords de réadmission en sont venus à occuper une place centrale dans les négociations sur les migrations entre le Maroc et les pays européens. Nous nous intéresserons plus particulièrement au cas de l'Espagne, et à l'imbrication du niveau national et du niveau européen dans les relations maroco-espagnoles autour des migrations. Enfin, nous verrons comment la stratégie adoptée par le Maroc a évolué grâce à l'utilisation de la marge de manœuvre disponible lors des négociations et de la mise en œuvre, notamment dans le cadre de la Politique européenne de voisinage.

---

[2] Voir Ali Bensaâd, « Le Maghreb pris entre deux feux, » *Le Monde*, 29 octobre 2005.

Des externalités européennes à une contre-stratégie marocaine.

Les analyses de la situation des pays dits « de transit » insistent généralement sur le rôle des pressions européennes dans le développement de politiques de contrôle des migrations et des accords de réadmission. De nombreuses analyses s'intéressent à la construction de la Politique européenne de voisinage, à son sens et à ses conséquences (Jeandesboz, 2007 ; Meloni, 2007 ; Marchetti, 2007 ; Natorski, 2007). Michal Natorski montre par exemple comment l'Espagne a joué un rôle prépondérant dans la construction de cette politique dans la région méditerranéenne (Natorski, 2007). Nous chercherons plutôt à comprendre le rôle des pays voisins, à travers l'exemple du Maroc, dans la mise en place et l'évolution de cette politique. Andreas Marchetti présente quant à lui les opportunités qu'a pu créer cette politique européenne pour les voisins à l'est ou en Méditerranée (Marchetti, 2007). Bien qu'ils s'intéressent directement aux pays voisins de l'Europe, ces travaux ont tendance à placer l'Union européenne au cœur de leur analyse, tout en soulignant la centralité du souci sécuritaire dans la construction de la politique de voisinage (Wolff, 2007 ; Zaiotti, 2007).

De même, une grande partie de la littérature sur les politiques migratoires, tout en se concentrant sur les pays voisins, en l'occurrence le Maroc, a tendance à considérer que l'attitude du Maroc est purement et simplement le résultat des pressions européennes (Belguendouz, 2003, 2005 ; Boubakri, 2006 ; Elmadmad, 2005 ; Lahlou, 2005). D'autres chercheurs, tout en s'intéressant au rôle central de l'Union européenne et de l'européanisation dans les politiques migratoires (Lavenex et Uçarer, 2004), se concentrent plus spécifiquement sur les mécanismes de diffusion des politiques : le volume édité en 2002 par Sandra Lavenex et Emek M. Uçarer constitue un effort important en ce sens (Lavenex et Uçarer, 2002). Qu'il s'agisse d'examiner les liens entre politiques commerciales et politiques migratoires (Lavenex, 2002) ou les hésitations entre multilatéralisme et bilatéralisme dans les négociations euro-méditerranéennes sur les migrations (Pastore, 2002), les contributions à cet ouvrage insistent sur la complexité des allers-retours entre mise sur agenda, décisions politiques, et mise en œuvre. Ferruccio Pastore insiste particulièrement sur le rôle des pays d'origine ou de transit dans ce processus : ceux-ci, loin de simplement mettre en œuvre les politiques décidées par l'Europe, ont un rôle à jouer dans la définition de ces politiques, ne serait-ce qu'en résistant à leur mise en place (Pastore, 2002, 113-114).

Nous tenterons de poursuivre cette démarche pour montrer que les pays d'origine, et surtout les pays dits « de transit », jouent un rôle proactif dans l'élaboration des politiques migratoires européennes. À la différence de la plupart des travaux sur la Politique européenne de voisinage, nous tenterons de placer un pays voisin au cœur de notre analyse : nous verrons comment ce pays n'a pas seulement saisi ce que A. Marchetti appelle les « opportunités » de la Politique européenne de voisinage (Marchetti, 2007), mais a aussi activement participé à créer ces opportunités à travers ses modes de négociations et de mise en œuvre des accords. Après un rapide tableau des évolutions des politiques migratoires pour le Maroc depuis le début des années 2000, nous nous intéresserons plus particulièrement aux enjeux et aux modes de négociations de ces politiques. La question des accords de réadmission paraît dès lors centrale, et elle apparaît comme un enjeu de négociations en dehors des politiques migratoires, comme le note Jean-Pierre Cassarino (2007). Celui-ci s'intéresse à l'aspect de plus en plus informel des accords de réadmission et met ainsi le doigt sur une dimension essentielle des négociations sur les migrations : la marge de manœuvre dont disposent les pays d'origine, et surtout de transit, dans ces négociations. Cette dimension informelle joue un rôle important dans les aléas de mise en œuvre des accords, notamment de réadmission : il s'agira de comprendre comment la mise en œuvre des accords devient elle-même un moment de négociation, et offre aux pays d'origine ou de transit une certaine marge de manœuvre.

Grâce aux développements de la théorie des négociations sur les situations d'asymétrie et la notion de « contre-stratégie » (Daoudy, 2006 ; Rubin et Zartman, 2000 ; Salacuse, 2000) et sur la diversité des types de négociations, notamment sur l'évitement de la signature d'un accord (Wallihan, 1998), nous examinerons le cas du Maroc. Il s'agit ici de montrer comment les négociations avec les pays européens et l'Union européenne sur le thème des migrations ont pu être partiellement instrumentalisées par le Maroc. S'il ne s'agit pas de nier que l'Union européenne constitue un partenaire puissant face au Maroc, nous verrons que l'asymétrie de la relation n'exclut pas une marge de manœuvre pour le gouvernement marocain. Nous essayerons de montrer que les hésitations dans les négociations, les aléas de la mise en œuvre, et les délais de signature des accords sont des éléments de cette instrumentalisation, et que le Maroc, loin d'être un simple récepteur des politiques migratoires européennes, joue un rôle actif dans la définition de ces politiques. L'existence de plusieurs niveaux de négociations permet notamment au Maroc d'expérimenter certains accords. C'est pourquoi le cas des négociations avec l'Espagne semble exemplaire : d'une part parce que l'Espagne apparaît comme un modèle d'implication pour le Maroc, d'autre part, parce qu'elle s'est faite la promotrice de la politique méditerranéenne de l'Europe (Natorski, 2007). Bien que le Maroc cherche à ménager ses partenaires africains, notamment dans les cas où ceux-ci le soutiennent sur la question du Sahara occidental, il peut à son tour devenir porteur de nouvelles exigences vis-à-vis de ses voisins, comme cela a pu être le cas de l'Ukraine (Balzacq, 2007). Cependant, si Thierry Balzacq souligne le rôle des perspectives d'adhésion dans ce processus, on peut se demander quelles sont les limites des incitations européennes dans les cas où toute perspective d'adhésion est clairement exclue. Une réflexion grâce aux théories des négociations nous permettra de comprendre la position du Maroc par rapport à d'autres voisins de l'Union européenne.

Si les textes des accords signés ou en préparation sont difficiles d'accès, on trouve de nombreux documents de la Commission européenne, en particulier dans le cadre des programmes des partenariats euro-méditerranéens MEDA ou spécifiques aux politiques migratoires, qui mentionnent des éléments des négociations avec le Maroc. Ces documents sont mis en contexte grâce à des éléments venus de la société civile, rapports d'ONG ou articles de la presse marocaine et internationale. Par ailleurs, du côté du Maroc, le ministère des Affaires étrangères et de la Coopération met à disposition une liste des accords et de leur statut[3]. Le texte des accords publiés au *Bulletin officiel* est également disponible. Les textes de loi constituent une source importante, parallèlement aux conférences de presse des ministères ou aux discours du Roi sur les orientations de politique étrangère, généralement disponibles *via* l'agence de presse MAP ou sur les sites internet gouvernementaux. Évidemment, nous ne pouvons formuler que des hypothèses sur ces négociations, puisque la protection des archives récentes et une culture du secret diplomatique nous empêchent d'accéder à l'intégralité des discussions. Les diverses sources accessibles permettent cependant de

---

[3] Le « cadre juridique », fourni selon une recherche par mot-clé (par exemple par pays) dans une base de données spécifique.

repérer un certain nombre d'indicateurs : nombre et types d'accords conclus sur les migrations, types de migrants concernés, modalités de la mise en œuvre, autres accords conclus, montant des aides financières ou des contrats commerciaux. En prêtant une attention particulière à la chronologie des accords, des discours, des diverses visites officielles, on peut tenter de retracer le déroulement des négociations et, à travers ce déroulement, les stratégies et contre-stratégies respectives des différents interlocuteurs.

Un cadre institutionnel en mouvement : de la coopération méditerranéenne aux accords de réadmission

Après un rapide rappel de la mise en place des politiques européennes de migration, notamment dans le cadre méditerranéen, et de leur impact sur le Maroc, nous verrons comment les accords de réadmission occupent une place centrale dans ce dispositif, et comment ils ont fourni des opportunités spécifiques de négociation au Maroc.

L'européanisation des politiques migratoires : externalisation des contrôles ou nouvelles opportunités pour le Maroc ?

Dès 1991, la Commission européenne appelait à intégrer les questions de migrations et d'asile à la politique extérieure européenne (Lavenex, 2006). Puis, en 1997, avec la signature du traité d'Amsterdam, les bases d'une politique européenne commune d'expulsion sont établies (Lavenex, 2002). Enfin, lors du Conseil européen de Tampere en 1999, la mise en place d'une politique d'asile commune et d'une gestion commune des flux migratoires fait partie des conclusions de la Présidence[4]. Dans ce cadre, le Maroc fait l'objet d'un « Plan d'action » présenté par le Groupe de travail de haut niveau sur l'asile et la migration (High level working group on migration and asylum, HLWG), que les Marocains n'avaient guère apprécié : en effet, le gouvernement marocain avait été offensé par une description du pays comme souffrant de lacunes dans le domaine social et culturel. Il avait donc exprimé le désir de participer à la réécriture du Plan d'action et du rapport l'accompagnant, ce qui s'est

[4] Conseil européen de Tampere, conclusions de la Présidence (Tampere, Parlement européen, 15 octobre 1999), http://www.europarl.europa.eu/summits/tam_fr. htm#a, consulté le 5 février 2009.

révélé impossible dans le cadre du HLWG (van Selm, 2002, 153-154). La mise en place d'une politique migratoire européenne a rencontré des difficultés internes : désaccords entre les différents pays européens, luttes de compétences entre les différents organes européens, y compris après le transfert du domaine de l'immigration et de l'asile dans le domaine de compétences des Communautés européennes (premier pilier) (van Selm, 2002). Elle a aussi suscité des réactions de rejet de la part des pays tiers concernés par cette politique migratoire. Le désaccord du Maroc avec le Plan d'action du HLWG indique une volonté de ne pas être un simple rouage dans la politique migratoire européenne. On peut penser que ce désaccord n'était qu'une position de principe de la part du gouvernement marocain. Pourtant, d'autres cadres développés par l'Union européenne, et au sein desquels les politiques migratoires sont traitées, ont pu être le lieu d'une participation plus active des pays du Sud.

Ainsi, parallèlement au développement d'une politique migratoire européenne, des initiatives ont été mises en place en faveur d'un processus euro-méditerrranéen, associant les pays du sud de la Méditerranée à ceux du nord autour de thèmes particuliers. En novembre 1995, le processus de Barcelone est lancé. Le Maroc occupe une position importante dans ce processus, et c'est dans ce cadre qu'est signé l'accord d'association entre les Communautés européennes, les différents pays européens, et le Maroc le 26 février 1996 (Pastore, 2002). Cette initiative euro-méditerranéenne a souvent été perçue comme un échec partiel : par rapport aux objectifs ambitieux qui avaient été fixés, l'efficacité a été limitée et le partenariat a souvent été vu comme un instrument mené par les Européens (Lannon et Van Elsuwege, 2004, 35). Les migrations étaient à peine évoquées dans le programme de départ, comme un aspect du partenariat dans les domaines social, culturel et humain[5]. Ceci peut d'ailleurs expliquer les échecs initiaux des politiques migratoires dans ce cadre, ce pilier social, culturel et humain étant considéré comme un appendice par rapport aux programmes économiques et sécuritaires (Pastore, 2002, 111). C'est pourtant dans ce cadre qu'a commencé l'externalisation de la gestion des migrations. Les migrations ont commencé à apparaître comme un point important de

---

[5] Déclaration de Barcelone (Barcelone, Conférence ministérielle euro-méditerranéenne, 27-28 novembre 1995), Barcelone (Barcelone, Conférence ministérielle euro-méditerranéenne, 27-28 novembre 1995), http://europa.eu/scadplus/leg/fr/lvb/r15001.htm, consulté le 5 février 2009.

ce processus à partir des années 2000. Ainsi, en 2005, pour le dixième anniversaire de la Déclaration de Barcelone, alors que l'Union européenne cherchait à réactiver le partenariat euro-méditerranéen, les migrations en sont devenues le quatrième secteur-clé[6]. Or, au sein de ce partenariat, le Maroc a pu négocier plusieurs avantages économiques, par exemple les accords sur la pêche, ou le projet d'établir une zone de libre-échange. Le Maroc a également bénéficié du programme MEDA de financement des mesures d'ajustement, principal instrument de mise en œuvre du partenariat euro-méditerranéen. Dans ce cadre, les financements prévus pour le Maroc dans le cadre de MEDA II (2000-2006) concernent en grande partie les migrations : un programme de 40 millions d'euros était prévu pour la gestion des contrôles frontaliers en vue de combattre les migrations irrégulières et 5 millions d'euros étaient destinés à l'appui institutionnel à la circulation des personnes (création de centres d'information et d'orientation pour les travailleurs désireux d'émigrer). De plus, un financement pour le développement des provinces du nord, principale région d'émigration marocaine, était également inclus dans le thème de la « gestion des migrations »[7]. Les régions marocaines à fort taux d'émigration auraient ainsi bénéficié de 70 millions d'euros à travers le programme MEDA[8]. Au total, le budget de MEDA alloué au Maroc pour 2000-2006 a atteint 426 millions d'euros, dont 115, soit 27 %, devaient être consacrés à la lutte contre le chômage, la pauvreté et les migrations (de Haas, 2005). Le Maroc est d'ailleurs l'un des principaux bénéficiaires du programme MEDA (Hoebink, 2005, 43), ce qui semble suggérer que le Maroc a su faire usage de sa situation stratégique dans la configuration euro-méditerranéenne pour négocier ces avantages.

Pourtant, la volonté européenne d'externaliser les contrôles migratoires est encore plus accentuée dans la Politique européenne de voisinage, qui prend peu à peu le pas sur la politique méditerranéenne dans le domaine des migrations. C'est aussi dans ce cadre que le rôle actif

---

[6] European Commission, « The Euro-Mediterranean Partnership » 13 février 2009, http://ec.europa.eu/external_relations/euromed/index_en. htm.

[7] « Maroc, Programme indicatif national 2005-2006 » (Partenariat Euro-Med, 2004), http://ec.europa.eu/external_relations/morocco/csp/nip_05_06_fr. pdf, consulté le 5 février 2009, p. 3-8.

[8] European Commission, *Reference document for financial and technical assistance to third countries in the area of migration and asylum,* AENEAS Programme. 2004-2006 (Brussels, EC, 2003, p. 14).

du Maroc dans les négociations concernant la gestion des migrations est encore plus clairement visible. Avec l'adoption de la Politique européenne de voisinage, l'Union européenne a placé de plus en plus d'emphase sur les questions migratoires et le contrôle des frontières dans ses relations avec les pays du Maghreb. La communication de la Commission européenne en 2002 pour l'intégration du « problème des migrations dans les relations extérieures de l'UE » marque une intensification de cette orientation (Lavenex, 2006, 342). Cette politique de voisinage vise beaucoup plus clairement que la politique méditerranéenne à créer une zone tampon entre les pays d'Afrique subsaharienne et l'Europe (Del Sarto et Schumacher, 2005). On peut parler à ce sujet d'une externalisation des politiques migratoires européennes, c'est-à-dire que les pays européens cherchent à exercer un « contrôle à distance » des migrations en enrôlant les pays du Maghreb dans la lutte contre les migrations irrégulières, le plus souvent à travers la conclusion d'accords spécifiques avec les pays de transit et de départ des migrants (Guiraudon, 2001). En effet, aux côtés de la délégation des contrôles migratoires, l'intensification des retours forcés de migrants constitue le deuxième volet de la construction de ces « zones tampons » (Gabrielli, 2008). Dans le cadre de la Politique européenne de voisinage, le programme AENEAS, « Programme d'assistance financière et technique aux pays tiers dans les secteurs de l'immigration et de l'asile », créé en 2004 par l'Union européenne, a été l'instrument de choix de l'Union européenne pour le financement d'initiatives dans les pays tiers visant au contrôle des migrations, comme nous le verrons plus loin pour le Maroc.

L'européanisation des politiques migratoires s'est donc accompagnée d'une internationalisation de ces questions, que l'on peut expliquer comme un moyen pour des États démunis face à un champ de plus en plus politisé et médiatisé de retrouver un contrôle sur leur souveraineté, en collaborant avec d'autres États (Pastore, 2005, 355). Pourtant, cette externalisation n'est pas uniforme : en fait, le régime migratoire européen peut être décrit comme un régime à plusieurs niveaux, dans lequel des politiques supranationales en développement coexistent avec des régulations et des négociations de chacun des États membres avec des pays tiers (Uçarer, 2002). Dans ce millefeuille de régulations et d'accords formels et informels, la question de la réadmission occupe une place essentielle, tant avec l'Union européenne qu'avec les différents États membres.

Les accords de réadmission, thème récurrent des négociations marocaines sur les migrations

Les accords de réadmission sont depuis le début des années 2000 l'instrument de prédilection de la politique de contrôle migratoire des pays européens (Guiraudon, 2001 ; Gabrielli, 2008 ; Mrabet, 2003). La plupart des accords de réadmission négociés par le Maroc l'ont été avec des États du sud de l'Europe. Dans ces pays, les migrants arrivent directement du Maroc, qu'il s'agisse de ressortissants marocains ou d'autres nationalités. C'est pourquoi la question de la réadmission des ressortissants de pays tiers a été particulièrement mise en avant : il s'agit dans ce cas de non-Marocains, pour la plupart des ressortissants de pays subsahariens, qui ont transité par le territoire marocain avant leur arrivée en Europe. Leur interception avant leur arrivée sur le sol espagnol, c'est-à-dire dans la plupart des cas pendant la traversée du détroit de Gibraltar, ou vers les îles Canaries, vient confirmer, pour les autorités espagnoles, leur transit par le Maroc (Mrabet, 2003). Dans le cadre des négociations sur les accords de réadmission, Marocains et ressortissants de pays tiers sont donc toujours distingués. C'est d'ailleurs sur la question de la réadmission de ces ressortissants de pays tiers que les négociations autour de ces accords achoppent (*Tableau 1*).

C'est avec la France, traditionnelle destination d'émigration des Marocains, qu'ont été faits les premiers efforts de négociation d'un accord de réadmission pour les citoyens marocains. Des échanges de lettres à ce sujet entre les ministères des Affaires étrangères français et marocains ont été enregistrés entre 1983 et 1993, bien qu'aucun accord formel n'ait été conclu (Migration de Retour au Maghreb [MIREM], 2008). Le contenu de ces lettres a été rendu public tardivement, et uniquement par la France, ce qui confirme leur statut informel. Le thème des réadmissions est en fait couramment abordé à travers de tels échanges informels de lettres, auxquelles le ministère des Affaires étrangères marocain ne permet pas l'accès. Ceci signifie qu'il n'existe aucune garantie formelle que la réadmission sera mise en œuvre. Elle est simplement devenue un sujet officiel de négociations. Selon Jean-Pierre Cassarino, de tels échanges de lettres s'inscrivent dans une tendance de plus en plus marquée à l'informalisation des accords de réadmission. Les gouvernements préfèrent en effet de tels accords informels en raison de leur faible visibilité publique, de la possibilité de constamment les

TABLEAU 1. Accords de réadmission entre le Maroc et les pays européens[9]

PAYS	DATE	TYPE D'ACCORD	STATUT
France	1983-1993	Réadmission[10]	Échange de lettres, non ratifié, entré en vigueur 1984 (avenant en 1993)
Espagne	13/02/1992	Réadmission[11]	Accord provisoire, partiellement appliqué à partir de 2004
Allemagne	01/06/1998	Réadmission	Accord entré en vigueur
Italie	27/07/1998	Réadmission[12]	Accord signé non entré en vigueur
Portugal	07/09/1999	Accord de coopération policière lié à la réadmission[13]	Accord entré en vigueur
France	01/05/2001	Accord de coopération policière lié à la réadmission	Accord entré en vigueur
Malte	depuis 2002	Réadmission	Négociations en cours
Espagne	23/12/2003	Mémorandum d'entente sur les mineurs migrants[14]	Accord en vigueur
Espagne	06/03/2007	Réadmission[15]	Accord signé non entré en vigueur

[9] *Sources* : Ministère des Affaires étrangères et de la Coopération (Maroc) ; (Migration de Retour au Maghreb {MIREM] 2008) ; (Marrero Rocha, 2005).

[10] « Accord sous forme d'échange de lettres relatif à la circulation des personnes », MAEC, Maroc.

[11] « Accord concernant la circulation des personnes et le transit et la réadmission des étrangers qui pénètrent d'une façon illégale », MAEC, Maroc.

[12] « Accord sur la reconduite aux frontières des ressortissants des deux pays et sur le transit pour l'éloignement », MAEC, Maroc.

[13] « Accord de coopération en matière de contrôle des frontières et des flux migratoires », MAEC, Maroc.

[14] « Memorandum d'entente sur le rapatriement assisté des mineurs non-accompagnés », MAEC, Maroc.

[15] « Accord de coopération dans le domaine de la prévention de l'émigration illégale de mineurs non accompagnés, leur protection et leur retour concerté », MAEC, Maroc.

renégocier, ainsi que du coût plus faible d'une éventuelle défection (Cassarino, 2007). Dans le cas des négociations avec la France, il s'agissait de migrants marocains. Cependant, la question des ressortissants de pays tiers était particulièrement importante pour le premier accord de réadmission formellement ratifié par le Maroc, c'est-à-dire un accord de réadmission passé avec l'Espagne en 1992. Un accord similaire est également en cours de négociation avec Malte depuis 2002.

Depuis la fin des années 1990, un autre type d'accord a eu les faveurs des différents gouvernements : il s'agit des accords de police liés à la réadmission. Selon Jean-Pierre Cassarino, ces accords ont été développés comme une alternative aux accords de réadmission, car ils sont plus flexibles, plus facilement adaptables selon les circonstances (Cassarino, 2007). Ils se concentrent sur les détails pratiques de la réadmission : modalités du transfert des migrants, partage des responsabilités pour le transport et la surveillance entre les différents pays impliqués. Ces accords comprennent également la plupart du temps des échanges de forces de police ainsi que la formation d'agents marocains à la surveillance des frontières. Des accords de ce type ont été conclus avec l'Allemagne en 1998, le Portugal en 1999, et la France en 2001. Le domaine des réadmissions a ainsi constitué un champ d'expérimentation de la coopération policière internationale, dans un contexte où, parallèlement à l'effacement des frontières en Europe, les questions sécuritaires autour des frontières extérieures de l'Europe prenaient de plus en plus d'importance. La coopération policière internationale pour des activités spécifiques comme la réadmission a en effet commencé parallèlement à des activités plus complexes à coordonner, comme le contrôle des frontières.

Des négociations à la mise en œuvre : le cas des relations entre le Maroc et l'Espagne.

Le cas des différents accords avec l'Espagne, illustre bien la distance qui sépare un accord formel de sa mise en œuvre effective. Des accords dans plusieurs domaines sont généralement signés en même temps, comme le montre une liste des accords entre le Maroc et l'Espagne[16]. Les aléas de la mise en œuvre transparaissent essentiellement dans quelques articles de la presse marocaine qui relatent brièvement quelques

[16] Répertoire juridique, MAEC, Maroc.

exemples d'actions : la chronologie de ces actions, des visites officielles et des autres négociations permet d'esquisser un mode de relation qu'on peut retrouver au niveau européen. Il reste en effet, après la signature d'un accord, des possibilités de négocier la mise en œuvre, notamment sur des points de détail qui n'étaient pas abordés dans l'accord formel. Ainsi, le premier de ces accords, bien qu'il ait été conclu dès 1992, n'a pas été appliqué avant 2004.

Il est difficile de comprendre la stagnation de la situation pendant une dizaine d'années, puis son soudain déblocage apparent. En dehors de certains conflits territoriaux latents, la stagnation est sans doute plutôt due à la faiblesse des incitations qui auraient pu pousser le Maroc à appliquer cet accord provisoire de 1992. Comme le souligne Antje Ellerman, « aux sources de la non-coopération se trouve un conflit d'intérêts fondamental entre le pays expulsant, d'une part, et l'expulsé et le pays dont il ou elle a la nationalité d'autre part. Alors que les pays expulsant ont tout à gagner des rapatriements, la réadmission est rarement dans l'intérêt des pays qui admettent des expulsés »[17]. En effet, le rapatriement signifie à la fois une perte de devises étrangères et la nécessité d'accueillir les migrants de retour sur des marchés du travail déjà saturés (Ellermann, 2008). De plus, l'économie espagnole, en particulier le secteur agricole, a largement bénéficié, pendant des années, de la main-d'œuvre bon marché que représentent les migrants irréguliers. Ainsi, des deux côtés de la Méditerranée, les incitations à réduire la population des migrants irréguliers en Espagne n'étaient pas si fortes qu'il pourrait sembler à première vue. Cependant, l'augmentation du nombre de migrants arrêtés dans le détroit de Gibraltar, atteignant plus de 10 000 personnes en l'an 2000, a contribué à l'intensification d'un discours nationaliste et anti-immigration. En dépit d'une diminution notable des migrants arrêtés dans le détroit de Gibraltar, probablement suite à la mise en place du Système intégré de vigilance extérieure (SIVE)[18] en 2000, le thème de la lutte contre les migrations irrégulières a pris de l'ampleur en Espagne au début des années 2000, avec les premières arrivées de migrants irréguliers par l'Atlantique, sur les îles Canaries.

Quant au Maroc, la volonté de garder de bonnes relations avec ses voisins européens, principaux partenaires commerciaux et économiques,

---

[17] Traduit de l'anglais.
[18] Nous reviendrons sur SIVE un peu plus loin.

ainsi qu'avec l'Union européenne, est une incitation constante à la négociation. La mise en œuvre de la Politique européenne de voisinage de l'Union européenne a fourni de nouvelles possibilités de collaboration et de nouveaux modes de négociations. Le récent accord concernant le « statut avancé » du Maroc dans le cadre de la Politique de voisinage[19] et la détermination du gouvernement marocain à obtenir ce statut montrent l'importance de la collaboration avec l'Union européenne pour le Royaume. Le Maroc ne peut pas nourrir l'espoir de rejoindre l'Union européenne, et l'accession n'est donc pas une incitation à la collaboration sur les questions migratoires, comme elle a pu l'être pour certains pays d'Europe de l'Est (Ellermann, 2008). Cependant, la volonté de créer un partenariat économique de plus en plus fort reste une incitation essentielle à la coopération sur les questions migratoires.

Le souci sécuritaire renforcé, après des attaques terroristes sur les deux pays, peut également aider à comprendre la réactivation de l'accord de réadmission en 2004. Suite aux attaques terroristes de Madrid le 11 mars 2004 et à l'élection du socialiste José Luis Rodríguez Zapatero comme Premier ministre, un dialogue politique a été lancé entre l'Espagne et le Maroc sur des thèmes divers, y compris celui des migrations. En effet, l'élection de Zapatero juste après les attentats terroristes a été perçue comme un signe fort que l'électorat ne considérait pas l'alignement sur la politique américaine de lutte contre le terrorisme comme la bonne direction. Cela s'est traduit par le retrait d'Irak des troupes espagnoles. C'est donc la collaboration avec les pays musulmans qui a été mise en avant pour la lutte contre le terrorisme. Le réchauffement des relations entre l'Espagne et le Maroc a également été favorisé par un gouvernement espagnol plus favorable à l'immigration et à des politiques de conciliation. De plus, le Maroc, également victime d'attentats terroristes, le 16 mai 2003, a été perçu comme un partenaire dans la lutte contre le terrorisme. Ainsi, la première visite de Zapatero au Maroc, juste après son élection en 2004, a été l'occasion d'inaugurer un monument dédié aux victimes des attentats de Casablanca.

En février 2004, les autorités marocaines acceptaient pour la première fois la réadmission de ressortissants d'un pays tiers – des Africains de pays subsahariens pour la plupart – en provenance d'Espagne. Ceci a été une avancée importante dans le processus de négociations, car la question

19 (European Union Press Release, 2008).

de la réadmission des ressortissants de pays tiers avait été la principale pierre d'achoppement à l'application par le Maroc de l'accord provisoire de 1992. Jusqu'en 2004, les citoyens marocains étaient quant à eux réadmis, mais sur une base individuelle plutôt que collectivement. Mais en février 2004, trente ressortissants de pays subsahariens arrêtés sur l'île de Fuerteventura étaient transférés à Laayoune par un charter affrété pour l'occasion, et le Maroc a endossé la responsabilité de leur rapatriement dans les pays d'origine[20]. Quant à la réadmission des mineurs, elle a quant à elle également débuté en février 2004, suite à la signature d'un accord spécifique en décembre 2003[21].

Ceci a sans doute été le point de départ de négociations qui ont conduit à la signature d'un accord de réadmission – se substituant à l'accord provisoire de 1992 – en mars 2007. Cependant, cet accord n'est pas encore entré en vigueur. En fait, force est de constater que les négociations ne sont pas uniquement un préalable à la signature d'un accord. C'est aussi par la suite qu'elles ont lieu, la mise en œuvre des accords et les modalités de cette mise en œuvre pouvant être sans cesse renégociées. Pour chaque pays, il s'agit de satisfaire également des objectifs internes. Pour le Maroc, la conclusion d'un accord avec l'Espagne pour le recrutement de travailleurs saisonniers ou permanents par des entreprises espagnoles directement au Maroc et la perspective d'obtenir des aides au développement sont des incitations à la collaboration. Pour le gouvernement espagnol, la volonté de faire preuve d'une attitude ferme face aux migrations irrégulières et le désir d'intégrer le mieux possible les populations étrangères déjà présentes régulièrement sur le territoire sont des moteurs dans les discussions avec le Maroc. Ainsi, les accords signés voient parfois leur application retardée ou suspendue par l'une des deux parties. C'est par exemple le cas lorsque le Maroc refuse de réadmettre ses citoyens ou des ressortissants de pays tiers. La question des ressortissants des pays tiers est régulièrement évoquée par le Maroc pour dénoncer les atteintes à sa souveraineté et justifier le refus d'appliquer l'accord de réadmission. Des entretiens avec des fonctionnaires du ministère des Affaires étrangères et de la Coopération au Maroc[22] confirment que l'inclusion

---

20 Abdelhak Najib et Karim Serraj, « Le Maroc a dit "oui !" », *La Gazette du Maroc*, 1er mars 2004.

21 Abdelhak Najib and Karim Serraj, « Les rapatriements des enfants ont commencé », *La Gazette du Maroc*, 1er mars 2004.

22 Entretiens menés en octobre et novembre 2009.

de ressortissants de pays tiers dans ces accords est communément perçue comme inadmissible pour la partie marocaine. C'est aussi le cas lorsque l'Espagne suspend unilatéralement le traité sur le recrutement de travailleurs migrants signé avec le Maroc en juillet 2001. Cet accord prévoyait notamment la création d'une commission destinée à sélectionner 20 000 travailleurs marocains pour les embaucher en Espagne en 2002 dans les mêmes conditions que des Espagnols (Marrero Rocha, 2005). Cette suspension unilatérale a eu lieu juste avant le début de négociations sur le contrôle des migrations irrégulières, sans doute comme un moyen de pression sur le gouvernement marocain. Si les raisons derrière la décision espagnole ne sont pas claires, cette suspension est un exemple qui montre bien comment l'application d'un accord ou d'un traité ne découle pas nécessairement de sa signature.

Chaque partie fait ainsi usage des moyens de pression qui sont à sa disposition : l'Espagne en suspendant un traité concernant le recrutement de travailleurs marocains, le Maroc en refusant d'appliquer l'accord de réadmission de 1992, ou en discutant de ses conditions d'application. Ainsi, bien que des ressortissants de pays tiers aient bien été réadmis par le Maroc en 2004, leur réadmission est depuis lors loin d'être systématique. En dépit du précédent établi en 2004, la question a de nouveau dû être discutée en 2006. La question de la réadmission des mineurs est également régulièrement abordée, notamment en raison des enjeux concernant les droits de l'homme. Malgré l'accord de 2003 à ce sujet, les négociations continuent. Les conventions de protection des droits de l'homme poussent les deux pays à la prudence. Si le Maroc est officiellement prêt à réadmettre ses ressortissants mineurs parvenus en Espagne de façon irrégulière, il exige la garantie qu'une aide leur soit apportée après leur retour, qu'un niveau de vie minimal leur soit assuré, ainsi qu'une formation. Le Maroc a donc obtenu de l'Espagne le financement de la formation des mineurs réadmis par le Maroc. En 2007, un protocole d'application de l'accord de 2003 était signé, parallèlement à un accord de partenariat spécifique avec le gouvernement catalan, à un partenariat avec ce gouvernement dans le domaine de la jeunesse, et à un accord de coopération pour la prévention de l'émigration des mineurs non-accompagnés[23]. Un centre a été inauguré à Tanger en

---

[23] Répertoire juridique, MAEC, Maroc.

janvier 2007, suite à une initiative bilatérale espagnole et marocaine, l'Union européenne assurant le financement à 75 %[24]. Cet exemple montre encore une fois comment les négociations sur les accords de réadmission sont l'occasion pour le Maroc de s'assurer un soutien financier ou d'autres avantages de la part de ses interlocuteurs européens.

Le rôle de l'Union européenne dans le financement de ce centre de formation montre que les négociations espagnoles avec le Maroc ne se font pas indépendamment de l'Union européenne. De même, SIVE, le « Système intégré de vigilance extérieure » évoqué plus haut, imaginé dès 1998 par l'Espagne, a pu être mis en place pendant la présidence espagnole de l'Union en 2002, avec un financement européen à hauteur de 40 millions d'euros. Le projet, mené par les gouvernements français et espagnol, a conduit à la mise en place d'outils technologiques pour la détection des migrations irrégulières en Méditerranée et à proximité des Canaries, grâce à la collaboration marocaine. Sa mise en place avait permis au Maroc de négocier certaines aides financières espagnoles et européennes (Lutterbeck, 2006). Cette initiative voit le Maroc prendre véritablement le rôle de partenaire de l'Europe dans la lutte contre les migrations irrégulières, ce qu'il tente également de faire plus largement dans le cadre de la Politique de voisinage.

Négociations européennes : une conditionnalité flexible, ou les bénéfices de l'asymétrie.

Depuis le début des années 2000, l'Union européenne joue un rôle accru dans le domaine du contrôle des migrations. Les interactions avec le Maroc à ce sujet sont d'ailleurs courantes. La stratégie marocaine a été similaire à celle adoptée dans le cadre bilatéral avec l'Espagne. La collaboration sur les questions migratoires donne lieu à des négociations autour d'aides financières dans le cadre du programme AENEAS (désormais « Programme de coopération extérieure migration et asile »), notamment. Quelle est la stratégie adoptée par le gouvernement marocain dans ces négociations pour tenter de maximiser les bénéfices de sa participation aux politiques migratoires européennes ?

---

24 Roland Blum, *Avis présenté au nom de la Commission des affaires étrangères sur le projet de loi de finances pour 2007*, n° 3341, (Paris, Assemblée nationale, 12 octobre 2006, p. 39-40).

Dans le cas des négociations avec l'Union européenne, la stratégie du gouvernement marocain a pu être encouragée par l'adoption de la Politique de voisinage et la nouvelle inflexion qu'elle a donnée à la politique migratoire, mais aussi de façon plus générale aux modalités des relations européennes avec les pays tiers. En effet, l'adoption de la Politique européenne de voisinage s'est accompagnée d'une transformation de la perception de ce que devait être la conditionnalité appliquée par l'Europe avec ses partenaires : dans le cadre du processus de Barcelone initial, celle-ci était négative, l'absence de coopération d'un partenaire devant se solder par une sanction. En revanche, dans celui de la Politique européenne de voisinage, l'accent a été mis sur une « conditionnalité positive », insistant sur les incitations et la rétribution de la coopération, qui a été adoptée comme stratégie dominante (Del Sarto et Schumacher, 2005, 6-7).

Une telle conception de la conditionnalité a permis au Maroc de négocier en espérant des rétributions plus importantes et sans craindre de sanction. Dès lors, la stratégie consistant à lier la négociation de certains domaines avec d'autres questions peut fonctionner. Cet emboîtement (*issue-linkage*) entre enjeux migratoires et enjeux économiques a permis au gouvernement marocain de négocier des aides au développement ou un accès au marché européen qu'il n'aurait sans doute pas obtenu. Ainsi, en situation d'asymétrie[25], les stratégies de *linkage* permettent à la partie la plus vulnérable d'obtenir un accord minimal de l'acteur le plus puissant, en opérant un emboîtement entre les enjeux directs et indirects de la négociation. Le processus de négociation n'est pas linéaire, il se caractérise par un recours au dialogue, mais aussi par des phases de résistance, d'obstruction ou abstention (Daoudy, 2006). Ceci semble caractéristique des relations du Maroc avec l'Espagne autour des questions migratoires, analysées plus haut. On peut également constater que, dans des situations d'asymétrie, la partie la plus faible n'est pas nécessairement la plus démunie, puisqu'elle adopte les contre-stratégies appropriées, plutôt que de se soumettre purement et simplement aux règles du jeu (Rubin et Zartman, 2000).

Certaines décisions ou actions du gouvernement marocain peuvent être perçues comme des concessions aux demandes européennes, ou des

---

25 Dans le cas du Maroc, les pays européens restent les principaux partenaires commerciaux, mais non l'inverse.

preuves de bonne volonté pour les négociations. Ainsi, certains ont souligné que les incidents de Ceuta et Melilla en 2005[26] avaient précédé la tenue d'un conseil des Premiers ministres espagnol et marocain à Séville, le gouvernement marocain menant des actions musclées de reconduite à la frontière des migrants subsahariens afin de montrer son efficacité, comme il l'avait fait par exemple avant la visite du roi espagnol en janvier 2005[27]. La participation au programme SIVE peut également être considérée comme un gage de bonne volonté de la part du Maroc, qui se donne ainsi l'image d'être le partenaire de l'Europe dans la lutte contre les migrations irrégulières. De même, la modification de la législation marocaine sur les migrations a pu être perçue comme un signe envoyé à l'Europe : l'adoption de la loi 02-03 du 11 novembre 2003 « relative à l'entrée et au séjour des étrangers au Royaume du Maroc, à l'émigration et à l'immigration irrégulières »[28] a pu apparaître comme une concession aux demandes européennes d'une loi plus sévère sur l'émigration irrégulière (Belguendouz, 2003 ; Elmadmad, 2005 ; Gabrielli, 2008).

Quoi qu'il en soit, cette stratégie semble payante. Ainsi, le Maroc est l'un des principaux bénéficiaires des programmes européens d'aide au développement liés aux politiques migratoires. En mars 2004, le programme AENEAS, un cadre financier pour 2004-2008, remplace la ligne budgétaire B7-667 qui avait été créée par la Commission afin de soutenir la coopération avec les pays tiers dans le domaine des migrations (Lavenex, 2006). Pour cette période, le programme AENEAS prévoyait un total de 250 millions d'euros de dépenses[29]. Les objectifs sont de « développer des politiques migratoires dans les pays tiers », de

---

[26] En septembre et octobre 2005, des migrants subsahariens avaient assailli les barrières entourant les enclaves espagnoles de Ceuta et Melilla au nord du Maroc. La répression par les forces de l'ordre marocaines et espagnoles avait causé la mort de six personnes parmi ces migrants. Ces événements ont attiré l'attention de la communauté internationale et de la société civile marocaine sur le traitement de ces migrants, et ont poussé le Maroc à rechercher une meilleure coordination avec l'Espagne et l'Union européenne. Pour un récit des événements, voir par exemple Migreurop, *Guerre aux migrants : le livre noir de Ceuta et Melilla*, juin 2006.

[27] Migreurop, *Guerre aux migrants : le livre noir de Ceuta et Melilla*, juin 2006.

[28] Royaume du Maroc, Dahir n° 1-03-196 ramadan 1424 (11 novembre 2003) portant promulgation de la loi n° 02-03 relative à l'entrée et au séjour des étrangers au Royaume du Maroc, à l'émigration et à l'immigration irrégulières, *BO*, n° 5162, 2003.

[29] European Commission, *Reference document for financial and technical assistance to third countries in the area of migration and asylum*, AENEAS Programme 2004-2006 (Brussels, EC, 2003, p. 3).

« promouvoir les canaux légaux de migration », de « combattre les migrations illégales » et de favoriser la « réadmission et la réintégration durable des migrants de retour dans leurs pays d'origine »[30]. Le Maroc est présenté comme une zone de transit où des migrants attendent de pouvoir passer en Europe[31]. Par ailleurs, la négociation d'un accord de réadmission apparaît clairement comme la raison pour laquelle le Maroc bénéficie en priorité du programme AENEAS : « *On the Community's behalf, the Commission is currently negotiating a readmission agreement with Morocco and has* (sic) *negotiating directives for Algeria. This gives these two countries priority as regards their eligibility under the Aeneas programme*[32]. » AENEAS s'inscrit ainsi dans la lignée des financements accordés par le programme MEDA. Par ailleurs, le programme AENEAS, en se concentrant sur la question des migrations, offre aux pays du sud de la Méditerranée certaines opportunités dans ce domaine. Ainsi, en 2007, l'ANAPEC, Agence nationale de promotion de l'emploi et des compétences, une organisation marocaine pour la promotion de l'emploi, a commencé à recruter des travailleurs saisonniers pour le secteur agricole espagnol[33]. Le gouvernement espagnol ainsi que les autorités régionales sont impliquées dans ce recrutement, tandis que les coûts sont couverts par AENEAS. Le site internet de l'ANAPEC International annonce que la « campagne 2008-2009 pour le recrutement des ouvrières agricoles en Espagne » a concerné 16 000 emplois[34].

La stratégie du Maroc consistant à se positionner comme le bon élève maghrébin dans la lutte contre les migrations irrégulières semble donc porter ses fruits. Le Maroc bénéficie d'aides financières importantes et d'autres avantages, comme l'illustrent les campagnes de recrutement d'ouvriers saisonniers. Cette position de partenaire privilégié de l'Europe semble avoir été confirmée lorsque le Maroc a accueilli la première « conférence ministérielle euro-africaine sur les migrations et le développement » en juillet 2006[35] qui a réuni les représentants de

---

[30] *Ibid.*, p. 4.
[31] *Ibid.*, p. 13.
[32] *Ibid.*, p. 14.
[33] Pierre Daum, « Le Maroc mûr pour les récoltes en Europe, » *Libération*, 3 septembre 2007.
[34] « ANAPEC International, » http://www.anapecinternational.com, consulté le 5 février 2009 : Rubrique « Actualités et événements », 23 décembre 2008.
[35] Les 10 et 11 juillet 2006. Voir ministère des Affaires étrangères et de la Coopération du Royaume du Maroc, « Conférence ministérielle euro-africaine sur la migration et le développement », 2006, http://www.maec.gov.ma/migration/fr/conference.htm, consulté le 5 février 2009.

près de soixante pays. Plus récemment, le Maroc a accédé en 2008 à un statut particulier par rapport à l'Union européenne, le « statut avancé ». On peut distinguer cinq niveaux d'association avec l'Union européenne, de l'association proche, par exemple dans le cadre de l'Espace économique européen (EEE), à une association lointaine, comme c'est le cas avec les pays de la zone Afrique-Caraïbes-Pacifique (ACP) (Lavenex et Uçarer, 2004). En effet, si pour le moment le Maroc ne peut guère espérer le statut de pré-adhésion, il est pourtant désormais privilégié par rapport aux autres pays participant à la Politique européenne de voisinage. Ce « statut avancé » est en fait une Déclaration de l'Union européenne le 13 octobre 2008 à Luxembourg, lors de la septième session du Conseil d'association UE-Maroc[36]. Dans cette déclaration, le thème des migrations n'occupe que trois articles sur trente-huit. Les premiers articles abordent la question de la coopération bi-latérale et régionale. Puis, les thèmes de la participation marocaine à la Politique européenne de sécurité et de défense (PESD), des droits de l'homme et de la transparence au Maroc, de la lutte contre le terrorisme, de l'Union africaine et de l'Union du Maghreb Arabe, et du Sahara occidental. Les trois articles concernant les migrations précèdent immédiatement les articles portant sur les accords commerciaux et la libéralisation des échanges. Ainsi, s'il n'occupe pas une part importante dans la déclaration de statut avancé, le thème des migrations apparaît comme la clé de voûte de la déclaration, entre les thèmes géopolitiques et le thème des échanges économiques. L'Union européenne salue d'abord les efforts marocains dans la lutte contre « l'immigration illégale », qui auraient conduit à « une réduction substantielle de ces flux en provenance de ce pays » (article 25). Elle se félicite également de la coopération entre le HCR et le Maroc (article 27).

Pourtant, entre ces deux articles, une réserve de taille est exprimée dans l'article 26 : « Tout en rappelant les efforts entrepris par le Maroc en matière d'immigration illégale, l'Union européenne regrette que les négociations sur un accord de réadmission n'aient pas pu être conclues depuis la dernière session du Conseil d'association. L'UE réaffirme l'importance qu'elle attache à la conclusion prochaine de cet accord, qui

---

36 Conseil d'association UE-Maroc, Statut avancé d'association UE-Maroc (Déclaration de l'Union européenne), 2008, http://www.statut-avance.com, consulté le 5 février 2009.

ouvrira de nouvelles possibilités de développement de la coopération avec le Maroc y compris dans le contexte du dialogue sur le renforcement des relations bilatérales[37]. » Ainsi, le Maroc n'a toujours pas signé d'accord de réadmission avec l'Union européenne. Les raisons de ce délai n'apparaissent pas claires. Cependant, les raisons pour lesquelles l'Union européenne s'est tout de même déclarée en faveur du statut avancé le sont encore moins. On pourrait penser que l'accord de réadmission n'est pas un point central de l'accord d'association puis du statut avancé. Mais, comme le souligne Sandra Lavenex, la réadmission figure comme un point important des accords d'association[38] signés avec les pays du Maghreb et entrés en vigueur en 2000 (Art. 69 IIIc) (Lavenex, 2002). De même, Abdelkrim Belguendouz insiste sur la centralité de la réadmission, « idée fixe » dans les relations de la Commission européenne avec le Maroc (Belguendouz, 2005).

Plutôt que de décrire l'Union européenne comme occupant « une position contractuelle de contrôle quasi-absolu », ainsi que le font la plupart des analyses de la Politique européenne de voisinage, nous préférons retenir l'idée d'un « complexe de sécurité à géométrie variable » (Balzacq, 2007) de l'Europe. En un sens, l'absence de perspective d'adhésion donne une certaine marge de manœuvre au Maroc, même si les incitations à la coopération sont, nous l'avons vu, très fortes. On peut donc formuler l'hypothèse que le Maroc, plutôt que de simplement céder à la pression européenne, a adopté une « contre-stratégie » (Rubin et Zartman, 2000) payante. D'une part, le gouvernement signe des accords de réadmission avec des pays européens particulièrement concernés, comme l'Espagne ; il fait également preuve de bonne volonté en menant quelques actions particulières avec l'Union européenne et les différents pays concernés, comme SIVE ou d'autres accords de coopération policière. Mais d'autre part la signature d'un accord de réadmission avec l'Union européenne est constamment repoussée ou négociée. On peut donc se demander si le but de la participation du gouvernement marocain aux négociations n'est pas d'éviter la signature d'un accord

---

37 *Ibid.*

38 *Official Journal of the European Communities*, « Euro-Mediterranean agreement establishing an association between the European Communities and their Member States, of the one part, and the Kingdom of Morocco, of the other part », (*OJ* 2000, L070, 2000).

(*avoid agreement*). On pourrait caractériser la stratégie marocaine par le terme d'« évitement opportuniste » (*opportunistic avoidance*) tel que décrit par James Wallihan : l'objectif principal de la participation aux négociations n'est pas de parvenir à l'accord, mais la perspective de celui-ci n'est pas complètement exclue (Wallihan, 1998). En participant aux négociations, et en donnant des signes de bonne volonté, le Maroc a réussi à obtenir aides au développement ou son « statut avancé », tout en évitant, ou du moins en retardant pour le moment, la signature d'un accord de réadmission avec l'Union européenne.

Conclusion

L'européanisation des politiques migratoires et les tentatives d'externalisation ont des conséquences concrètes, qui n'ont pas été abordées en détail ici : les concessions accordées par le Maroc à l'Europe sont importantes, même si tous les accords signés ne sont pas nécessairement mis en œuvre. Nous nous sommes intéressés à l'impact de l'européanisation des politiques migratoires et des tentatives d'externalisation sur la stratégie marocaine dans les négociations.

D'une part, l'européanisation ajoute au moins un niveau de négociatins, et permet donc au gouvernement marocain de mener ses négociations sur plusieurs niveaux – avec les différents pays européens et avec l'Union européenne – et de tenter d'obtenir différents avantages à chaque niveau. D'autre part, pour s'adapter aux stratégies européennes, et notamment à la conditionnalité positive de la Politique européenne de voisinage, le gouvernement marocain ne s'est pas exécuté sans réticence, mais a développé une contre-stratégie consistant à donner des gages de bonne volonté dans la lutte contre les migrations irrégulières, tout en repoussant la signature d'accords trop contraignants. Ce constat va à l'encontre des descriptions d'une Union européenne hégémonique imposant l'externalisation du contrôle migratoire à ses voisins. Certes l'Union européenne est un partenaire de taille pour ses voisins du sud. Certes ils se prêtent pour la plupart au jeu de l'externalisation. Mais ils cherchent malgré tout à obtenir les meilleures contreparties possibles, et peuvent même parfois jouer de l'obsession européenne du contrôle des frontières pour obtenir des financements ou d'autres avantages. Le thème des migrations apparaît donc comme une ressource pour le Maroc comme pour d'autres pays du sud de la Méditerranée ou d'Afrique subsaharienne dans leurs négociations avec l'Europe, grâce à l'emboîtement de différents enjeux.

Références bibliographiques

Alioua Mehdi (2005), « La migration transnationale des Africains subsahariens au Maghreb : l'exemple de l'étape marocaine », *Maghreb-Machrek*, n° 185, p. 37-57.

Balzacq Thierry (2007), « La politique européenne de voisinage, un complexe de sécurité à géométrie variable », *Cultures et Conflits,* n° 66, p. 31-59.

Belguendouz Abdelkrim (2005), « Expansion et sous-traitance des logiques d'enfermement de l'Union européenne : l'exemple du Maroc », *Cultures et Conflits,* n° 57. http://www.conflits.org/index1754.html.

Belguendouz Abdelkrim (2003), « Le Maroc non africain, gendarme de l'Europe ? Alerte au projet de loi 02-03 relative à l'entrée et au séjour des étrangers au Maroc, à l'émigration et à l'immigration irrégulières ! », Rabat.

Bensaâd Ali (2005), « Les migrations transsahariennes, une mondialisation par la marge », *Maghreb-Machrek,* n° 185, p. 13-36.

Boubakri Hassen (2006), « Le Maghreb et les migrations de transit : le piège ? », *Migrations et Société,* vol. 18, n° 107, p. 85-104.

Bredeloup Sylvie et Olivier Pliez (2006), « Introduction : migrations entre les deux rives du Sahara », *Autrepart*, n° 36. http://www. autrepart.ird.fr/editos /editos/edito36.html.

Cassarino Jean-Pierre (2007), « Informalising Readmission Agreements in the EU Neighbourhood », *The International Spectator*, vol. 42, n° 2, p. 179-196.

Daoudy Marwa (2006), « Une négociation en eaux troubles ou comment obtenir un accord en situation d'asymétrie », *Négociations*, vol. 2, n° 6, p. 65-81.

Del Sarto Raffaella A. et Tobias Schumacher (2005), « From EMP to ENP: What's at Stake with the European Neighbourhood Policy towards the Southern Mediterranean? », *European Foreign Affairs Review*, vol. 10, n° 1, p. 17-38.

Ellermann Antje (2008), « The Limits of Unilateral Migration Control: Deportation and Inter-state Cooperation », *Government and Opposition*, vol. 43, n° 2, p. 168-189.

Elmadmad Khadija (2005), « Les migrants et leurs droits au Maroc », *in* Khadija Elmadmad, *Les Migrants et leurs droits au Maghreb*, Casablanca, UNESCO/La Croisée des Chemins, p. 103-236.

Escribano Gonzalo (2006), *Europeanisation without Europe? The Mediterranean and the Neighbourhood Policy*, Florence, Robert Schuman Centre for Advanced Studies. http://cadmus.iue.it/dspace/bitstream/ 1814/6071/1/ RSCAS2006_19.pdf [Accessed January 19, 2009].

Gabrielli Lorenzo (2008), « Flux et contre-flux entre l'Espagne et le Sénégal. L'externalisation du contrôle des dynamiques migratoires vers l'Afrique de l'Ouest », *Asylon(s)*, n° 3. http://www.reseau-terra.eu/ article716.html.

Guiraudon Virginie (2001), « De-nationalizing Control. Analyzing State Responses to Constraints on Migration Control », *in* Christian Joppke et Virginie Guiraudon (dir.), *Controlling a New Migration World*, Londres, Routledge, p. 31-64.

de Haas Hein (2005), « Morocco: from Emigration Country to Africa's Migration Passage to Europe », *Migration Information Source.* http://www.migrationinformation.org/Profiles/display.cfm?ID=339 [Accessed February 4, 2009].

de Haas, Hein (2007), *The Myth of Invasion. Irregular Migration from West Africa to the Maghreb and the European Union*, Oxford, International Migration Institute.

Hoebink Paul (2005), *The Coherence of EU Policies: Perspectives from the North and the South*, Bruxelles, European Union's Poverty Reduction Effectiveness Programme.

Jeandesboz Julien (2007), « Définir le voisin. La genèse de la Politique européenne de voisinage », *Cultures et Conflits*, n° 66, p. 11-29.

Lahlou Mehdi (2005), « État des migrations irrégulières entre le Maghreb et l'Union européenne : motifs et caractéristiques récentes », *in* Houria Alami M' Chichi (dir.), *Le Maroc et les migrations*, Rabat, Friedrich Ebert Stiftung, p. 63-90.

Lannon Erwan et Van Elsuwege Peter (2004), « The EU's Northern Dimension and the EMP-ENP: Institutional Framework and Decision-making Processes Compared », *in* Peter G. Xuereb (dir.), *The European Union and the Mediteranean. The Mediterranean's European challenge*, Malte, European Documentation and Research Center, p. 3-70.

Lavenex Sandra (2002), « EU trade policy and immigration control », *in* Sandra Lavenex et Emek M. Uçarer (dir.), *Migration and the Externalities of European Integration*, Lanham-Boulder-New York, Oxford, Lexington Books, p. 161-177.

Lavenex Sandra (2006), « Shifting up and out: the Foreign Policy of European Immigration Control », *West European Politics*, vol. 29, n° 2, p. 329-350.

Lavenex Sandra et Emek M. Uçarer (2004), « The External Dimension of Europeanization: the Case of Immigration Policies », *Cooperation and Conflict*, vol. 39, n° 4, p. 417-443.

Lutterbeck Derek (2006), « Policing Migration in the Mediterranean », *Mediterranean Politics*, vol. 11, n° 1, p. 59-82.

Marchetti Andreas (2007), « Consolidation in Times of Crisis: The European Neighbourhood Policy as Chance for Neighbours? », *European Political Economy Review*, n° 7, été, p. 9-23.

Marrero Rocha Immaculada (2005), « The Implications of Spanish-Moroccan Government Relations for Moroccan Immigrants in Spain », *European Journal of Migration and Law*, vol. 7, n° 4, p. 413-434.

Meloni Gabriella (2007), « Who's My Neighbour? », *European Political Economy Review*, n° 7, été, p. 24-37.

Migration de Retour au Maghreb (MIREM) (2008), Accords bilatéraux du Maroc sur la réadmission des personnes, Florence, European University Institute.http://www.mirem.eu/donnees/accords/rapports-et-documents/maroc [Accessed January 25, 2009].

Mrabet El Arbi (2003), « Readmission Agreements. The Case of Morocco » *European Journal of Migration and Law*, vol. 5, n° 3, p. 379-385.

Natorski Michal (2007), « Explaining Spanish and Polish Approaches to the European Neighbourhood Policy », *European Political Economy Review*, n° 7, été, p. 63-101.

Pastore Ferruccio (2002), « Aeneas's Route: Euro-Mediterranean Relations and International Migration », *in* Sandra Lavenex et Emek M. Uçarer (dir.), *Migration and the Externalities of European Integration*, Lanham-Boulder,-New York-Oxford, Lexington Books, p. 105-123.

Pastore Ferruccio (2005), « The Policies for the Management of International Migrations from the XXth to the XXIst Century. A Tale of Territorial Sovereignties and People on the Move », *Genus*, vol. LXI, n° 3-4, p. 347-367.

Rubin Jeffrey Z. et I. William Zartman (2000), « Symmetry and Asymmetry in Negotiation », *in* Jeffrey Z. Rubin et I. William Zartman (dir.), *Power and Negotiation*, Ann Arbor,The University of Michigan Press, p. 271-293.

van Selm Joanne (2002), « Immigration and Asylum or Foreign Policy: the EU's Approach to Migrants and their Countries of Origin », *in* Sandra Lavenex et Emek M. Uçarer (dir.), *Migration and the Externalities of European Integration*, Lanham-Boulder-New York-Oxford, Lexington Books, p. 143-160.

Uçarer Emek M (2002), « Guarding the Borders of the European Union: Paths, Portals and Prerogatives », *in* Sandra Lavenex et Emek M. Uçarer (dir.), *Migration and the Externalities of European Integration*, Lanham-Boulder-New York-Oxford, Lexington Books, p. 15-32.

Wallihan James (1998), « Negotiating to Avoid Agreement », *Negotiation Journal*, vol. 14, n° 3, p. 257-268.

Wolff Sarah (2007), « La dimension méditerranéenne de la politique Justice et Affaires intérieures », *Cultures et Conflits*, n° 66, p. 77-99.
Zaiotti Ruben (2007), « La propagation de la sécurité : l'Europe et la schengenisation de la Politique de voisinage », *Cultures et Conflits*, n° 66, p. 61-76.

Pierre MONFORTE

LE SECTEUR ASSOCIATIF FACE AUX POLITIQUES EUROPÉENNES D'IMMIGRATION ET D'ASILE. QUELS ACTEURS POUR QUELS MODES D'EUROPÉANISATION ?

Parallèlement à l'intégration des politiques d'immigration et d'asile, les associations mobilisées sur ces enjeux se sont progressivement européanisées à travers différents modes : certaines « par le haut » en privilégiant la coopération avec les institutions européennes ; d'autres « par le bas » en privilégiant la contestation transnationale ; certaines, enfin, ont emprunté à ces deux dynamiques. Cet article explique ces différents modes d'européanisation en montrant en quoi ils sont déterminés à la fois par les stratégies d'alliances des acteurs associatifs et par les logiques guidant les négociations inter-institutionnelles à l'échelle de l'UE. Dans une perspective comparative, il montre également que les associations venant de deux contextes nationaux différents (France et Allemagne) vont suivre des modes d'européanisation similaires. Ce faisant, il montre que la hausse des compétences de l'UE mène à la construction d'un espace européen de mobilisation diversifié qui dépasse les spécificités nationales.

The constellation of non-governmental organizations and European immigration and asylum policies. What actors for what Europeanization paths?

In the context of integration of immigration and asylum policies, associations mobilizing around these issues have progressively Europeanized through different paths: some « from above », privileging a cooperation with European institutions; others "from below", privileging protest; others, finally, have mixed both dynamics. This article explains these different modes of Europeanization and shows that they are determined by the alliance strategies of associative actors as well as by the logics guiding inter-institutional negotiations at the EU level. Moreover, in a comparative perspective, it shows that associations coming from different national contexts (France and Germany) follow similar paths of Europeanization. In doing so, it shows that the rise of EU competences leads to the construction of a diversified European space of mobilization that goes beyond national specificities.

politique européenne, n° 31, 2010, p. 119-145.

Introduction

En octobre 2008, en marge du Conseil européen sur le « pacte européen sur l'immigration et l'asile », se tient à Montreuil un contre-sommet « citoyen » réunissant un grand nombre d'associations européennes et africaines :

> « Préoccupées par le caractère essentiellement sécuritaire du traitement des flux migratoires, entraînant des milliers de morts, et par les choix économiques mis en œuvre qui maintiennent le continent africain en marge du développement, les organisations signataires font appel à la mobilisation pour faire entendre la voix des sociétés civiles européennes et africaines[1]. »

Cet exemple, pris parmi d'autres, illustre le fait que les politiques européennes d'immigration et d'asile sont la cible de vastes mouvements de protestation transnationale depuis la fin des années 1990. Les mouvements sociaux traditionnellement mobilisés à l'échelle nationale s'en saisissent en construisant des réseaux, des discours et des actions collectives dépassant leurs propres frontières. Sur les questions migratoires, la construction de tels types d'actions collectives ne va pourtant pas de soi (Giugni et Passy, 2002). De fait, au cours des années 1990, les mouvements sociaux se sont peu mobilisés sur l'émergence d'une politique européenne d'immigration et d'asile. Plusieurs études ont montré que les associations qui se sont impliquées sur ces enjeux ont suivi un processus d'européanisation « par le haut » (Weisbein, 2002) : elles se sont constituées en « communautés épistémiques » (Haas, 1992) gravitant autour des institutions de l'Union européenne et sont restées éloignées des mouvements sociaux nationaux (Favell, 2000 ; Geddes, 2000 ; Guiraudon, 2001). Plutôt que de contester les politiques mises en place à l'échelle européenne, elles ont privilégié le lobbying et ont cherché à s'allier aux institutions de l'UE (en particulier la Commission européenne) dans le processus de *policy-making* (Geddes, 2000).

Au-delà des mobilisations sur ces politiques, la prééminence des processus d'européanisation « par le haut » a été analysée de manière plus générale par des études portant sur l'action collective dans l'UE jusqu'à la fin des années 1990 (Imig et Tarrow, 2001 ; Balme, Chabanet et Wright,

[1] Appel du sommet citoyen sur les migrations – Des Ponts Pas Des Murs –, 17-18 octobre 2008.

2002). Ces travaux ont montré que l'action collective européenne était largement monopolisée par les groupes d'intérêt (ou groupes de lobby) et ONG internationales présents à Bruxelles et que les mouvements sociaux s'européanisent peu : elle est déconnectée de celle se déroulant dans les espaces nationaux. Les mouvements transnationaux de protestation tels que les « Marches européennes contre le chômage, la précarité et les exclusions » à la fin des années 1990 faisaient alors figure d'exception et ceux-ci se sont d'ailleurs rapidement essoufflés (Lefébure et Lagneau, 2002 ; Chabanet, 2007).

Ce constat confortait l'idée selon laquelle l'UE est une arène politique particulière définie par un système spécifique de représentation des intérêts dont les règles du jeu sont défavorables aux mouvements sociaux traditionnellement mobilisés à l'échelle nationale et privilégiant la protestation (Marks et McAdam, 1996 ; Greenwood et Aspinwall, 1998). L'action collective européenne a souvent été décrite comme répondant à une « logique de l'entre soi »[2] : elle ne laisse que peu de place aux associations dont les modes de mobilisation et les ressources ne sont pas adaptés au système de représentation des intérêts basé sur la professionnalisation, l'expertise et le lobbying (Cavaillé, 2005 ; Grossman et Saurugger, 2006 ; Marks et McAdam, 1996 ; Nugent, 1999). Le système de *policy-making* européen est basé sur un fonctionnement bureaucratique relativement opaque pour les groupes qui ne sont pas présents à Bruxelles et qui ne disposent pas d'un réseau de contacts à l'intérieur des institutions européennes (Clayes *et al.*, 1998 ; Greenwood, 1997, 2003 ; Mazey et Richardson, 1997, 2002 ; Richardson, 1996). De plus, les politiques européennes sont cloisonnées et définies en termes techniques, ce qui défavorise les mouvements sociaux privilégiant une politisation des enjeux sur lesquels ils se mobilisent (Imig et Tarrow, 2001 ; Chabanet, 2001 ; Kohler-Koch, 1997). Par ailleurs, ces derniers, contrairement aux groupes de lobby bruxellois, n'ont pas accès aux financements accordés par la Commission européenne (Berny, 2008 ; Cavaillé, 2005 ; Guiraudon, 2001). Enfin, ils ne peuvent pas compter sur le relais des médias européens de masse (qui traitent peu des politiques européennes) (Rucht, 2002). Ces différents éléments ont

---

2 Nous empruntons cette expression à Olivier Baisnée (2007) dans ses analyses sur les journalistes correspondants à Bruxelles.

amené à présenter l'espace de mobilisation de l'UE comme étant à la fois autonome (dans la mesure où il est dissocié des espaces nationaux)[3] et homogène (dans la mesure où les actions collectives de protestation sont peu fréquentes).

Dans cette perspective, les analyses privilégiant une approche comparative ont montré que les organisations non-gouvernementales issues de pays dans lesquels les modes de mobilisation institutionnalisés sont prépondérants (les pays du Nord de l'Europe) sont surreprésentés à Bruxelles : elles disposent de ressources importantes à l'échelle nationale (notamment d'une forte expertise en matière de lobbying) et peuvent donc intégrer facilement la sphère d'action européenne (Imig et Tarrow, 2001 ; Geddes et Guiraudon, 2004).

Notre objectif dans cet article est de montrer en quoi l'évolution des mobilisations portant sur les politiques européennes d'immigration et d'asile depuis la fin des années 1990 permet de remettre en cause ces idées. Nos résultats amènent à souligner deux dimensions en particulier. Il s'agit tout d'abord du fait que les mouvements sociaux nationaux sont capables de s'européaniser et de s'organiser durablement à l'échelle européenne. Il s'agit ensuite du fait que l'espace de mobilisation établi à Bruxelles, au plus près des institutions européennes, fait progressivement place à des répertoires d'action contestataires. Ceci permet donc de réévaluer la thèse de l'autonomie et de l'homogénéité de l'espace de mobilisation de l'UE. En cela, nous rejoignons des études récentes ayant analysé l'émergence de processus d'européanisation des mouvements sociaux depuis la fin des années 1990 (Agrikoliansky et Sommier, 2005 ; della Porta *et al.*, 2006 ; della Porta et Caiani, 2007 ; Imig, 2004), ainsi que des études ayant montré la nature de plus en plus hybride des acteurs gravitant autour des institutions européennes (Beyers, 2004 ; Cohen et Vauchez, 2007 ; Lahusen, 2004 ; Michel, 2009 ; Weisbein, 2002).

Nous commencerons par présenter rapidement les différentes théories permettant de définir l'européanisation et nous les articulerons avec notre définition des modes d'européanisation. Ceci nous amènera

---

[3] Cette autonomie ne signifie pas que les acteurs associatifs traditionnellement établis à l'échelle nationale n'investissent pas la sphère d'action européenne, mais plutôt que leur mobilisation européenne n'est que rarement liée à leur mobilisation nationale (Weisbein, 2002).

à préciser notre démarche de recherche basée sur la comparaison des associations allemandes et françaises mobilisées sur les politiques européennes d'immigration et d'asile. Nous développerons ensuite sur nos résultats empiriques : nous présenterons dans un premier temps le contexte national dans lequel évoluent traditionnellement ces associations et nous analyserons ensuite leur européanisation. Nous montrerons en particulier que leurs modes d'européanisation sont moins influencés par leur contexte national d'origine que par leur identité, les ressources dont elles disposent et les alliés sur lesquels elles peuvent compter au sein des institutions européennes.

Les modes et les acteurs de l'européanisation

Européanisation « par le haut » et « par le bas »

Un tour d'horizon rapide des différentes définitions de l'européanisation amène à poser la question de savoir s'il s'agit d'un processus « *top-down* » (amenant à considérer les effets de l'intégration européenne sur les acteurs mobilisés à l'échelle nationale) ou « *bottom-up* » (amenant à considérer les modes d'action des acteurs qui investissent l'échelle européenne) (Grossman et Saurugger, 2006 ; Saurugger, 2005).

Dans sa définition initiale, le concept d'européanisation est conçu comme un processus « *top-down* » : il invite à penser un processus d'adaptation des acteurs nationaux (à travers un apprentissage et une transformation) à des « dynamiques politiques et économiques » (Ladrech, 1994, 69) définies à l'échelle européenne (Börzel et Risse, 2000 ; Knill, 2001). Dans cette perspective, il s'agira alors de voir, dans une logique comparative, comment les acteurs présents à l'échelle nationale s'adaptent plus ou moins, en fonction de la compatibilité du contexte national dans lequel ils évoluent avec les changements induits par l'UE (Green Cowles, Caporaso et Risse, 2001). Ces approches ont toutefois été remises en cause dans la mesure où elles ont tendance à réduire à une relation linéaire les liens d'interdépendance complexes entre les arènes européennes et nationales (Jacquot et Woll, 2008 ; Radaelli, 2001 ; Palier, Surel *et al.*, 2007 ; Saurugger, 2005). À cet égard, la définition proposée par Claudio Radaelli (2001, 108) paraît plus satisfaisante dans la mesure où elle permet d'appréhender l'européanisation comme une interaction entre des « dynamiques descendantes mais également ascendantes »

(Jacquot et Woll, 2008, 168). Il s'agit des « processus de (a) construction, (b) diffusion et (c) institutionnalisation de règles formelles et informelles, de procédures, de paradigmes politiques, de styles, de « manières de faire des choses » et de croyances et normes partagées qui sont définis et consolidés lors de la fabrication des politiques communautaires et ensuite incorporés dans les discours, identités, structures politiques et politiques publiques nationaux » (Radaelli, 2001, 108).

Dans cette optique, à travers l'exemple des mobilisations sur les politiques européennes d'immigration et d'asile, nous insisterons sur le fait que l'européanisation doit également être pensée comme la conséquence d'une volonté de modifier le sens des « dynamiques politiques et économiques » (Ladrech, 1994, 69) définies à l'échelle européenne. Il ne s'agit donc plus seulement de s'adapter à un système politique spécifique mais aussi de tenter de le transformer par la négociation (Bulmer et Radaelli, 2004) ou la contestation (della Porta, 2003).

Cette perspective nous amène à préciser notre définition des modes d'européanisation de l'action collective, c'est-à-dire les processus par lesquels les mouvements sociaux traditionnellement actifs à l'échelle nationale vont progressivement se saisir des enjeux de politique européenne. Ceux-ci recouvrent quatre dimensions qui sont liées : les acteurs, les cibles institutionnelles, les registres de l'action collective et les enjeux des mobilisations (Balme et Chabanet, 2002). Ils renvoient donc à la fois aux stratégies par lesquelles des associations vont changer d'échelle de mobilisation (les acteurs avec lesquels elles s'allient et les cibles institutionnelles), aux modes de mobilisation sur des enjeux de politique européenne (les registres de l'action collective), et aux objectifs visés à travers ces changements d'échelle (les enjeux des mobilisations). En se basant sur ces dimensions, on peut distinguer quatre modes d'européanisation. Il s'agit de l'internalisation (la construction de mobilisations à l'échelle locale ou nationale sur des enjeux européens), de l'externalisation (lorsque des acteurs nationaux définissent un répertoire d'action européen pour contourner des blocages à l'échelle nationale), de la supranationalisation (l'institutionnalisation de groupes à l'échelle européenne) et de la transnationalisation (lorsque les acteurs vont se transformer eux-mêmes pour dépasser le cadre national) (Balme et Chabanet, 2002,104-106).

En distinguant deux modes d'européanisation de l'action collective (« par le bas » et « par le haut »), nous reprenons cette typologie et ses dimensions tout en soulignant deux éléments. Nous voulons tout d'abord insister sur une nouvelle dimension : le rôle des institutions européennes dans la définition des modes d'européanisation. Nous montrerons en effet que, en ce qui concerne l'européanisation « par le haut », l'européanisation se construit en interaction : elle résulte à la fois de la volonté des acteurs non-institutionnels d'influencer le processus de décision et du soutien des institutions européennes (sous la forme d'incitations diverses à construire une action collective européanisée). En tenant compte des autres dimensions, ce mode d'européanisation recouvre essentiellement l'externalisation et la supranationalisation. L'européanisation « par le bas », quand à elle, ne se construit pas en interaction : elle est le résultat de la volonté des acteurs non-institutionnels de construire une action collective européanisée et les institutions européennes ne jouent pas de rôle actif d'incitation. En tenant compte des autres dimensions, ce mode d'européanisation recouvre essentiellement l'internalisation et la transnationalisation. La distinction entre ces deux modes d'européanisation permet donc de concevoir les institutions européennes non plus seulement en tant que cible, mais également en tant qu'agent actif dans l'européanisation des organisations de la société civile. Ceci va dans le sens de la définition de l'européanisation en tant que processus d'interaction entre des dynamiques « *top-down* » et « *bottom-up* ». Par ailleurs, cette distinction permet d'insister sur le fait que ces deux modes d'européanisation se définissent autour d'arènes de mobilisation et de répertoires d'action collective différents : alors que les groupes privilégiant une européanisation par le haut vont définir une action collective pro-active intervenant en amont du processus décisionnel européen ou dans l'accompagnement de sa mise en œuvre, les groupes privilégiant une européanisation par le bas vont définir une action collective réactive pour s'opposer au sens de ce processus décisionnel et à sa mise en œuvre (Weisbein, 2002). Ces deux modes d'européanisation s'appuient donc respectivement sur des stratégies d'influence par l'« accès » et la « prise de parole » (*voice*) (Beyers, 2004)[4].

---

[4] Nous montrerons dans le corps du texte que ces deux catégories ne sont pas mutuellement exclusives : certaines organisations peuvent combiner ces deux modes d'européanisation.

Qui s'européanise ?

Afin d'analyser empiriquement et de problématiser la construction de ces modes de mobilisation, nous définissons une démarche de recherche fondée sur une question de base : quels sont les facteurs qui déterminent les modes d'européanisation des mouvements sociaux ? Cette interrogation renvoie à la question de savoir qui s'européanise. Il s'agit, en effet, tout d'abord de réfléchir à l'identité et aux ressources mises en avant par les organisations de mouvements sociaux qui s'européanisent et de mettre ces éléments en relation avec leur histoire à l'échelle nationale. Il s'agit, d'autre part, de considérer les acteurs auxquels les mouvements sociaux font face lorsqu'ils investissent la sphère européenne et donc de s'interroger sur les dynamiques d'interaction entre organisations de la société civile et acteurs institutionnels.

Dans cette perspective, nous définissons une démarche de recherche basée sur une comparaison à double dimension : nous analysons des associations aux profils distincts (certaines ayant un répertoire de mobilisation proche du corporatisme et d'autres privilégiant la protestation) et venant de contextes nationaux différenciés (France et Allemagne[5]). Il s'agit donc d'observer si des associations aux profils dissemblables et/ou venant de contextes nationaux contrastés investissent la sphère européenne de la même manière[6]. Nous comparons par ailleurs des mobilisations portant sur des processus d'intégration différenciés. Les associations analysées se mobilisent en effet sur les politiques d'immigration (marquées par une logique de communautarisation) et sur les politiques de contrôle des migrations (marquées par le passage progressif

---

5 Dans le contexte français, ces deux types d'associations ont des ressources comparables, tandis que dans le contexte allemand, les associations privilégiant la coopération formalisée avec les autorités politiques ont beaucoup plus de poids que les associations contestataires. Ceci va dans le sens de la thèse selon laquelle les mouvements sociaux allemands sont orientés le néo-corporatisme tandis que les mouvements français sont orientés vers la contestation (Kriesi *et al.*, 1995 ; Saurugger, 2005).

6 Vingt-trois associations représentatives des mouvements français et allemands pour la défense du droit d'asile (les questions touchant à l'asile ayant été au cœur des politiques européennes touchant aux questions migratoires) ont été étudiées comparativement. Leurs processus d'européanisation ont été analysés à travers des méthodes qualitatives développées dans les études sur les mouvements sociaux : analyse de réseau, analyse de discours et analyse d'événements protestataires. Nous avons procédé à une série d'entretiens en France, en Allemagne et à Bruxelles et à une analyse de documents.

d'une logique de coopération intergouvernementale à une logique de communautarisation)[7]. Dans cette optique, notre démarche comparative est associée à une analyse chronologique : il s'agit également d'analyser si les processus d'européanisation des acteurs associatifs ont été influencés par l'évolution des dynamiques européennes de *policy-making*.

Cette analyse montre que les modes d'européanisation des associations étudiées sont liés d'une part à l'état de leurs relations avec les acteurs présents à Bruxelles et d'autre part à l'évolution du *policy-making* en matière d'immigration et d'asile à l'échelle de l'UE. L'émergence d'un processus d'européanisation « par le bas » depuis la fin des années 1990 est essentiellement le fait d'associations mobilisées sur les politiques de contrôle migratoire désireuses de mettre en avant des stratégies de mobilisation différentes de celles privilégiées par celles mobilisées sur les politiques d'immigration (ces dernières ayant suivi une européanisation « par le haut »). Notre thèse est que ces deux types d'associations ont suivi des processus d'européanisation différents car ils avaient, à l'échelle nationale, des identités et des ressources différentes et car ils ont fait face, à l'échelle européenne, à des acteurs institutionnels distincts.

Au cours des années 1990, les associations traditionnellement les plus institutionnalisées à l'échelle nationale, c'est-à-dire celles mobilisées pour l'intégration des migrants, ont été sollicitées par la Commission européenne et par les groupes de lobby présents à Bruxelles. Elles se sont alors orientées vers une européanisation « par le haut ». Durant cette période, les associations mobilisées sur les politiques de contrôles migratoires sont quant à elles restées à l'échelle nationale. Ce n'est qu'à partir de la fin des années 1990 que ces dernières commencent à s'européaniser, sur un mode toutefois différent de celui privilégié par les premières : elles ont développé des stratégies de mobilisation de l'opinion publique à l'échelle transnationale. Elles ont choisi de ne pas privilégier les techniques de lobbying répandues à Bruxelles car elles s'éloignent de leur répertoire de mobilisation contestataire et de leurs ressources militantes. De plus, la politique européenne de lutte contre

---

[7] La distinction entre politiques d'immigration et politiques de contrôle des migrations a été pour la première fois présentée par Tomas Hammar (1985) : la première concerne l'intégration des immigrés dans les sociétés d'accueil tandis que la seconde touche à la régulation de l'entrée et du séjour des étrangers.

l'« immigration clandestine » se mettant en place à travers une méthode de coopération intergouvernementale, elles n'ont pas trouvé de ressources et d'alliés à l'échelle de l'UE et elles sont donc restées éloignées des institutions européennes. Ce n'est que dans la seconde moitié des années 2000, avec les premiers signes d'une communautarisation des politiques de lutte contre l'« immigration clandestine », que ces associations ont pu trouver de nouvelles ressources et des alliés à Bruxelles (notamment au sein du Parlement européen) et ont pu ainsi combiner une européanisation « par le bas » et « par le haut ».

Les acteurs des mobilisations sur le droit d'asile en France et en Allemagne

En France comme en Allemagne, le champ des mobilisations pour la défense du droit d'asile se consolide au début des années 1990, lorsque sont mises en place les premières mesures restrictives en la matière (Noiriel, 1998 ; Herbert, 2000). La comparaison montre que, dans les deux pays, ce champ est composé de deux groupes d'associations : l'un mobilisé essentiellement sur la question de l'intégration des demandeurs d'asile et réfugiés, et l'autre sur la question des contrôles migratoires. En France, ces deux groupes d'associations ont des niveaux de ressources comparables tandis que, en Allemagne, les premières disposent de nettement plus de ressources que les secondes.

Au début des années 1990, un champ associatif diversifié se mobilise sur la question du droit d'asile en France. Suite à la réforme de 1991 qui durcit les conditions de reconnaissance du statut de réfugié, des associations qui n'étaient jusqu'alors pas directement mobilisées sur la question du droit d'asile sont sollicitées par un nombre important de déboutés du droit d'asile et se saisissent de cet enjeu. Il s'agit d'associations de défense des droits des migrants telles que le Gisti ou la Fasti qui dénoncent par la contestation juridique et publique la fermeture des frontières, ou d'associations plus généralistes de lutte pour la défense des droits de l'homme (Ligue des droits de l'homme) ou contre le racisme (MRAP). Ces associations viennent diversifier un champ qui était jusqu'alors constitué par un petit nombre d'associations œuvrant pour l'intégration des demandeurs d'asile et réfugiés dans le cadre d'un registre humanitaire d'accompagnement (démarches administratives, accès au logement, apprentissage de la langue française...) : la Cimade, France terre d'asile,

Forum Réfugiés et le Secours catholique. Ce champ se diversifie encore par la suite, lorsque les droits des demandeurs d'asile et réfugiés sont menacés par le durcissement des politiques de contrôles migratoires. Ainsi, avec les lois Pasqua de 1993 et les lois Debré de 1997 de nouveaux groupes, plus radicaux, (en particulier Droits devants, la Coordination nationale des sans-papiers et Act Up) se mobilisent en faveur du droit d'asile.

En se diversifiant progressivement, ce champ voit naître et se consolider une division inter-associative relative à l'objet et aux modes de mobilisation. Celle-ci sépare les associations mobilisées pour l'intégration des demandeurs d'asile et réfugiés (en particulier France terre d'asile et Forum Réfugiés) des associations mobilisées contre les contrôles migratoires (en particulier le Gisti et la LdH). Les premières basent leur action sur un registre humanitaire (formulant un discours d'appel à la protection de personnes en situation d'urgence) et dépendent essentiellement de subventions publiques. Leur activité est principalement tournée vers la gestion des centres d'accueil pour demandeurs d'asile et elles assument un rôle de pourvoyeuses de services délégués par les autorités publiques (Valluy, 2007). Les associations mobilisées contre les contrôles migratoires sont dans un registre de mobilisation plus politisé : elles basent leur discours sur des principes généraux et elles peuvent recourir à des formes d'action collective plus contestataires. À cet égard, la Cimade est une exception dans la mesure où elle se mobilise à la fois pour l'intégration des demandeurs d'asile et réfugiés et contre les politiques de contrôle migratoires.

L'évolution des politiques d'asile ainsi que des grands mouvements de protestation dans les années 1990 et 2000 vont définir deux traits essentiels du champ des mobilisations sur le droit d'asile en France : de fortes interactions interassociatives et l'appui sur un réseau diversifié de soutiens.

Depuis le début des années 1990, pas moins de huit réformes ont modifié fondamentalement les politiques d'asile en France. Leur fréquence, leur forte médiatisation et la rapidité de leur exécution ont obligé les associations mobilisées sur le droit d'asile à coordonner leurs activités afin de pouvoir réagir. Progressivement, des alliances interassociatives denses et durables se sont créées. Ainsi, les associations mobilisées contre les contrôles migratoires ont été à l'origine de la création du réseau soutenant les mouvements de sans-papiers en 1996-1997 ou du collectif Uni(e) s contre une immigration jetable en 2006.

Comme tout mouvement social spécialisé sur un enjeu particulier, les associations mobilisées sur le droit d'asile doivent s'allier à des soutiens divers afin d'appuyer et de relayer leur cause. C'est ce qu'elles ont fait avec succès dans le contexte de l'émergence d'un cycle de protestation[8] au milieu des années 1990. Avec les mobilisations des sans-papiers en 1996-1997 les associations mobilisées contre les contrôles migratoires ont construit, en s'alliant à d'autres associations, un mouvement portant sur la question des « sans » : sans-emploi, sans-logement, sans-papiers… (Crettiez et Sommier, 2006). Ce faisant, elles ont réussi à placer les enjeux liés à l'immigration et à l'asile au cœur du cycle de protestation commencé à l'hiver 1995. Dans ce contexte, elles ont bénéficié de l'appui d'acteurs variés, notamment dans le milieu syndical et des partis de gauche, ainsi que dans les champs juridique, artistique et médiatique (Siméant, 1998). Aujourd'hui encore, les revendications liées aux politiques d'immigration et d'asile continuent d'être appuyées par une grande partie de ces acteurs (tels que les syndicats au sein du collectif UCIJ).

Les dynamiques de construction de coalitions inter-associatives et de réseaux de soutiens ont surtout été le fait des associations mobilisées contre les politiques de contrôle migratoire. De ce fait, ces associations ont pu peser dans le champ des mobilisations pour le droit d'asile avec autant de poids que les associations mobilisées pour l'intégration des demandeurs d'asile et réfugiés. Ces dernières avaient l'avantage de pouvoir s'appuyer sur deux types de ressources dont ne disposent pas les premières : des ressources matérielles importantes (reçues à travers les subventions publiques), et un accès privilégié aux lieux de pouvoir. En construisant des coalitions stables, les associations mobilisées contre les politiques de contrôle ont pu compenser ce déséquilibre en mettant leurs ressources (essentiellement immatérielles) en commun (Montforte, 2008).

La situation est différente en Allemagne. Au début des années 1990, le champ des mobilisations sur la question de l'asile est uniquement composé d'associations humanitaires agissant pour l'intégration des demandeurs d'asile et réfugiés dans le cadre de missions subventionnées par les autorités publiques : Caritas, Diakonie, Arbeiterwohlfahrt. Seule l'association Pro Asyl combine une activité liée à l'intégration des

---

8 C'est-à-dire une période prolongée de mobilisations intenses caractérisée par une diffusion de la protestation dans la société (Tarrow, 1994).

demandeurs d'asile et réfugiés avec une dénonciation des politiques de contrôle des migrations[9]. Ces associations ont un niveau très élevé de ressources matérielles et humaines et elles disposent également de nombreuses ressources immatérielles. En comparaison avec les associations françaises mobilisées pour l'intégration des demandeurs d'asile et réfugiés, les associations allemandes ont donc des ressources plus importantes et plus variées. Ce n'est qu'à la fin des années 1990 qu'apparaissent les associations mobilisées contre les politiques de contrôle migratoire en Allemagne (telles que Kein Mensch Ist Illegal ou Kanak Attak). Comme en France, celles-ci vont développer un registre de mobilisation contestataire. Mais, contrairement au cas français, leur niveau de ressources est relativement faible : elles se coordonnent peu et ont des réseaux de soutiens limités. Plusieurs raisons expliquent cela. Premièrement, contrairement au cas français, les politiques d'asile sont marquées par leur stabilité en Allemagne : depuis le début des années 1990, seules deux réformes ont touché à la question de l'asile. Sur le long terme, les associations n'ont donc pas éprouvé le besoin de coordonner leurs activités. De plus, l'Allemagne n'a pas connu un cycle de protestation comparable à celui qui a eu lieu en France pendant la période. En conséquence, les associations mobilisées sur le droit d'asile ont eu plus de difficultés à insérer leurs revendications dans le cadre d'un mouvement plus large et à trouver des soutiens variés. Enfin, la politique d'asile dépend dans une large mesure du pouvoir des Länder, ce qui favorise une division géographique entre associations.

Ces éléments de comparaison doivent être gardés à l'esprit : les caractéristiques des champs de mobilisation sur l'asile en France et en Allemagne sont à mettre en relation avec l'évolution du processus institutionnel d'intégration européenne des politiques d'immigration et d'asile afin d'analyser l'européanisation des associations.

La définition de modes d'européanisation différenciés

Dès son lancement au début des années 1990, le processus d'intégration des politiques d'immigration et d'asile répond à deux logiques distinctes : une logique de coopération inter-gouvernementale et une

---

[9] Pro Asyl a un profil proche de la Cimade en France.

logique de communautarisation (Lavenex, 2006). Comme le montre Philippe Schmitter (2003), l'Union européenne n'est pas seulement une arène politique « multi-niveaux » ; elle est aussi « polycentrique ». Ainsi, sur le même enjeu, ces deux logiques mènent à l'émergence de différents lieux de décision à l'échelle européenne. Dans le cadre de la première, les États membres gardent le contrôle sur l'ensemble du processus de négociation : le Conseil des ministres et les multiples réunions intergouvernementales ad-hoc sont les lieux de décision. La coopération intergouvernementale ne vise pas à produire des normes européennes supranationales s'imposant aux États membres. Elle permet au contraire aux gouvernements de contourner des obstacles rencontrés à l'échelle nationale pour renforcer leur pouvoir et définir de nouvelles pratiques (Wolf, 1999 ; Guiraudon, 2000). Dans le cadre de la seconde logique, les États membres délèguent progressivement des compétences à la Commission et au Parlement européen en vue de la production de normes européennes supranationales (Wallace, 2000).

Comme le font remarquer Emiliano Grossman (2002) et Sabine Saurugger (2002), les observations empiriques sur les modes d'européanisation des organisations non-étatiques peuvent être liées à des théories plus générales sur l'intégration européenne. Ainsi, on peut associer des modes d'européanisation différents aux approches néo-fonctionnalistes (Haas, 1958 ; Lindberg, 1963 ; Sandholtz et Stone Sweet, 1998), intergouvernementalistes (Moravcsik, 1998) ou aux approches en termes de gouvernance à niveaux multiples (Jachtenfuchs et Kohler-Koch, 1996 ; Grande, 1996).

Nos observations vont dans le sens de ces analyses et montrent que des modes d'européanisation de l'action collective différents correspondent aux deux logiques d'intégration des politiques d'immigration et d'asile : à la logique de communautarisation (qui suggère une approche néo-fonctionnaliste ou en termes de gouvernance à niveaux multiples) correspond une européanisation « par le haut », et à la logique de coopération inter-gouvernementale (qui suggère une approche inter-gouvernementaliste) correspond une européanisation « par le bas ».

Notre analyse permet toutefois de compléter cette idée en montrant que la définition de différents modes d'européanisation est également liée à l'identité et aux ressources des associations. Ces éléments (hérités de l'expérience à l'échelle nationale) vont amener les associations à définir différentes stratégies d'alliances (en particulier avec les acteurs institutionnels européens) et donc différents modes d'européanisation.

La synthèse de ces deux idées va dans le sens des analyses présentées par Beate Kohler-Koch (1997) : discutant l'idée selon laquelle la multiplication des niveaux de décision aurait pour conséquence une mise à l'écart des groupes d'intérêt et un gain en autonomie des États, elle introduit une distinction entre différents types de groupes d'intérêt en montrant que seuls ceux étant les moins dotés en ressources sont écartés.

L'européanisation « par le haut » des associations mobilisées pour l'intégration des réfugiés et demandeurs d'asile

Concernant les politiques d'intégration des migrants, demandeurs d'asile et réfugiés, les États membres de l'UE affichent dès le milieu des années 1990 leur volonté de s'engager sur la voie d'une communautarisation progressive. Dans ce contexte, les négociations autour du traité d'Amsterdam ont permis à un petit groupe d'acteurs non-gouvernementaux gravitant autour des institutions européennes[10] de faire du lobbying pour une hausse des compétences supranationales (en particulier de la Commission) dans ce domaine. Ceux-ci ont défini une stratégie visant à participer à la construction de politiques d'intégration moins restrictives (par rapport à celles établies à l'échelle nationale) en demandant « plus d'Europe » dans ce domaine (Geddes, 2000 ; Montforte, 2010). Cette stratégie s'est révélée efficace : usant d'un haut niveau de professionnalisation et d'expertise juridique, d'une connaissance fine des mécanismes du *policy-making* européen et d'un vaste réseau de contacts à l'intérieur des institutions européennes, ces acteurs ont réussi à jouer un rôle de moteur de l'intégration européenne (Haas, 1958 ; Lindberg, 1963) et à faire placer les politiques d'intégration comme une priorité dans l'agenda de l'UE (Favell, 2000). Avec l'adoption du traité d'Amsterdam, puis avec le sommet de Tampere d'octobre 1999, l'harmonisation des politiques d'immigration et d'asile se fait désormais par le biais de la méthode ouverte de coordination.

Parallèlement à ce processus, les associations françaises et allemandes mobilisées pour l'intégration des demandeurs d'asile et réfugiés se sont progressivement dirigées vers Bruxelles en intégrant les activités des

---

10 Tels que le Migration Policy Group (MPG), le Conseil européen pour les réfugiés et les éxilés (CERE), la Commission des églises auprès des migrants en Europe (CCME) ou le Réseau européen contre le racisme (ENAR).

groupes (en particulier le CERE et le CCME[11]) gravitant autour de la Commission européenne. À travers celles-ci, elles accèdent à un savoir-faire en matière d'action collective européenne et elles peuvent donc interpeller les institutions de l'UE. Les stratégies d'action relèvent du registre du lobbying : il ne s'agit pas de réagir aux décisions qui sont prises par les acteurs institutionnels de l'UE mais plutôt de tenter d'orienter les négociations en amont en s'appuyant sur des relais à l'intérieur de ces institutions. Ainsi, à travers le CERE, les associations-membres nationales ont été associées à une campagne de lobbying en vue du sommet de Tampere. En avril 1999, le CERE, l'ENAR et le MPG ont publié un document commun afin d'orienter les débats au moment du sommet (*Guarding Standards - Shaping the Agenda*). Par ailleurs, les associations membres de cette coordination se sont réunies et ont formulé une série de propositions aux institutions de l'UE lors d'une rencontre parallèle au sommet. Ces initiatives ont ensuite été relayées par la Commission européenne qui cherchait à imposer son rôle dans les négociations en faisant valoir un appui des organisations de la société civile.

Au milieu des années 1990, les associations allemandes sont plus impliquées dans ce processus que les françaises. Disposant, à l'échelle nationale, de plus de ressources (et en particulier de plus d'expertise juridique) que leurs homologues, elles ont pu s'adapter plus facilement aux pratiques et savoir-faire des groupes bruxellois. Ainsi, Pro Asyl a pu rapidement devenir membre du comité exécutif du CERE et exercer une influence sur l'agenda de la coordination. Si elles étaient initialement moins intégrées, les associations françaises ont quant à elles acquis progressivement les ressources et savoir-faire nécessaires à la construction d'actions collectives européennes. Ceci leur a permis d'obtenir une influence croissante au sein des coordinations dont elles sont membres et donc d'être plus présentes à l'échelle européenne. Ainsi, depuis 2004, Forum Réfugiés emploie une personne à temps plein afin de suivre les développements des politiques d'asile de l'UE et de participer aux activités du CERE. Ce faisant, l'association a pu acquérir une plus grande expérience européenne et elle est devenue membre du comité exécutif du CERE.

---

[11] Le CERE et le CCME sont des coordinations regroupant respectivement 69 et 24 associations.

Cette européanisation correspond au mode d'externalisation (Balme et Chabanet, 2002). À travers leur intégration dans les organisations non-gouvernementales présentes à Bruxelles, les associations visent un « effet boomerang » (Keck et Sikkink, 1998) : il s'agit de s'appuyer sur les politiques libérales proposées par la Commission européenne pour faire évoluer les politiques établies dans leur propre pays. Ainsi, les associations allemandes ont été très actives au sein des groupes les représentant à Bruxelles lors des négociations autour de la directive « établissant des normes minimales relatives aux conditions pour pouvoir prétendre au statut de réfugié » car celle-ci représente un progrès par rapport à la législation en vigueur en Allemagne.

Par ailleurs, en intégrant les coordinations européennes telles que le CERE, les associations accèdent à des subventions européennes dans leur mission d'intégration des demandeurs d'asile et réfugiés. Les groupes présents à Bruxelles fonctionnent en effet comme des canaux qui permettent d'accéder aux fonds distribués par la Commission européenne à travers des appels d'offres (en particulier le Fonds européen pour les réfugiés). Ainsi, la section allemande de Caritas a pu bénéficier de l'appui financier de la Commission européenne et lancer un projet d'assistance des migrants en instance de retour vers l'Europe de l'Est. De même, Forum Réfugiés a obtenu des subventions pour une mission d'assistance aux demandeurs d'asile au Maroc.

L'européanisation « par le bas » des associations mobilisées sur les politiques de contrôles migratoires

Les associations françaises et allemandes mobilisées contre les politiques de contrôles migratoires sont quant à elles restées éloignées de ce processus. Certaines d'entre elles ont usé de leur expertise juridique pour collaborer avec les groupes présents à Bruxelles[12], mais on ne peut pas parler d'européanisation « par le haut » dans la mesure où leurs interventions sont restées ponctuelles. Au cours des années 1990, ces associations commencent à percevoir les politiques d'immigration et d'asile comme un enjeu européen sans toutefois se diriger vers le niveau

---

12 Ainsi, en 2004, le Gisti a élaboré un argumentaire juridique pour la Coordination européenne pour le droit de vivre en famille afin de contester les dispositions de la directive sur la réunification familiale.

européen. Elles suivent un mode d'européanisation par l'internalisation (Balme et Chabanet, 2002) : si elles se réfèrent fréquemment à l'UE pour dénoncer les politiques de contrôle, elles ne construisent pas de réseaux et d'actions collectives au-delà de leurs propres frontières.

C'est à partir de la fin des années 1990 que ces associations entament un processus d'européanisation. Celui-ci contraste avec celui suivi par les associations mobilisées pour l'intégration des demandeurs d'asile et réfugiés : plutôt que d'intégrer les structures présentes à Bruxelles, elles vont créer leurs propres réseaux transnationaux tels que les réseaux No Border (créé en 2000) ou Migreurop (créé en 2002). Ce processus a été autant suivi par les associations françaises qu'allemandes, alors même qu'elles n'ont pas le même niveau de ressources. En effet, les associations françaises ont pu recourir aux ressources variées dont elles disposaient à l'échelle nationale pour s'organiser à l'échelle européenne, tandis que les associations allemandes ont pu trouver à l'échelle européenne des ressources dont elles ne disposaient pas auparavant. La construction de réseaux transnationaux se traduit donc par l'émergence de nouveaux espaces de mobilisation dans lesquels de nouvelles ressources sont disponibles. Ainsi, en 2002, l'élaboration d'une « carte des camps pour étrangers en Europe » par le réseau Migreurop a été rendue possible par l'expertise commune des associations françaises sur la problématique de l'enfermement des étrangers : ayant été confrontées pendant plusieurs années à la présence du centre de Sangatte, elles ont été amenées à travailler ensemble sur ce phénomène. La carte qu'elles ont élaborée a ensuite été diffusée à travers l'Europe et des associations (dont les associations allemandes) ont pu s'en servir comme ressource pour élargir leur mobilisation au-delà du cadre national.

En créant de nouveaux réseaux européens, ces associations privilégient un processus d'européanisation « par le bas ». Il s'agit de construire des mobilisations transnationales visant à interpeller, sur le mode de la protestation publique, l'ensemble des décideurs impliqués dans les politiques européennes d'immigration : elles prennent ainsi la forme de contre-sommets, de manifestations, de pétitions. Elles se construisent également sur le mode de la diffusion d'information à travers la participation à des séminaires et des colloques européens ou à travers la publication de documents présentant les effets des politiques européennes d'immigration et d'asile. Ces deux formes d'action collective correspondent à une stratégie d'influence qui se distingue de la stratégie d'accès pratiquée par les groupes gravitant autour des institutions européennes : elles visent à peser indirectement sur le cours des politiques en faisant entendre des positions dans des arènes publiques (Beyers, 2004).

Certaines des associations mobilisées contre les politiques de contrôle ont combiné une stratégie d'européanisation « par le bas » avec une stratégie d'européanisation « par le haut ». Ainsi, la Cimade ou la LdH sont à la fois impliquées dans les réseaux transnationaux tels que Migreurop et dans les groupes exclusivement actifs à Bruxelles. Toutefois, lorsqu'elles interviennent à Bruxelles, ces associations développent un répertoire de mobilisation plus diversifié que celui des groupes de lobby européens. Elles se rapprochent d'une forme de « lobbying citoyen » (Weisbein, 2002) en se plaçant sur le registre contestataire mais en empruntant dans le même temps certaines stratégies d'action au répertoire du lobbying.

Deux raisons expliquent le fait que ces associations ont créé leurs propres réseaux plutôt que d'intégrer les coordinations d'associations présentes à Bruxelles.

La première est qu'elles ont une identité militante qui contraste avec le profil des groupes gravitant autour des institutions de l'UE. Le cercle des groupes présents à Bruxelles apparaît pour elles comme un espace homogène en termes de ressources mobilisées, de carrière des acteurs qui y sont engagés et de stratégies d'action collective (Favell, 2000 ; Guiraudon, 2001). Elles perçoivent alors cet espace comme leur étant fermé et la collaboration avec les groupes présents à Bruxelles a donc été difficile à envisager pour les militants de ces associations : lors de nos entretiens en France et en Allemagne, ceux-ci soulignaient leurs différentes « manières de faire », et en particulier leurs fortes divergences en termes de répertoire d'action collective ainsi que leurs réticences face à leur professionnalisation. Contrairement aux associations mobilisées pour l'intégration des demandeurs d'asile et réfugiés, le passage par les structures gravitant autour des institutions de l'UE ne leur est donc pas apparu comme un canal d'européanisation naturel. En conséquence, plutôt que de tenter une adaptation, les militants qui suivaient de près les politiques européennes au sein de ces associations ont décidé de créer de nouveaux réseaux, de nouveaux espaces de mobilisation, afin de construire leurs propres actions collectives à l'échelle européenne.

La deuxième raison est que, à l'échelle européenne, les politiques de contrôles migratoires obéissent à des dynamiques différentes de celles auxquelles obéissent les politiques d'intégration des demandeurs d'asile et réfugiés. Alors que l'élaboration de ces dernières est caractérisée par une concurrence de logiques entre les différentes institutions européennes (en particulier la Commission et le Conseil des ministres), la construction des politiques de contrôles migratoires ne laisse pas de place à une telle concurrence. Dès lors, jusqu'à récemment, contrairement aux associations mobilisées pour l'intégration des demandeurs d'asile et réfugiés, les associations mobilisées contre les politiques de fermeture des frontières n'ont pas trouvé de leviers capables d'appuyer et de relayer leurs demandes au sein des institutions de l'UE.

Depuis le début des années 2000, les politiques de contrôle sont guidées par une double logique : une logique de coopération intergouvernementale et, parallèlement, une logique de communautarisation. Cette double logique correspond à un processus de « *horizontal venue shopping* » (Lavenex, 2006) : les États continuent de définir une coopération dans le cadre des politiques de contrôle selon la règle de l'unanimité, mais ils transfèrent des pouvoirs aux institutions européennes supra-nationales (en particulier la Commission européenne) lorsqu'ils le jugent nécessaire. Ce processus ne crée pourtant pas une opposition entre une ligne dure imposée par les États membres et une ligne plus libérale prônée par la Commission : les institutions nationales et supranationales suivent la même logique restrictive dans ce domaine (Bigo et Guild, 2005). Pour les associations mobilisées contre les politiques de contrôle migratoire, la situation n'est donc pas fondamentalement différente de celle des années 1990, lorsque l'intégration européenne se faisait selon une logique strictement intergouvernementale : elles ne peuvent pas compter sur l'appui d'alliés potentiels au sein des institutions européennes.

Depuis la présentation du programme de La Haye d'Octobre 2004, la Commission et le Parlement européen ont vu leur pouvoir s'accroître dans ces domaines : désormais, les politiques d'immigration et d'asile sont définies à travers la procédure de la codécision. Ce passage marque un approfondissement de la logique de communautarisation. La logique de coopération intergouvernementale ne s'efface pas (les États membres continuant par exemple de signer individuellement des accords de réadmission), mais les institutions supranationales se saisissent de plus en plus de ces enjeux. Cette tendance est ainsi illustrée par l'adoption de la directive « retours » en juin 2008. C'est sous la pression du Conseil des ministres que le texte de la directive a été considérablement durci, mais la proposition initiale émane de la Commission européenne et le texte a fait l'objet d'un compromis entre la Commission et le Conseil des ministres avant d'être voté par la majorité des députés européens. Pour faire le lien avec les théories plus générales sur l'intégration européenne, cette évolution peut se concevoir comme le passage d'une analyse intergouvernementaliste à une analyse en termes de gouvernance à niveaux multiples.

Avec le poids croissant du Parlement européen, le passage à la codécision marque l'émergence d'alliés potentiels au sein des institutions européennes pour les associations mobilisées contre les politiques de fermeture des frontières[13]. Ces associations ont vu dans un certain nombre de députés européens des alliés capables de constituer une opposition à la ligne dure du Conseil et de la Commission. Il s'agissait en particulier de personnalités politiques qui s'étaient investies sur le thème des migrations à l'échelle nationale et dont ils s'étaient déjà rapprochés avant leur élection. Ainsi, lors des négociations de la directive « retours », le réseau Migreurop s'est associé à l'opposition de députés européens. Un site web a été créé, une pétition a été lancée, et plusieurs manifestations et séminaires d'information ont été organisés à Bruxelles. Depuis l'adoption de la directive, ces initiatives ont été suivies par le lancement d'une « campagne pour le droit de regard dans les lieux d'enfermement ». Dans les dernières années, du fait de l'investissement de nouveaux acteurs dans les négociations sur les politiques européennes de contrôle des migrations, on constate donc que ces associations conjuguent de plus en plus une européanisation « par le bas » avec une européanisation « par le haut ».

Conclusion

L'analyse montre que des acteurs associatifs aux profils variés parviennent à s'européaniser en définissant des modes d'européanisation diversifiés. Elle va donc dans le sens d'études récentes qui démontrent empiriquement cette diversification croissante depuis la fin des années

---

13 B. Kohler-Koch (1998) avait ainsi souligné que le Parlement européen était particulièrement ouvert aux groupes d'intérêt publics et à des formes de mobilisation moins institutionnalisées.

1990 (Balme et Chabanet, 2008 ; Lahusen, 2004 ; della Porta et Caiani, 2007 ; Weisbein, 2002). Les associations ayant un répertoire institutionnalisé à l'échelle nationale vont investir un espace de mobilisation homogène établi au plus près des institutions européennes ; celles s'appuyant sur la contestation vont privilégier la création de nouveaux espaces de mobilisation basés sur la protestation publique ; celles qui peuvent faire le lien entre ces deux types de répertoires, vont conjuguer ces deux stratégies. Pour ces associations, le choix et l'évolution de ces stratégies dépendent essentiellement de leur possibilité de trouver, à l'échelle européenne, des partenaires associatifs et/ou des alliés au sein des institutions européennes. La comparaison France-Allemagne montre par ailleurs que des associations issues de contextes nationaux différenciés suivent des processus d'européanisation similaires : en participant à des coalitions autour d'une cause, les associations qui ne disposaient que de peu de ressources à l'échelle nationale peuvent accéder à de nouvelles ressources et jouer un rôle à l'échelle européenne.

Lorsque l'action collective dépasse le cadre national, la construction de coalitions autour d'une cause devient donc une question cruciale. Dès lors, la prise en compte de l'histoire, de l'identité collective et des ressources des associations est fondamentale dans l'analyse de leurs processus d'européanisation. C'est en fonction de ces dimensions que celles-ci vont juger de la possibilité de construire des coalitions dépassant le cadre national et vont ainsi choisir quels espaces de mobilisation investir ou créer. En lien avec cela, les changements institutionnels à l'échelle européenne doivent également être pris en compte dans la mesure où ceux-ci peuvent signifier l'émergence, au sein des institutions européennes, de nouveaux acteurs que les associations pourront percevoir comme des alliés potentiels si leurs intérêts convergent.

De manière plus générale, ces conclusions vont donc dans le sens des analyses de Sidney Tarrow (2000) qui montrait que les institutions européennes ne doivent pas être appréhendées comme une « barrière de corail » qui attirerait les acteurs non-étatiques et régulerait leurs modes de mobilisation. Elles invitent, de manière générale, à abolir la distinction analytique entre l'espace politique européen et les espaces politiques nationaux (Tarrow, 2000, 210) et à appréhender l'européanisation à la fois en tant que processus « *top-down* » et « *bottom-up* » (Jacquot et Woll, 2008 ; Radaelli, 2001 ; Saurugger, 2005).

Références bibliographiques

Agrikoliansky Eric et Sommier Isabelle (dir.) (2005), *Radiographie du Mouvement Altermondialiste*, Paris, La Dispute.

Baisnée Olivier (2007), « En être ou pas. Les logiques de l'entre soi à Bruxelles », *Actes de la recherche en sciences sociales*, vol. 166, n° 1, p. 110-121.

Balme Richard, Chabanet Didier et Wright Vincent (dir.) (2002), *L'Action Collective en Europe*, Paris, Presses de Sciences Po.

Balme Richard et Chabanet Didier (2002), « Action collective et gouvernance de l'Union Européenne », *in* Richard Balme, Didier Chabanet et Vincent Wright (dir.) (2002), *L'Action Collective en Europe*, Paris, Presses de Sciences Po, p. 21-122.

Berny Nathalie (2008), « Le lobbying des ONG internationales d'environnement à Bruxelles », *Revue française de science politique*, vol. 58, n° 1, p. 97-122.

Beyers Jan (2004), « Voice and Access: Political Practices of European Interest Associations », *European Union Politics*, vol. 5, n° 2, p. 211-240.

Bigo Didier et Guild Elspeth (dir.) (2005), *Controlling Frontiers: Free Movement Into and Within Europe*, Aldershot, Ashgate.

Börzel Tanja (1999), « Towards Convergence in Europe? Institutional Adaptation to Europeanization in Germany and Spain », *Journal of Common Market Studies*, vol. 39, n° 4, p. 573-596.

Börzel Tanja et Risse Thomas (2000), « When Europe hits home: Europeanization and Domestic Change », *EUI Working Paper, RSC* n° 2000/56.

Bulmer Simon et Radaelli Claudio (2004), « The Europeanization of National Policy », *Queen's Papers on Europeanisation,* n° 1.

Cavaillé Aude (2005), « Salariées pour la cause. Carrières associatives au secrétariat général du Lobby européen des femmes », *in* Hélène Michel (dir.), *Lobbyistes et lobbying de l'Union européenne. Trajectoires, formations et pratiques des représentants d'intérêts*, Strasbourg, PUS, p. 25-45.

Chabanet Didier (2001), « Mobilisations et clivages socio-politiques en Europe », *Politique européenne*, n° 4, p. 5-14.

Chabanet Didier (2007), « Chômage et exclusion sociale : l'échec européen », *Politique européenne*, n° 21, p. 157-187.

Clayes Paul, Gobin Corinne, Smets Isabelle et Winand Pascaline (dir.) (1998), *Lobbying, Pluralism and European Integration*, Bruxelles, European Interuniversity Press.

Cohen Antonin et Vauchez Antoine (2007), *Anatomie d'un « moment constituant » européen. Élites, mobilisations, votes*, Bruxelles, Presses de l'Université libre de Bruxelles.

Crettiez Xavier et Sommier Isabelle (dir.) (2006), *La France rebelle : tous les mouvements et acteurs de la contestation*, Paris, Michalon.

della Porta Donatella (2003), *The Europeanisation of Protest: A Typology and Some Empirical Evidence, EUI Working Paper SPS*, n° 2003/18, Florence.

della Porta, Donatella, Andretta Massimiliano, Mosca Lorenzo et Reiter Herbert (2006), *Globalization from Below*, Minneapolis, The University of Minnesota Press.

della Porta Donatella et Caiani Manuella (2007), « Europeanization from Below? Social Movements and Europe », *Mobilisation*, vol. 12, n° 1, p. 1-20.

Favell Adrian (2000), « L'européanisation ou l'émergence d'un nouveau "champ politique" : le cas de la politique d'immigration », *Cultures et Conflits*, n° 38-39, p. 153-186.

Geddes Andrew (2000), « Lobbying for Migrant Inclusion in the European Union: New Opportunities for Transnational Advocacy? », *Journal of European Public Policy*, vol. 7, n° 4, p. 632-649.

Geddes Andrew et Guiraudon Virginie (2004), « The Emergence of a European Union Policy Paradigm Amidst Contrasting National Models: Britain, France and EU Anti-Discrimination Policy », *West European Politics*, vol. 27, n° 2, p. 334-353.

Georgakakis Didier (2008), « La sociologie historique et politique de l'Union européenne : un point de vue d'ensemble et quelques contre points », *Politique européenne*, n° 25, p. 53-85.

Giugni Marco et Passy Florence (2002), « Le champ politique de l'immigration en Europe : opportunités, mobilisations et héritages de l'État national » *in* Richard Balme, Didier Chabanet et Vincent Wright (dir.), *L'Action Collective en Europe*, Paris, Presses de Sciences Po, p. 433-460.

Grande Edgar (1996), « The State and the Interest Groups in a Framework of Multilevel Decision-making: the Case of the European Union », *Journal of European Public Policy*, vol. 3, n° 3, p. 318-338.

Green Cowles Maria, Caporaso James et Risse Thomas (dir.) (2001), *Transforming Europe: Europeanization and Domestic Change*, Ithaca, Cornell University Press.

Greenwood Justin (1997), *Representing Interests in the European Union*, Basingstoke, Macmillan.

Greenwood Justin (2003), *Interest Representation in the European Union*, New York, Palgrave Macmillan.

Grossman Emiliano (2002), « L'Européanisation des structures de représentation des intérêts : le cas des associations bancaires », *Politique européenne*, n° 7, p. 43-65.

Grossman Emiliano et Saurugger Sabine (2002), « Étudier les groupes d'intérêt en Europe », *Politique européenne*, n° 7, p. 5-17.

Grossman Emiliano et Saurugger Sabine (2006), *Les Groupes d'intérêt. Action collective et stratégies de représentation*, Paris, Armand Colin.

Guiraudon Virginie (2000), « L'espace sociopolitique européen : un champ encore en friche ? », *Cultures et Conflits*, n° 38-39, p. 7-37.

Guiraudon Virginie (2000), « European Integration and Migration Policy: Vertical Policy-Making as Venue Shopping », *Journal of Common Market Studies*, vol. 38, n° 2, p. 334-353.

Guiraudon Virginie (2001), « Weak Weapons of the Weak? Transnational Mobilisation around Migration in the European Union », *in* Doug Imig et SidneyTarrow (dir.), *Contentious Europeans. Protest and Politics in an Emerging Polity*, Lanham, Rowman and Littlefield, p. 163-183.

Haas Ernst (1958), *The Uniting of Europe: Political, Social and Economic Forces 1950- 1957*, Londres, Steven and Sons.

Hammar Tomas (dir.) (1985), *European Immigration Policy: A Comparative Study*, Cambridge, Cambridge University Press.

Herbert Ulrich (2000), *Geschichte der Ausländerpolitik in Deutschland. Saisonarbeiter, Zwangsarbeiter, Gastarbeiter, Flüchtlinge*, Munich, Beck.

Imig Doug (2004), « Contestation in the streets: European Protest and the Emerging Euro-Polity », *in* Gary Marks et Marco Steenbergen (dir.), *European Integration and Political Conflict*, Cambridge, Cambridge University Press, p. 216-234.

Imig Doug et Tarrow Sidney (dir.) (2001), *Contentious Europeans. Protest and Politics in an Emerging Polity*, Lanham, Rowman and Littlefield.

Jachtenfuchs Markus et Kohler-Koch Beate (1996), *Europäische Integration*, Opladen, Leske und Budrich.

Jacquot Sophie et Woll Cornelia (2008), « Action publique européenne : les acteurs stratégiques face à l'Europe », *Politique européenne,* n° 25, p. 161-192.

Keck Margaret et Sikkink Kathrin (1998), *Activists Beyond Borders. Advocacy Networks in International Politics*, Ithaca, Cornell University Press.

Knill Christopher (2001), *The Europeanization of National Administrations. Patterns of Institutional Change and Persistence,* Cambridge, Cambridge University Press.

Kohler-Koch Beate (1997), « Organized Interests in the EC and the European Parliament », *European Integration Online Papers (EiOP)*, vol. 1, n° 9.

Kohler-Koch Beate (1998), « Organized interests in the European Parliament, *in* Paul Clayes, Corinne Gobin, Isabelle Smets et Pascaline Winand (dir.), *Lobbying, Pluralism and European Integration*, Brussels, European Interuniversity Press, p. 126-158.

Kriesi Hanspeter, Koopmans Ruud, Duyvendak Jan et Giugni Marco (1995), *New Social Movements in Western Europe. A Comparative Analysis*, Minneapolis, University of Minnesota Press.

Ladrech Robert (1994), « Europeanization of Domestic Politics and Institutions: the Case of France », *Journal of Common Market Studies*, vol. 32, n°1, p. 69-88.

Lahusen Christian, « Joining the Cocktail Circuit: Social Movement Organizations at the European Union », *Mobilization*, vol. 9, n° 1, p. 55-71.

Lavenex Sandra (2006), « Shifting up and out: The Foreign Policy of European Immigration Control », *West European Politics*, vol. 29, n° 2, p. 329-350.

Lefébure Pierre et Lagneau Eric (2002), « Le moment Vilvorde : action protestataire et espace public européen », *in* Richard Balme, Didier Chabanet et Vincent Wright (dir.), *L'Action Collective en Europe*, Paris, Presses de Sciences Po, p. 495-529.

Lindberg Leon (1963), *The Political Dynamics of European Integration*, Oxford, Oxford University Press.

Mazey Sonia et Richardson Jeremy (1997), « The Commission and the Lobby », *in* Edwards Geoffrey et David Spence (dir.), *The European Commission*, Londres, Cartermill.

Mazey Sonia et Richardson Jeremy (2002), « Pluralisme ouvert ou restreint ? Les groupes d'intérêt dans l'Union européenne », *in* Richard Balme, Didier Chabanet et Vincent Wright (dir.), *L'Action Collective en Europe*, Paris, Presses de Sciences Po, p. 123-161.

Marks Gary et McAdam Doug (1996), « Social Movements and the Changing Structure of Political Opportunity in the European Union », *West European Politics*, vol. 19, n° 2, p. 249-278.

Michel Hélène (2007), « Le syndicalisme dans la "gouvernance" européenne. Formes de représentation et pratiques de défense des intérêts sociaux en questions », *Politique européenne*, n° 27, p. 129-152.

Monforte Pierre (2008), *Europeanization from Below ? Protest against Fortress Europe*, Thèse de doctorat, Institut Universitaire Européen.

Monforte Pierre (2010), « Transnational Protest Against Migrants' Exclusion: The Emergence of New Strategies of Mobilization at the European Level », *in* Didier Chabanet et Frédéric Royall, *Mobilizing Against Marginalization in Europe*, Cambridge, Cambridge Scholars Publishing, p. 175-194.

Moravcsik Andrew (1998), *The Choice for Europe. Social Purpose and State Power from Messina to Maastricht*, Ithaca, Cornell University.

Noiriel Gérard (1998), *Réfugiés et sans-papiers : la République face au droit d'asile, XIXe-XXe siècle*, Paris, Hachette.

Nugent Neill (1999), « Decision-making », *in* Edwards Geoffrey et David Spence (dir.), *The European Commission*, Harlow, Longman Current Affairs, p. 130-150.

Palier Bruno et Surel Yves (2007), *L'Europe en action. L'européanisation dans une perspective comparée*, Paris, L'Harmattan.

Radaelli Claudio (2001), « The Domestic Impact of European Union Public Policy: Notes on Concepts, Methods and the Challenge of Empirical Research », *Politique européenne*, n° 5, p. 107-142.

Richardson Jeremy (1996), *European Union. Power and Policy-Making*, Londres, Routledge.

Rucht Dieter (2002), « The EU as a Target of Political Mobilization: Is there a Europeanization of Conflict? », *in* Richard Balme, Didier Chabanet et Vincent Wright (dir.), *L'Action collective en Europe,* Paris, Presses de Sciences Po, p. 163-194.

Sandholtz Wayne et Stone Sweet Alex (1998), *European Integration and Supranational Governance*, Oxford, Oxford University Press.

Saurugger Sabine (2002), « Analyser les modes de représentation des intérêts dans l'Union européenne : construction d'une problématique », *Questions de recherche*, n° 6, CERI-Science Po.

Saurugger Sabine (2005), « Europeanization as a Methodological Challenge: The Case of Interest Groups », *Journal of Comparative Policy Analysis*, vol. 7, n° 4, p. 291-312.

Schmitter Philippe (2003), « Neofunctionalism », *in* Thomas Diez et Antje Wiener (dir.), *European Integration Theory*, Oxford, Oxford University Press.

Schmitter Philippe et Streeck Wolfgang (1991), « From National Corporatism to Transnational Pluralism: Organized Interests and the Single European Market » *Politics and Society*, vol. 19, n° 2, p. 133-164.

Siméant Johanna (1998), *La Cause des Sans-Papiers*, Paris, Presses de Sciences-Po.

Tarrow Sydney (1994), *Power in Movement*, Cambridge, Cambridge University Press.

Tarrow Sidney (2000), « La contestation transnationale », *Cultures et Conflits*, vol. 38-39, n° 1, p. 187-223.

Valluy Jérôme (2007), « L'accueil étatisé des demandeurs d'asile : de l'enrôlement dans les politiques publiques à l'affaiblissement des mobilisations de soutien aux exilés », Paris, EHESS, CEAF-Terra-Editions.

Wallace Helen (2000). « The Institutional Setting: Five Variations on a Theme », *in* Helen Wallace et William Wallace (dir.), *Policy-Making in the European Union*, Oxford, Oxford University Press, p. 3-36.

Weisbein Julien (2002), « Le lobbying associatif à Bruxelles, entre mobilisations unitaires et sectorielles », *Revue internationale de politique comparée*, vol. 9, n° 1, p. 79-98.

Wolf Klaus-Dieter (1999), « The New Raison d'Etat as a Problem for Democracy in World Society », *European Journal of International Relations*, vol. 5, n° 3, p. 333-363.

Bastien SIBILLE

VOIR L'EUROPE POUR LA FAIRE

Un Système d'informations géographiques dans la « gouvernance » européenne

Cet article analyse le déploiement d'un instrument d'objectivation par l'Union européenne à travers l'étude de la mise réseau des Systèmes d'informations géographiques (SIG) européens modélisant l'environnement. Il montre d'une part le rôle particulier des instruments d'objectivation dans la construction de la légitimité de la « gouvernance » européenne. Il montre d'autre part en quoi la forme de ce réseau de SIG confirme les théories sur la « gouvernance » européenne qui concernent les rapports entres les différents échelons de gouvernement.

Seeing like the European Union.
A Geographic Information System in the European "Governance"

This article examines the deployment of a specific knowledge tool by the European Union (EU) through the study of environmental European Geographic Information Systems'networking. It first shows the role of knowledge tools in EU legitimacy building process. It then discusses EU multi-level governance theories.

Le Parlement européen et le Conseil des ministres ont adopté, le 14 Mars 2007, une directive établissant une Infrastructure d'information géographique dans la Communauté européenne (INSPIRE[1]) et s'appliquant dans un premier temps à l'environnement européen. Le caractère technique de cette directive pourrait conduire à y voir une

[1] Acronyme officiel formé sur le titre anglais de la directive : « Infrastructure for Spatial Information in the European Community ».

politique européenne, n° 31, 2010, p. 147-172.

décision sans intérêt pour l'analyse politique. Nous soutenons le contraire. D'une part parce que l'environnement est un des domaines dans lesquels l'Union européenne exerce une régulation importante (Majone, 1996), aussi la mise en place d'un instrument dans ce secteur possède-t-elle une valeur heuristique forte quant aux modalités de construction des capacités de régulation de l'Union européenne. D'autre part parce que la directive, en imposant la mise en réseau de toutes les bases de données géographiques environnementales développées par les États membres ou par les institutions européennes créé ainsi un instrument de savoir d'une grande portée. La directive impose le développement d'un vaste Système d'information géographique (SIG) qui permet de mettre en relation des bases de données mesurant des phénomènes environnementaux, de construire des représentations de ces données en les agrégeant selon leurs coordonnées géographiques, de procéder à des opérations sur ces représentations afin d'évaluer et d'anticiper les phénomènes naturels, de transformer ces représentations afin de les rendre utilisables dans d'autres cadres d'analyse (Chrisman, 1999, 183). Les SIG sont en effet des dispositifs techniques concrets qui impliquent toute la chaîne d'acquisition des données, de leur traitement et de leur représentation. Ils mobilisent des outils informatiques (serveurs et bases de données, navigateurs), télématiques (protocoles de réseaux), statistiques (catégories, formules mathématiques), d'observation (satellites), de spatialisation (Global Positioning System – GPS) et les réseaux humains – informaticiens, statisticiens, cartographes – qui les utilisent.

Les SIG ne sont pas des « gadgets » technologiques, mais bien des instruments de régulation, notamment utilisés par les administrations publiques pour la planification et la décision des politiques publiques (Lake, 1993) et la prospective territoriale (Polombo, 2007). En tant qu'instruments de mesure et de représentation de la réalité, les SIG doivent être rattachés à la classe des instruments d'objectivation[2], dont une bonne analyse a été élaborée par Pierre Lascoumes et Patrick Le Galès dans leur cadre d'analyse des instruments des politiques publiques,

---

[2] Par « objectivation », on entend les processus de représentation des phénomènes sociaux et naturels. Ces processus mettent en jeux des actions de mesure, d'enregistrement des données, d'analyse des données et de représentation de celles-ci. Ces processus sont étudiés par les épistémologues quand ils concernent les représentations scientifiques, et par les sociologues quand ils concernent les représentations construites par les institutions politiques ou sociales.

largement inspiré par les travaux d'Alain Desrosières sur la statistique. Selon ce cadre d'analyse, les instruments étatiques d'objectivation, et plus largement tous les instruments des politiques publiques, peuvent être analysés de deux façons (Lascoumes et Le Galès, 2004, 16, 28) : en tant qu'institutions, ils ont une efficacité propre qui peut être détaillée ; par ailleurs, parce qu'ils sont modelés par les variables socio-économiques, ils peuvent servir d'outils heuristiques pour analyser les évolutions des institutions politiques.

L'étude des « effets » des SIG sur la société a fait l'objet de nombreux travaux depuis une quinzaine d'années, dans le sillage de la tradition « critique » de la cartographie (Crampton et Krygier, 2006). Sur le plan politique, les auteurs ont relevé leur rôle dans les guerres contemporaines (Smith, 1992), dans la capacité de surveiller les individus (Curry, 1997), dans la modélisation des frontières (Starr, 2002), dans la planification administrative (Lake, 1993) et notamment au niveau local (Polombo, 2007). Sur le plan des organisations non-étatiques, le rôle des SIG est bien analysé dans les organismes communautaires urbains (Elwood, 2006), dans les groupes sociaux marginalisés (Sieber, 2004) et dans la gestion locale des ressources naturelles (Kyem, 2002).

Par contre, les SIG n'ont pas été analysés en tant qu'objets heuristiques permettant de décrire les évolutions des institutions politiques. Des travaux ont certes été menés pour analyser la façon dont les variables sociales, économiques, politiques et organisationnelles influent sur leur développement (Sieber, 2000 ; Martin, 2000). Mais dans la mesure où

Les instruments d'objectivation sont donc des dispositifs techniques qui mobilisent deux types d'instrument : les instruments d'observation/mesure du monde et les instruments d'enregistrement/représentation de la mesure, de manière à pouvoir « mesurer et représenter ».
Les instruments d'objectivation ont été étudiés par le « programme fort » (Bloor, 1999) de la sociologie des sciences à travers l'analyse des instruments scientifiques de représentation visuelle et auditive des phénomènes naturels (Lynch, 1985 ; Knorr Cetina, 1992) ; par les historiens et les anthropologues attentifs aux « techniques d'inscription » à travers l'analyse des représentations graphiques (Goody, 1979), orthographiques (Bottéro, 1987) ou livresques (Martin, 1996) ; enfin par la sociologie politique à travers l'analyse des dispositifs statistiques (Desrosières, 2000) ou cartographiques (Harley, 1989 ; Crampton, 2004 ; Lascoumes, 2007), et par les auteurs anglo-saxon qui ont, à la suite des travaux de Foucault, approfondi le concept de « gouvernementalité » et étudié les instruments qui construisent la capacité de « vision » des gouvernements (Barry, Osborne et Rose, 1996 ; Burchell, Gordon et Miller, 1991 ; Dean, 1999 ; Rose, O'Malley et Valverde, 2006 ; Walters, 2002).

ils sont réalisés par des géographes qui sont surtout intéressés par les SIG en eux-mêmes, ils n'ont pas servi à développer l'analyse des changements des institutions politiques.

C'est cette piste heuristique que nous suivons dans cet article. Nous y analysons ce que la mise en place d'un SIG de l'ampleur d'INSPIRE révèle de la construction du mode de régulation de l'Union européenne. Nous suivons ainsi l'approche défendue par Emmanuel Henry et Jay Rowell (2007, 206-207), qui considèrent les instruments d'objectivation comme une entrée privilégiée pour l'étude des nouvelles formes de gouvernement de l'Europe :

> « Si la capacité de monopolisation et de centralisation de l'Europe est sans commune mesure avec celle des États européens à leur apogée au XXe siècle, l'analyse de la production et de l'usage des instruments d'objectivation constitue une entrée privilégiée pour analyser certaines nouvelles formes de gouvernement. Celles-ci résultent d'un processus d'unification et de totalisation d'un nouvel espace politique qui s'opère par des discours, des indicateurs statistiques, des catégories juridiques, à travers lesquels s'impose, et se naturalise une nouvelle échelle d'intervention politique comme espace légitime de traitement de problèmes apparaissant désormais comme "européens". »

Plus précisément, nous analysons ce que le développement d'INSPIRE, en tant que dispositif technique d'objectivation de l'environnement, nous permet de comprendre de l'évolution des institutions européennes[3]. Nous commençons par une discussion théorique sur le rôle des processus d'objectivation dans les États modernes afin de montrer que ceux-ci visent à créer des domaines de régulation légitimes pour les administrations centrales. Nous montrons également que la forme des instruments d'objectivation dépend des relations entre les administrations centrales et les administrations locales. L'hypothèse de recherche que nous testons dans cet article est que les institutions européennes, afin de créer des domaines d'action légitime, mettent en place des instruments d'objectivation prenant une forme non-centralisée. Autrement dit : INSPIRE participe-t-il à la légitimation de la régulation

---

[3] Cet article s'appuie sur une étude de cas. Nous ne procédons à aucun moment à des comparaisons avec d'autres SIG. Nous avons ailleurs justifié cette posture méthodologique (Sibille, 2009, 53-62) en montrant ce que les monographies peuvent apporter aux processus d'abstraction théorique. Nous renvoyons également aux travaux de Fabien Desage (2006) sur ce point.

européenne par la mise en place d'un dispositif technique d'objectivation européenne de l'environnement ? La capacité d'objectivation de l'environnement dont INSPIRE dote l'administration centrale européenne est-elle construite selon les spécificités propres à la « gouvernance » européenne ?

L'analyse empirique d'INSPIRE[4] nous permet de démontrer que le développement d'une capacité d'objectivation européenne de l'environnement répond bien à la volonté des acteurs européens de renforcer leur légitimité dans la régulation de ce domaine, sans que le dispositif technique d'objectivation ne soit centralisé : INSPIRE ne fonctionne pas par une centralisation des savoirs, mais par la mise en réseaux de savoirs appartenant à différents niveaux de gouvernement, confirmant ainsi certaines théories sur la « gouvernance » européenne.

Les instruments d'objectivation dans la construction des institutions de l'UE

L'intérêt heuristique des instruments des politiques publiques a été, on l'a vu, bien documenté par Lascoumes et Le Gallès (2005, 28) : « les choix d'instruments sont significatifs des choix de politiques publiques et des caractéristiques de ces dernières. On peut alors les envisager comme des traceurs, des analyseurs des changements. Le type d'instrument retenu, les propriétés de celui-ci et les justifications de ces choix nous semblent souvent plus révélateurs que les exposés des motifs et les rationalisations discursives ultérieures ». Parce qu'il existe un lien entre le type et la forme des instruments déployés et les systèmes politiques dans lesquels ils s'inscrivent, leur étude permet d'analyser les évolutions des institutions politiques.

Que peuvent nous apprendre la forme des instruments d'objectivation et les objectifs qui leurs sont assignés sur le système politique européen ?

---

[4] Nous avons d'abord procédé à l'analyse des textes officiels (directive INSPIRE et directives associées) et de la très vaste documentation technique fournie par les groupes d'experts mobilisés en amont de la rédaction finale de la directive. Puis nous avons réalisé vingt entretiens avec les responsables du projet, tant au sein des institutions européennes que dans les États membres (nous nous référons aux entretiens par des numéros attribués à chacun d'entre eux de façon aléatoire – de façon à respecter l'anonymat de nos contacts). Ces entretiens ont enfin été approfondis à travers une correspondance écrite.

Pour répondre à cette question, il faut commencer par la replacer dans les réflexions théoriques qui décrivent les formes contemporaines de la régulation européenne. Depuis que la Commission européenne a formalisé, dans son *Livre blanc sur la gouvernance européenne* publié en juillet 2001, le nouveau mode de régulation qu'elle entend promouvoir, les analystes ont été nombreux à appliquer les théories sur la « gouvernance »[5] à l'Union européenne (Jenson, 2002 ; Radaelli, 2003). Dans leurs analyses de la « gouvernance » européenne, ils soulignent l'emphase mise sur les processus non coercitifs de régulation, qui visent à orienter les décisions des États membres et l'action des acteurs non-étatiques européens par des mécanismes d'évaluation et de comparaison plutôt qu'à les contraindre par la loi : il s'agit d'inciter plutôt que de sanctionner. Ils décrivent également une modification des frontières entre acteurs publics et acteurs privés en intégrant la société civile à la décision publique, l'accent mis sur la coordination de différents niveaux (également appelés « paliers ») de gouvernement, le large usage d'instruments d'objectivation des politiques publiques mises en place par les État membres (indicateurs, *benchmarking*, *monitoring*, comparaisons etc.).

Les instruments d'objectivation semblent particulièrement importants dans la panoplie d'instruments déployés dans le cadre de la

[5] Les études sur la « gouvernance » s'attachent à décrire « *a change in the meaning of government, referring to a new process of governing* » (Rhodes, 1997, 15). La pertinence scientifique du concept de « gouvernance » et son caractère normatif (Idema et Kelemen, 2006 ; Hermet, 2004) ont largement été discutés. Afin de souligner les débats qui continuent d'entourer le concept et de signifier que nous nous référons au concept forgé par la science politique et non à celui définit par les institutions publiques (suivant en cela l'avertissement de Pierre Bourdieu (1993) lorsqu'il rappelait le danger qu'il y a à trop rapidement embrasser les catégories construites par l'État), et notamment par les institutions européennes, nous mettons le terme entre guillemets. Plusieurs typologies des approches de la « gouvernance » ont été esquissées (Dunsire, 1999, 371-377 ; Hirst, 2000, 14-19). Une des idées principales développées par ces auteurs est que l'État ne serait plus qu'un acteur parmi d'autres dans la définition et l'application de la règle : « *the main point here is that political institutions no longer exercice a monopoly of orchestration of governance* » (Pierre, 2000, 4), ce qui conduit à un mouvement de la ligne de partage entre institutions étatiques centrales et locales d'une part, et, d'autre part, institutions publiques et privées (Peters et Pierre, 1998, 225-226) au profit de ces dernières. Les analystes de la « gouvernance » ont fréquemment posé la question des instruments de politiques publiques qui y sont déployés. Andrew Jordan, Rüdiger K. W. Wurzel et Anthony R. Zito (2003, 9) proposent ainsi une typologie de ces instruments pour ce qui concerne la régulation de l'environnement. Ils recensent les « *market-based instruments* », les « *voluntary agreements* » et les « *informational devices* ».

« gouvernance » européenne. Denis Saint-Martin (2004, 8) écrit par exemple : « *Benchmarking, social indicators, peer review, multilateral surveillance, scoreboards, trend-charts and the setting of measurable targets are among the new modes of governance deployed to promote policy learning and diffusion* ». Adrienne Héritier (2001, 4) ajoute à cette liste les processus de persuasion et de standardisation du savoir. La détermination « d'objectifs » (*target setting)* implique des méthodes d'évaluation très précises, alimentées par des informations fournies par les Etats-membres. Elle ne peut être instaurée que dans la mesure où les participants acceptent de fournir l'information (Dorf et Sabel, 1998, 338). Ces évaluations mettent en œuvre, en amont, des processus de mesure et de suivi (*monitoring*) de variables identifiées et quantifiées. La construction des « indicateurs » (*indicators*) qui permettent mesures et comparaisons est donc un enjeu central. L'importance de ces indicateurs est par exemple soulignée (Trubeck et Trubeck, 2005, 349) dans la stratégie européenne pour l'emploi dans laquelle trente-cinq indicateurs ont été déloyés afin de mesurer la progression vers les objectifs fixés dans les lignes directrices. Enfin, l'instrument le plus souvent cité dans les analyses, certainement parce qu'il fait la synthèse de l'ensemble des instruments cités, est le « *benchmarking* ». Ce dernier :

> « ne se limite donc pas à l'action de comparer : il recouvre tout à la fois les préparatifs en amont (énoncé des problèmes, quantification des indicateurs, fixation des objectifs et des calendriers) et le suivi en aval (peer review, publication de palmarès, streamlining des lignes directrices). [...] Les nouveaux champs investis par l'Union, sous la bannière de la MOC, ne font plus l'objet d'une intégration par le droit mais d'une européanisation par le chiffre... » (Bruno, 2007).

Aucun des instruments d'objectivation que nous avons décrits ci-dessus ne sont neutres. Comme le rappelle fort justement Claudio Radaelli (2003, 40), choisir un ensemble d'indicateurs, définir ce que sont les « bonnes pratiques » ou écrire les « lignes directrices » sont des processus politiques.

Quel rôle jouent les instruments d'objectivation pour les institutions de l'Union européenne ? Une façon de répondre à cette question consiste à détailler ce qu'a été le rôle des instruments d'objectivation pour la construction des États nations, du XVIIIe au XXe siècle. Ici, les analyses socio-historiques menées dans le prolongement des travaux de Weber, et plus tard de ceux de Foucault, sont utiles. Dans cette tradition, les travaux de Dietrich Rueschemeyer et Theda Skocpol (1996) sont intéressants. Ils s'appuient en effet sur l'étude des origines des politiques sociales modernes pour comprendre les relations entre l'État et le savoir social (« *social knowledge* »). Ce faisant, ils se situent dans le sillage des travaux de Max Weber (1995, 299) sur les liens entre d'administration moderne et le développement des savoirs séculiers. Une des idées centrales défendue par les auteurs est que les entreprises de création de savoirs sociaux mises en œuvre par les institutions étatiques, au premier rang desquelles l'entreprise statistique, ont eu pour effet de constituer des domaines d'intervention légitimes pour les administrations modernes :

> « *Official statistical capacities afforded technical supports for certain kinds of legislation and administration, and they also helped to make extra-state actors comfortable with the idea that government should actively address social problems* » (Rueschmeyer et Skocpol, 1996, 11).

Les savoirs statistiques modernes légitiment la régulation parce que les sociétés occidentales partagent la même croyance en leur validité (March et Olsen, 1989, 50). Cette croyance est bien sûr propre à l'histoire de l'Occident moderne. Depuis le XVIe siècle, les acteurs de l'État envisagent la société comme une réalité naturelle sur laquelle ils pensent pouvoir agir efficacement grâce aux savoirs qu'ils détiennent : telle est pour Michel Foucault (2004, 74) la forme spécifiquement moderne des techniques de gouvernement. L'administration à distance des choses (la naturalité humaine, c'est-à-dire la population et son milieu) selon les lois naturelles de la société demande le développement d'un savoir sur ces choses. Il faut donc mettre en place un appareil administratif qui ne soit pas uniquement l'agent d'exécution de la loi, mais « qui soit en même temps un appareil de savoir » (Foucault, 2004, 280). Autrement dit, un changement fondamental s'opère entre le XVIe et le XVIIIe siècle dans l'appareil administratif de l'État : sa finalité n'est plus d'imposer l'ordre de Dieu ou celui de la Polis, mais de connaître la nature de la société pour jouer sur les forces qui la composent. De répondre, donc, à « une volonté de savoir » (sous-titre de Foucault, 1976). C'est ainsi précisément au XVIIIe siècle – siècle au cours duquel les instruments de savoir l'emportent sur les instruments de la légalité – que les États européens se livrent à un immense effort de compilation de données statistiques.

Notre proposition théorique est donc que les instruments d'objectivation modernes servent à créer des domaines d'interventions étatiques et à les rendre légitimes. Nous suivons en ceci Nikolas Rose et Peter Miller (1992, 186) :

> « *The accumulation of inscriptions in certain locales, by certain persons or groups, makes them powerful in the sense that it confers upon them the capacity to engage in certain calculations and to lay a claim to legitimacy for their plans and strategies because they are, in a real sense, in the know about that which they seek to govern.* »

L'histoire de l'usage de l'instrument statistique dans la construction des États modernes renforce cette analyse théorique. Alain Desrosières (1997, 278) montre en effet que l'instrument statistique sert avant tout à l'objectivation des phénomènes sociaux de façon à créer les espaces communs de discussions nécessaires aux décisions collectives. Cette objectivation a un coût important, de par les organisations qu'elle mobilise et les institutions qu'elle met en jeu, mais elle est nécessaire pour créer les bases d'un accord entre des acteurs à la fois dispersés et hétérogènes. En effet, les décisions politiques doivent se fonder sur des « objets de pensée » – le chômage, la pauvreté, l'environnement – qui sont « stables », c'est-à-dire reconnus par tous comme des descriptions objectives du monde et pérennes dans le temps : « La rationalité d'une décision, qu'elle soit individuelle ou collective, est liée à sa capacité à prendre appui sur des choses dotées de sens stable, permettant d'établir des comparaisons et des équivalences » (Desrosières, 2000, 13).

Par ailleurs, la forme des instruments d'objectivation dépend de variables institutionnelles, et notamment du rapport entre les administrations centrales et locales (Desrosières, 2000, 181-182). Ainsi, dans les États décentralisés, il y a disjonction de la statistique et du territoire de l'État nation dans la mesure où la représentation statistique des phénomènes est opérée au niveau régional : l'autorité centrale ne procède pas à une agrégation de niveau national de toutes les données, mais juxtapose les données agrégées au niveau régional. La problématique est alors celle du rapport entre les centres et les périphéries. Dans ces États, les autorités locales ont des compétences étendues, et font un large usage de l'information statistique. Ici, la problématique est double : soit l'État central parvient à agréger puis à redisperser l'information statistique auprès des autorités locales ; dans ces cas-là, il joue un office typique de production de normes et de standards ; soit l'information est produite localement.

« Dans ce cas, les informations produites en divers lieux du territoire national ne sont plus comparables et agrégeables. De ce point de vue, l'unification ou la dispersion de l'information produite dans un pays reflète son unification et sa dispersion politique et administrative. » (Desrosières, 1997, 276).

INSPIRE, ou comment un instrument d'objectivation peut légitimer l'action de l'Union européenne dans le domaine environnemental

L'importance des politiques environnementales dans la régulation l'Union européenne ne fait guère de doute. L'action régulatrice de l'Union européenne y a été particulièrement abondante depuis 1972, et de très nombreuses directives ont été votées puis transposées pour réguler la gestion de l'eau, de la pollution atmosphérique, des milieux naturels, des objets polluants, des objets bruyants etc. Cette régulation se fonde sur la base juridique de l'Union, qui réserve à l'environnement une place importante : l'Acte unique (1986) a fait entrer le sujet dans le traité instituant la Communauté européenne ; le traité sur l'Union européenne (1992) l'a élevé au rang de politique à part entière ; le traité d'Amsterdam (1997) le consolide et soumet les objectifs économiques à la recherche « d'un niveau élevé de protection et d'amélioration de la qualité de l'environnement ». Dernièrement, la volonté de l'UE de réguler l'environnement été confirmée dans le cadre du 6e Programme d'action communautaire pour l'Environnement[6]. Cette prise de compétence a été bien documentée. Kelemen (2000, 150-151) montre qu'elle résulte de trois phénomènes : la prise de conscience par les opinions publiques de la crise environnementale a ouvert aux institutions européennes l'opportunité de gagner en légitimité en produisant une régulation relativement consensuelle ; la régulation du secteur environnemental leur ouvrait un nouveau champ de compétence ; elle permettait de protéger le fonctionnement du marché commun, menacé par la mise en place de barrières commerciales liées aux divergences entre les pays dans la mise en place de standards environnementaux.

Or, « un certain nombre de problèmes se posent en ce qui concerne la disponibilité, la qualité, l'organisation, l'accessibilité et la mise en commun des informations géographiques nécessaires pour atteindre les

---

[6] Parlement européen et Conseil (2002).

objectifs fixés dans ledit programme »[7]. Il y a un problème d'informations concernant les politiques environnementales. Celui-ci n'est pas lié à la mise à disposition du grand public d'informations sur l'environnement et sur les politiques qui le concernent, car cette mise à disposition est d'ores et déjà organisée par un certain nombre de directives : l'accès public aux informations environnementales est réglé par une directive[8] datant de 2003 ; la réutilisation des informations du secteur public est encadré par une directive datant également de 2003[9].

Le problème soulevé concerne les décideurs publics eux-mêmes : ils manquent de données fiables pour mettre en œuvre et évaluer les politiques publiques dont ils ont la charge. Le principal objectif d'INSPIRE est bien, selon les textes, de doter les administrations européenne d'un « *savoir sûr* » de l'état de l'environnement européen. L'un des premiers documents de proposition de la directive INSPIRE émis par la Commission[10] est, dès les premières lignes, sans équivoque sur ce point :

> « Il n'y a pas de bonne politique sans informations de bonne qualité ni participation d'un public informé. Les décideurs ont reconnu la complexité croissante et l'interconnexion des questions qui touchent aujourd'hui la qualité de la vie, ce qui influe sur la façon dont les nouvelles politiques sont formulées. Par exemple, le 6e Programme d'action communautaire dans le domaine de l'environnement souligne que la politique de l'environnement doit être fondée sur une bonne connaissance et une participation en connaissance de cause, et que cette nouvelle approche transforme la façon dont les décisions de politique environnementale de l'UE sont prises. »

L'objectif principal est de fournir aux autorités européennes les informations géographiques nécessaires à l'implémentation et à l'évaluation de politiques environnementales complexes.

Autrement dit, le déploiement d'INSPIRE répond au fait que les politiques européennes environnementales sont affaiblies par l'absence d'une *objectivation unifiée* de leur objet, « l'environnement européen ». Les politiques environnementales européennes sont fondées sur des informations hétérogènes, dispersées et provenant d'autorités différentes :

---

7 Selon la directive INSPIRE (Parlement européen et Conseil, 2007, 1).
8 Parlement européen et Conseil (2003a).
9 *Ibid.* (2003c).
10 Commission des Communautés européennes (2004, 1).

« L'accès aux informations géographiques et leur utilisation demeurent problématiques en Europe. Les principaux problèmes sont liés aux lacunes de données et de documentation, à l'incompatibilité des séries de données spatiales et des services du fait des différences de normes et des obstacles au partage et à la réutilisation des données spatiales[11]. »

L'environnement européen, comme espace naturel et social, n'est pas objectivé en tant que tel : il est l'agrégat d'objectivations nationales indépendantes, comme l'environnement français, l'environnement belge, ou d'informations issues d'autres programmes communautaires, comme le programme Galiléo[12], le programme GMES[13], le programme de prévention et de contrôle de la pollution ou encore le programme d'évaluation des interactions entre la forêt et l'environnement[14].

Or la superposition de visions nationales des enjeux environnementaux pose un certain nombre de problèmes dans la régulation de l'environnement. Tout d'abord parce que les enjeux environnementaux ne respectent pas les frontières politiques. C'est notamment le cas dans le secteur des risques environnementaux. Un des acteurs que nous avons interrogés nous en donne deux exemples : tout d'abord, celui des inondations. Si le bassin du Rhin dans sa partie allemande est inondé, il ne fait aucun doute que l'inondation va tôt ou tard toucher les Pays-Bas. Ici, l'absence de critères de mesure harmonisés entre les deux pays pose un problème d'anticipation du risque. Autre exemple : celui de feux de forêts dans des zones frontalières. En l'absence de données topographiques harmonisées, qui utilisent des deux côtés de la frontière la même légende et le même système de projection, l'intervention aérienne (hélicoptères et canadaires) est rendue dangereuse[15].

Ensuite parce que la superposition des visions nationales de l'environnement européen pose un important problème d'actualisation des données. Dans la mesure où les acteurs européens doivent tout d'abord se livrer au lourd exercice d'obtention des données auprès des autorités nationales puis de leur agrégation, les données environnementales sont peu souvent actualisées. Cela ne pose guère de problème pour les données

---

11 Commission des Communautés européennes (2004, 4).

12 Conseil de l'Union européenne (2002).

13 Commission des Communautés européennes (2004b).

14 Parlement Européen et Conseil (2003b).

15 Ces deux points nous ont été communiqués par un des responsables d'INSPIRE, interview réalisée par l'auteur, juillet 2007.

qui évoluent peu (par exemple celles qui concernent la gestion des couches géologiques), mais en lève de sérieux dans les domaines où la situation change rapidement (par exemple celles qui concernent l'érosion des sols).

D'où la nécessité de créer un dispositif technique permettant de construire, à partir de données nationales, une objectivation européenne de l'environnement : c'est là l'objectif d'INSPIRE. Le mouvement général de la construction de cette vision est « *bottom-up* ». Il s'agit de construire la « vue » de niveau supérieur par agrégation des données obtenues à un niveau inférieur[16]. Cela passe par la mise en réseau de l'ensemble des Systèmes d'information géographiques (SIG) nationaux touchant à l'environnement. Celle-ci s'appuie d'un côté sur un réseau distribué de bases de données, et d'un autre côté sur des applications permettant d'interroger et de travailler les données de ce réseau. Les bases de données géographiques sont reliées grâce à des standards communs et des protocoles permettant la compatibilité et l'interopérabilité des données et des services[17]. Elles sont accessibles *via* les réseaux informatiques à travers plusieurs protocoles, de la requête simple (http) au téléchargement d'un ensemble de données (ftp). Les applications logicielles permettant l'interrogation et le travail des données sont réunies sur un « portail » accessible en ligne. Elles comprennent des fonctions de requête, de vision et d'analyse des données. Dans cette architecture, les catalogues de métadonnées sur les données et les applications sont absolument centraux : ce sont eux qui permettent de lier la requête de l'utilisateur aux bases de données comportant les données recherchées et aux applications adéquates pour leur traitement[18].

Cette architecture informatique permet à INSPIRE de créer une objectivation proprement européenne de l'environnement, et ce pour deux raisons. Premièrement, elle permet la construction de cartes paneuropéennes de petite échelle à partir de données nationales détaillées compatibles entre elles, à jour et immédiatement accessibles. Pour la première fois, on peut construire des représentations de l'environnement européen qui ne sont pas la somme des visions nationales. Deuxièmement, l'objectivation de l'environnement organisée par INSPIRE est

---

16 Documentation technique sur INSPIRE, Groupe de travail ETC (2002, 67).
17 *Ibid.*, (15-23).
18 *Ibid.*, (14).

proprement européenne dans la mesure où la définition de « l'environnement » a été réévaluée dans le cadre de la négociation qui a précédé l'adoption de la directive. Plusieurs représentants nationaux nous ont confié[19] que la définition de l'environnement véhiculée par INSPIRE est beaucoup plus large que celle utilisée dans les États membres. Elle touche par exemple aux données suivantes : les réseaux de transport ; l'hydrographie ; les sites protégés ; l'altitude ; l'occupation des terres ; l'ortho-imagerie ; la géologie ; les unités statistiques ; les bâtiments ; les sols ; l'usage des sols ; la santé et la sécurité des personnes ; les services d'utilité publique et services publics etc...[20]

Deux exemples de cette redédifinition de l'environnement dans l'objectivation qu'en fait l'UE méritent d'être détaillés : parmi les données retenues par la Commission pour être inclues dans INSPIRE figurent des données qui ne font pas partie des compétences usuelles du ministère danois de l'Environnement – notamment les données qui touchent aux transports, à l'usage des sols, les caractéristiques géographiques météorologiques et océanographiques[21]. L'exemple de l'Allemagne est encore plus éloquent puisque la grande majorité des données intégrées à INSPIRE ne font pas partie des bases de données détenues par les autorités allemandes en charge de l'environnement[22].

Cet élargissement de la définition du secteur environnemental à l'œuvre dans INSPIRE peut conduire à des réorganisations dans les secteurs administratifs nationaux. Celles-ci ne sont pas au cœur de notre propos : nous les mentionnons simplement pour montrer que la vision de l'environnement créée par la directive est strictement européenne : les critères de mesure de l'environnement européen sont différents des critères utilisés dans les États membres.

***

---

19 Interviews réalisées par l'auteur, juillet 2007.

20 Selon la directive INSPIRE (Parlement européen et Conseil, 2007, annexes 1, 2, 3).

21 Correspondance de l'auteur avec un des responsables d'INSPIRE, été 2007.

22 *Ibid.*, automne 2007.

INSPIRE est donc bien un instrument d'objectivation d'un domaine politique de l'Union européenne. Les acteurs qui l'ont conceptualisé et mis en place visaient à renforcer la légitimité de la régulation européenne en augmentant la capacité d'analyse environnementale des décideurs européens. Cela correspond à la volonté exprimée dans le 6e Programme communautaire d'action pour l'Environnement :

> « Des connaissances scientifiques solides et des analyses économiques fondées, des informations et des données fiables et à jour sur l'environnement, ainsi que l'utilisation d'indicateurs, viendront étayer l'élaboration, la mise en œuvre et l'évaluation de la politique environnementale[23]. »

Cette augmentation de la capacité d'analyse passe notamment par la création d'une objectivation européenne de l'environnement, c'est-à-dire une objectivation qui ne soit pas cloisonnée par les frontières nationales : « En l'absence d'un cadre harmonisé au niveau communautaire, la formulation, la mise en œuvre, le suivi et l'évaluation des politiques nationales et communautaires qui affectent directement ou indirectement l'environnement se heurteront aux obstacles à l'exploitation des données spatiales transfrontières nécessaires aux politiques concernant des problèmes à caractère transfrontière »[24]. Il s'agit là d'une volonté tout à fait comparable à celle qui a motivé la création d'instruments d'objectivation par les États modernes.

INSPIRE, ou comment la décentralisation des processus d'objectivation peut participer au renforcement du pouvoir central

La représentation de l'environnement européen opérée par INSPIRE n'est pas construite par la centralisation de savoirs locaux. Les informations restent détenues par les États membres : les bases de données sont maintenues sur leurs lieux de production. On n'assiste donc pas à une centralisation des informations, mais à leur « mise en compatibilité ». L'idée est que, en rendant compatibles les informations détenues par les États membres sous des formats différents, on peut construire une représentation unifiée à partir de données décentralisées[25].

---

23 Commission des Communautés européennes (2001, 6).

24 *Ibid.*, (2004, 4).

25 Selon la directive INSPIRE (Parlement européen et Conseil, 2007, Considérant 6). Sur l'interopérabilité, se reporter également au Considérant 16.

Dans la mesure où la « mise en compatibilité » des bases de données est un processus long et coûteux, la Commission a décidé d'un agenda progressif : dans un premier temps, et selon les données considérées, les États peuvent ne pas modifier leurs bases de données, et simplement ajouter sur celles-ci un « filtre » qui les transforme de façon à ce qu'elles soient compatibles entre elles. Il s'agit là d'une harmonisation par une transformation à la volée des données, plutôt qu'une harmonisation profonde des données elles-mêmes. Selon la directive (art. 7.3, nous soulignons), « *spatial data sets shall be made available in conformity with the implementing rules either through the adaptation of existing spatial data sets* or through the transformation services referred *to point (d) of Article 11* (1) ». Une première harmonisation « artificielle » des données a donc lieu par l'ajout sur les bases de données de petits programmes de traduction. Cette solution a été retenue pour éviter les coûts très importants d'une harmonisation immédiate des bases de données, coûts liés aux transformations technologiques ainsi qu'à la formation des personnels[26]. C'était là un enjeu majeur pour que les États membres acceptent la directive.

Pour bien nous faire comprendre ce point, un de nos interlocuteurs[27] nous a raconté la situation suivante. Pour ce qui concerne les données sur les sols, les pays européens utilisent le modèle de nomenclature fournit par l'Organisation des Nations unies pour l'alimentation et l'agriculture. Cependant, la Hongrie possède sa propre nomenclature nationale. Celle-ci n'est pas compatible avec la nomenclature du FAO, si bien qu'il est actuellement impossible d'avoir une vision directement européenne des « sols » européens. Il faut toujours passer par une mise en conformité des données hongroises. INSPIRE vise précisément à répondre à ce type de situation. Dans ce cas, la base de données hongroise comporte des données d'échelle intermédiaire (c'est-à-dire assez précises) : il reviendrait donc très cher à la Hongrie de changer complètement son système de nomenclature. Aussi, le choix lui est-il donné de mettre en place un simple filtre qui, ajouté par dessus la base de données, « traduit » les données de façon à les rendre compatibles avec la nomenclature européenne.

---

26 Interview réalisée par l'auteur, août 2007.
27 *Ibid.* juillet 2007

Il faut comprendre ce processus d'harmonisation comme un processus large : il ne s'agit pas seulement d'harmoniser les bases de données, mais également les savoir-faire des femmes et des hommes qui les manipulent. L'un des buts d'INSPIRE est également d'amener les gestionnaires nationaux de ces bases de données à communiquer entre eux, à échanger leurs expertises, à mettre en commun leurs pratiques[28].

Comme dans tout processus d'harmonisation, des difficultés sont apparues. Ainsi, si les États membres sont parvenus à s'entendre sur l'harmonisation progressive des bases de données, ils n'ont pu étendre celle-ci aux licences appliquées aux données, qui divergent assez sensiblement entre les États. Aussi l'harmonisation du cadre de la propriété intellectuelle, si elle n'est pas totalement abandonnée, est remise à plus tard : « La présente directive n'affecte pas l'existence ou la titularité de droits de propriété intellectuelle par des autorités publiques[29]. » Seuls un certain nombre d'éléments devant être spécifiés par ces licences ont été définis[30].

Enfin, il est intéressant de noter que le processus d'harmonisation concerne également les États membres. En effet, INSPIRE leur permet d'harmoniser leurs relevés sur leur territoire. Il y a donc un enjeu, au sein même de chaque État membre, de standardisation des informations. Nos interlocuteurs – qui sont des technocrates au service des États centraux – présentent généralement cet effet de la directive comme une conséquence positive quoi qu'inattendue[31].

On peut cependant se demander dans quelle mesure cette conséquence n'a pas été anticipée et motivée l'adoption de la directive :

> « *If Member States want to use INSPIRE in a clever way, they will use it to streamline every thing in their country and to collaborate in the same way as they collaborate with the EU level with the other levels... This is known in a good way for Germany and Spain*[32]. »

Cependant, la forme non-centralisée de gestion de l'information organisée par INSPIRE ne doit pas laisser penser que cette non centralisation induise un recul du pouvoir de l'autorité centrale : il semble en

---

28 Interview menée par l'auteur, juillet 2007.

29 Selon la directive INSPIRE (Parlement européen et Conseil, 2007, art. 2).

30 Documentation technique sur INSPIRE, (Groupe de travail DPLI, 2002, 19).

31 Interview réalisée par l'auteur, août 2007.

32 *Ibid.*, juillet 2007.

effet que les services de la Commission soient sortis renforcés par la mise en place de la directive.

La directive INSPIRE a été initiée par les services de la Commission. Trois services ont été mobilisés : la direction générale de l'Environnement, Eurostat et le Centre commun de recherche (CCR). La DG Environnement était responsable de la partie politique du projet, Eurostat de l'aspect opérationnel et le CCR du développement technologique. Un de nos interlocuteurs insiste particulièrement sur le fait que l'ensemble du processus répond à une volonté de la Commission : « *it was the wish of the Commission [...] to have better databases for the environment. The process was not iniated by the Member States...*[33]. » Le rôle de la Commission a été particulièrement important lors du choix, crucial, des thèmes couverts par les données. Si des consultations publiques ont été tenues pour opérer le choix[34], ce sont les services de la Commission qui ont fini par trancher.

Plusieurs de nos informateurs attirent notre attention sur un effet important d'INSPIRE dans les relations entre la Commission et les États membres. L'un de nos interlocuteurs évoque ainsi l'allègement qu'INSPIRE va apporter aux États membres en termes de « reporting requirements ». Pour travailler à l'Agence européenne de l'environnement, il connaît le poids des obligations de reporting qui pèsent sur les États membres. Or INSPIRE va permettre à ceux-ci d'être dispensés de ce genre de procédures, dans la mesure où l'infrastructure permet aux autorités européennes d'aller elles-mêmes chercher les informations dont elles ont besoin[35]. Delphine Nivière (2005, 38-40) avait déjà relevé les problèmes d'obtention des données par Eurostat auprès des offices nationaux.

Mais cet allègement est à double tranchant : paradoxalement, si les procédures de reporting deviennent plus légères pour les États membres, elles sont renforcées. À travers INSPIRE, les services de la Commission peuvent d'une part accéder aux données des États membres quand ils le souhaitent, et, d'autre part, accéder à des données beaucoup plus

---

33 Interview réalisée par l'auteur, septembre 2007.

34 Un de nos informateurs confirme que la Commission a scrupuleusement respecté les procédures de consultation décrites dans un des documents. La consultation publique, notamment via internet, a bien été menée – mais seuls les experts et la société civile organisée y ont effectivement pris part.

35 Interview menée par l'auteur, juillet 2007.

détaillées que celles fournies *via* les procédures de « *reporting* » classiques, permettant de la sorte une bien meilleure évaluation des politiques publiques environnementales :

> « *Often in Brussels, they do not have access to the more detailed information in the Member States; so they receive a lot of letters of complaints [... such as] "a new road has been planified in a region X and it will cross sites of Natura 2000 and it will have an impact" etc... So, for people in Brussels, it's very difficult to understand [les problèmes qui se posent sur le terrain]. So what they tried to do until now, is to collect all this information from Member States through reporting... A very complex process but always incomplete and very difficult to interpret. So we hope that with INSPIRE in place it would make all these monitoring of the policies implemented in the Member States easier for the people in Brussels, but* vice et versa *also*[36]. »

En cela, INSPIRE participe bien d'un mouvement de renforcement du pouvoir des services de la Commission qui peuvent à présent construire une représentation de l'environnement européen sans être tributaire de la bonne volonté des États membres.

***

Deux éléments peuvent, selon nous, être retenus de notre travail d'enquête et d'analyse d'INSPIRE. Nous avons tout d'abord voulu montrer les vertus heuristiques de l'analyse d'instruments d'objectivation pour la science politique. Les instruments d'objectivation sont rarement analysés. Cette rareté analytique est peut-être liée au fait que leur étude peut sembler ingrate, ou moins « noble » que celle des « savoirs » en tant que tels parce qu'elle porte sur des instruments qui peuvent sembler anecdotiques et pourtant permettent l'inscription des objectivations dans des supports stables, l'utilisation de tableaux, de diagrammes, de graphiques, de dictaphones, de machines à écrire, de fiches (Walters, 2002, 91). Cette rareté peut également être expliquée par le fait que l'analyse des instruments d'objectivation s'appuie sur des connaissances techniques qui font rarement partie du corpus de connaissances des politologues. Les meilleures analyses politiques de ces instruments sont généralement produites par des auteurs qui ont travaillé longuement dans des domaines éloignés de la science politique, et s'appuient sur cette expérience pour produire leurs analyses : Alain

---

36 Interview menée par l'auteur, juin 2007.

Desrosières est un statisticien qui s'est fondé sur sa remarquable maîtrise des outils statistiques pour en livrer une histoire politique ; John B. Harley a longuement étudié la cartographie avant d'en proposer une critique politique.

Ensuite, sur le plan des théories portant sur la « gouvernance » européenne, notre enquête a d'une part montré qu'INSPIRE est bien un instrument de construction de la légitimité de la « gouvernance » européenne dans le domaine de l'environnement : en construisant une infrastructure technique qui permet d'obtenir et d'agréger les données les plus proches possibles du terrain et les plus à jour, INSPIRE dote l'Union européenne d'une capacité d'objectivation qu'elle peut mobiliser dans « l'administration de la preuve » nécessaire pour justifier ses politiques publiques auprès des citoyens et de la société civile européenne (Löfstedt et Vogel, 2001, 407). Notre enquête a d'autre part permis de montrer qu'INSPIRE respecte dans sa forme les théories sur la « gouvernance » européenne qui concernent les rapports entres les différents échelons de gouvernement. Elle nous a permis de décrire comment la mise en réseau d'acteurs de palier de gouvernement n'est pas synonyme d'un recul du pouvoir de l'autorité centrale. Dans le cas d'INSPIRE, la mise en réseau d'informations détenues par des autorités locales ou nationales permet précisément de renforcer l'autorité des institutions européennes en leur permettant d'avoir un accès plus large et plus continu aux données.

Si notre enquête vient confirmer un pan de la théorie sur la « gouvernance » européenne, il aurait été intéressant de pouvoir la poursuivre afin de mettre à l'épreuve d'autres segments du concept. On se souvient que les travaux théoriques sur la « gouvernance » européenne, et notamment ceux qui ont suivi la publication par la Commission des communautés européennes (2001) de son *Livre Blanc sur la Gouvernance*, ont souligné l'ouverture des processus décisionnels aux acteurs non-étatiques (Jenson et Saint-Martin, 2003, 5). Or il semble que l'intégration de la société civile au processus d'objectivation de l'environnement européen soit nettement plus problématique. Alors que l'ouverture du réseau INSPIRE aux acteurs non-étatiques est prévu par la directive[37], elle n'est pour l'instant pas mise en pratique. Le problème,

---

37 Directive INSPIRE, Considérant 12 (Parlement européen et Conseil, 2007).

tel qu'il nous a été rapporté par les personnes que nous avons interrogées, est le suivant : dans le cas où les données non-étatiques contrediraient les données fournies par les institutions étatiques, comment définir les données à conserver dans le système ? Ce problème de l'intégration effective des organisations non-gouvernementales dans la « gouvernance » européenne ne concerne pas que la question des savoirs environnementaux. Caroline De la Porte et Patrizia Nanz (2004) montrent ainsi que l'ensemble des processus de la Méthode Ouverte de Coordination – qui ont largement inspiré la rédaction du *Livre Blanc* – ne respectent pas, en pratique, le principe d'intégration des acteurs non-gouvernementaux promu par la « gouvernance » européenne. La poursuite de l'étude d'INSPIRE, en tant qu'instrument d'objectivation de l'environnement européen, permettra certainement de répondre à cette question. C'est ici que l'analyse des instruments des politiques publiques, et notamment des instruments d'objectivation, est particulièrement intéressante en ce qu'elle permet de confronter les intentions aux actes et d'analyser *dans leur pratique* les changements des institutions publiques.

RÉFÉRENCES BIBLIOGRAPHIQUES

Barry Andrew, Thomas Osborne et Nikolas S. Rose (1996), *Foucault and political reason: liberalism, neo-liberalism and rationalities of government*, Londres, UCL Press.

Bloor David (1999), « Anti-Latour », *Studies in History and Philosophy of Science,* vol. 30, n° 1, p. 81-112.

Bottéro Jean (1987), *Mésopotamie : l'écriture, la raison et les dieux*, Paris, Gallimard.

Bruno Isabelle (2007), « Généalogie du benchmarking. Itinéraire d'une technique de gouvernement. », *in* Pascale Laborier et Jacob Vogel (dir.), *Les Sciences camérales : activités pratiques et dispositifs publics,* Paris, PUF.

Burchell Graham, Colin Gordon et Peter Miller (1991), *The Foucault Effect. Studies in governmentality*, Chicago, University of Chicago.

Chrisman Nicholas (1999), « What does "GIS" Mean », *Transactions in GIS*, vol. 3, n° 1, p. 175-186.

Commission des Communautés européennes (2001), *Gouvernance européenne. Un livre blanc*, Bruxelles.

Commission des Communautés européennes (2004), *Proposition de Directive du Parlement Européen et du Conseil établissant une infrastructure d'information spatiale dans la Communauté (INSPIRE)*, Bruxelles.

Commission des Communautés européennes (2004b), *Communication de la Commission au Parlement européen et au Conseil. Surveillance mondiale pour l'environnement et la sécurité (GMES) : mise en place d'une capacité GMES d'ici 2008 – (plan d'action 2004-2008),* Bruxelles.

Conseil de l'Union europénne (2002), « Règlement (CE) n° 876/2002 du Conseil du 21 mai 2002 créant l'entreprise commune Galileo », *Journal officiel des Communautés européennes*, p. 1-8.

Crampton Jeremy W. (2004), « GIS and Geographic Governance: Reconstructing the Choropleth Map », *Cartographica*, vol. 39, n° 1, p. 41-53.

Crampton Jeremy W. et John Krygier (2006), « An Introduction to Critical Geography », *ACME: An International E-Journal for Critical Geographies*, vol. 4, n° 1, p. 11-33.

Curry Michael R. (1997), « The Digital Individual and the Private Realm », *Annals of the Association of American Geographers*, vol. 87, n° 4, p. 681-699.

Dean Mitchell (1999), *Governmentality: Power and Rule in Modern Society*, Thousand Oaks.

De la Porte Caroline et Patrizia Nanz (2004), « The OMC - a Deliberative-Democratic Mode of Governance? The Cases of Employment and Pensions », *Journal of European Public Policy*, vol. 11, n° 2, p. 267-288.

Desage, Fabien. (2006), « Comparer pour quoi faire ? Le point de vue d'un "monographe" », Communication, Chaire du Canada en Gouvernance et Citoyenneté, Montréal, 16 Janvier 2006.

Desrosières Alain (1997), « *Du singulier au général. L'argument statistique entre la science et l'État.* », Cognition et information en société, Paris, Édition de l'École des hautes études en sciences sociales, p. 267-282.

Desrosières Alain (1993 [2000]), *La Politique des grands nombres : histoire de la raison statistique,* Paris, La Découverte.

Desrosières Alain et Laurent Thévenot (2000), *Les Catégories socio-professionnelles*, Paris, La Découverte.

Dolowitz David P. et David Marsh (2000), « Learning from Abroad: the Role of Policy Transfer in Contemporary Policy-Making », *Governance : An International Journal of Policy and Administration*, vol. 13, n° 1, p. 5-24.

Dorf Michael C. et Charles F. Sabel (1998), « A Constitution of Democratic Experimentalism », *Columbia Law Review*, vol. 98, n° 2, p. 267-473.

Dunsire Andrew (1999), « *Then and Now: Public Administration, 1953-1999* », *Political Studies*, vol. 47, n° 2, p. 360-378.

Elwood Sarah (2006), « Beyond Cooptation or Resistance: Urban Spatial Politics, Community Organizations, and GIS-Based Spatial Narratives », *Annal of the Association of American Geographers*, vol. 96, n° 2, p. 323-341.

Foucault Michel (1976), *Histoire de la sexualité I*, Paris, Gallimard.

Foucault Michel (2004), *Sécurité, Territoire, Population. Cours au Collège de France, 1977-1978*, Paris, Gallimard.

Goody Jack Rankine (1979), *La Raison graphique : la domestication de la pensée sauvage*, Paris, Éditions de Minuit.

Groupe de travail AST (2002), *INSPIRE Architecture and Standards Position Paper*, JRC-Institute for Environment and Sustainability, Ispra.

Groupe de travail DPLI (2002), *INSPIRE Data Policy and Legal Issues Position Paper*, Environment Agency for England and Wales.

Groupe de travail ETC (2002), *INSPIRE Environmental Thematic User Needs Position Paper*, European Environmental Agency.

Harley John B. (1989), « Deconstructing the Map », *Cartographica*, vol. 26, n° 2, p. 1-20.

Henry Emmanuel et Jay Rowell (2007), « La construction des problèmes publics en Europe : perspectives de recherche », *in* Henry Emmanuel et Jay Rowell (dir.), *La Construction des problèmes publics en Europe. Emergence, formulation et mise en instrument*, Strasbourg, Presses universitaires de Strasbourg.

Héritier Adrienne (2001), « New modes of governance in Europe : Policy-making without legislating », En ligne, page consultée le 4 mai 2009.

Hermet Guy (2004), « Un régime à pluralisme limité ? à propos de la gouvernance démocratique », *Revue française de science politique*, vol. 54, n° 1, p. 159-178.

Hirst Paul (2000), « Democracy and Governance », *Debating Governance*, Oxford-Toronto, Oxford University Press.

Idema Timo et Daniel Kelemen (2006), « New modes of governance, the Open Method of Cordniation and other fashionable red herring », *Perspectives on European Politics and Society*, vol. 7, n° 1, p. 108-123.

Jenson Jane (2002), « Governance and Citizenship in the European Union: what is the White Paper on European Governance suggesting about citizenship? », Communication, Montreal, Institute for European Studies, Université de Montréal/McGill.

Jenson Jane et Denis Saint-Martin (2003), « Is Europe still sui generis? Signals from The White Paper on European Governance », *Eighth Biennal International Conference*, Nashville, ed. E. U. S. Association.

Jordan Andrew, Rüdiger K. W. Wurzel et Anthony R. Zito (2003), « "New" Instruments of Environmental Governance: Patterns and Pathways of Change », *Environmental Politics*, vol. 12, n° 1, p. 1-24.

Kelemen Daniel (2000), « Regulatory Federalism: EU Environmental Regulation in Comparative Perspective », *Journal of Public Policy*, vol. 20, n° 3, p. 133-167.

Knorr Cetina Karin (1992), « The Couch, the Cathedral, and the Laboratory: On the Relationship between Experiment and Laboratory in Science », *Science as Practice and Culture,* Chicago, Chicago University Press.

Kyem P. A. K. (2002), « Promoting Local Community Participation in Forest Management through a PPGIS Application in Southern Ghana », *Community participation and Geographic Information Systems*, New York, Taylor & Francis, p. 270-282.

Lake Robert W. (1993), « Planning and applied geography : positivism, ethics, and geographic information systems », *Progress in Human Geography*, vol. 17, n° 3, p. 404-413.

Lascoumes Pierre (2007), « Gouverner par les cartes », *Genèses,* n° 68, p. 2-3.

Lascoumes Pierre et Patrick Le Galès (2004), *Gouverner par les instruments*, Paris, Presses de la Fondation nationale des sciences politiques.

Löfstedt E. Ragnat et David Vogel (2001), « The Changing Character of Regulation : A Comparison of Europe and the United States », *Risk Analysis*, vol. 21, n° 3, p. 399-416.

Lynch Michael (1985), « Discipline and the Material Form of Images: An Analysis of Scientific Visibility », *Social Studies of Science*, vol. 15, n° 1, p. 37-66.

Majone Giandomenico (1996), *La Communauté européenne : un État régulateur*, Paris, Montchrestien.

March J. G. et J. Olsen (1989), *Rediscovering Institutions. The Organizational Basis of Politics,* New York, The Free Press.

Martin Eugene (2000), « Actor-networks and Implementations: Examples from Conservation GIS in Ecuador », *International Journal of Geographical Information Science*, vol. 14, n° 8715-738

Martin Henri-Jean (1996), *Histoire et pouvoirs de l'écrit*, Paris, Albin Michel, 1-537

Nivière Delphine (2005), « Négocier une statistique européenne : le cas de la pauvreté », *Genèses*, vol. 58, p. 28-47

Parlement Européen et Conseil (2002), « Décision n° 1600/2002/CE du Parlement européen et du Conseil du 22 juillet 2002 établissant le sixième programme d'action communautaire pour l'environnement », *Journal officiel des Communautés européennes*, p. 1-15

Parlement Européen et Conseil (2003a), « Directive 2003/4/CE du Parlement européen et du Conseil, du 28 janvier 2003, concernant l'accès du public à l'information en matière d'environnement et abrogeant la directive 90/313/CEE du Conseil », *Journal officiel de l'Union européenne*, p. 26-32.

Parlement Européen et Conseil (2003b), « Règlement (CE) No 2152/2003 du Parlement européen et du Conseil du 17 novembre 2003 concernant la surveillance des forêts et des interactions environnementales dans la Communauté (Forest Focus) », *Journal officiel de l'Union européenne*, p. 1-8.

Parlement Européen et Conseil (2003c), « Directive 2003/98/CE du Parlement européen et du Conseil du 17 novembre 2003 concernant la réutilisation des informations du secteur public », *Journal officiel de l'Union européenne*, p. 90-6

Parlement Européen et Conseil (2007), « Directive 2007/2/CE du Parlement européen et du Conseil du 14 mars 2007 établissant une infrastructure d'information géographique dans la Communauté européenne (INSPIRE) », *Journal Officiel de l'Union européenne*, p. 1-14.

Peters B. Guy et John Pierre (1998), « Governance Without Government ? Rethinking Public Administration », *Journal of Public Administration Research and Theory*, vol. 8, n° 2, p. 223-243.

Pierre Jon (2000), *Debating Governance*, Oxford-Toronto, Oxford University Press.

Pierre John et Stoker Gerry (2002), « Towards Multi-Level Governance », *Developments in British Politics,* n° 6, Palgrave, Macmillan, p. 29-44

Polombo Nadine (2007), « Information Géographique et SIG dans les Conseils Généraux : outil et méthode pour la prospective territoriale », Communication XLIIIe Colloque de l'ASRDL-Grenoble-Chambéry, *Les Dynamiques Territoriales*, 11-13 juillet.

Radaelli Claudio (2003), « The Open Method of Coordination: a New Governance Architecture for the European Union? », Stockholm, Swedish Institute for European Policy Studies.

Rhodes R. A. W. (1997), *Understanding Governance: Policy Networks, Governance, Reflexivity, and Accountability*, Buckingham-Philadephia, Open University Press.

Rose Nikolas et Peter Miller (1992), « Political Power beyond the State: Problematics of Government », *The British Journal of Sociology*, n° 43, p. 173-205

Rose Nikolas, Pat O'Malley et Mariana Valverde (2006), « Governmentality », *Annual Review of Law and Social Science*, vol. 2, p. 83-104

Rueschemeyer Dietrich et Theda Skocpol (1996), *States, Social Knowledge, and the Origins of Modern Social Policies*, New York, Princeton University Press, Russell Sage Foundation

Saint-Martin Denis (2004), « Coordinating Interdependence: Governance and Social Policy Redesign in Britain, the European Union and Canada », *Canadian Policy Research Network*, Ottawa.

Saurugger Sabine et Yves Surel (2006), « L'européanisation comme processus de transfert de politique publique », *Revue internationale de politique comparée*, vol. 13, n° 2, p. 179-211.

Sibille Bastien (2009), « Visions d'État. Deux systèmes d'informations géographiques dans la "gouvernance" », Thèse de Doctorat en Science Politique, Université de Montréal, consultable sur http://hdl.handle.net/1866/3582

Sieber Renée E. (2000), « Conforming (to) the Opposition: the Social Construction of Geographical Information Systems in Social Movements », *International Journal of Geographical Information Science*, vol. 14, n° 8, p. 775-793

Sieber Renée E. (2004), « Rewiring a GIS/2 », *Cartographica*, vol. 39, n° 1, p. 25-39

Smith Neil (1992), « History and Philosophy of Geography: Real Wars, Theory Wars », *Progress in Human Geography*, vol. 16, p. 257-271.

Starr H. (2002), « Opportunity, Willingness and Geographic Information Systems (GIS): Reconceptualizing Borders in International Relations », *Political Geography*, vol. 21, p. 243-261.

Trubek David M. et Louise G. Trubek (2005), « Hard and Soft Law in the Construction of Social Europe: the Role of the Open Method of Co-ordination », *European Law Journal, vol.* 11, n° 3, p. 343-364.

Walters William (2002) ; « The Power of Inscription: Beyond Social Construction and Deconstructionin European Integrations Studies ». *Journal of International Studies,* vol. 31, n° 1, p. 83-108.

Nathalie **Brack**, Yann-Sven **Rittelmeyer**
et Cristina **Stănculescu**

L'Europe en campagne électorale : Une analyse croisée des médias nationaux[1]

À travers une étude de la presse écrite dans dix États, cet article analyse la nature des campagnes électorales pour le scrutin européen de juin 2009. Il évalue le caractère de « second-ordre » de ces campagnes et le degré d'européanisation des espaces publics nationaux. Nous démontrons que si ces campagnes restent dominées par des acteurs et thèmes nationaux, l'Europe n'est pas pour autant complètement absente. Toutefois, l'européanisation des sphères publiques reste limitée : l'analyse montre un faible dépassement des frontières nationales, une rareté des références au niveau européen, une implication faible des acteurs supranationaux et un manque de substance des campagnes.

Europe in electoral campaign: a cross-national analysis of the media

By means of a analysis of newspapers from ten countries, this article analyzes the nature of electoral campaigns for the June 2009 European Election. It assesses the "second-order" character of these campaigns and the degree of Europeanization of the national public spheres. We demonstrate that, even though these campaigns remained dominated by national actors and themes, 'Europe' was not completely absent. However, the Europeanization of public spheres remains limited: our analysis reveals that few references were made about EU issues and about other Member states, that the supranational actors were hardly involved and that the campaigns lacked substantive debates.

[1] Nous tenons à remercier les évaluateurs de *Politique européenne* pour leurs suggestions et remarques constructives sur la première version de cet article ainsi que les membres du Cevipol ayant contribué à la collecte des données utilisées dans le cadre du projet à l'origine de cet article.

politique européenne, n° 31, 2010, p. 173-204.

Les septièmes élections européennes se sont déroulées entre le 4 et le 7 juin 2009, au terme d'une campagne électorale relativement courte. Plusieurs milliers de candidats se présentaient afin de recueillir les suffrages des 380 millions d'électeurs européens appelés aux urnes. Mais trente ans après la première élection du Parlement européen au suffrage universel direct, la légitimité populaire de l'institution chargée de représenter les citoyens européens est encore fébrile : bien qu'il s'agisse de l'institution européenne la mieux connue et jugée la plus digne de confiance (Eurobaromètres Standard 70 et 71), les élections portant sur la composition du Parlement européen (PE) mobilisent peu. Organisée pour la première fois dans une Union élargie à 27 États membres, cette élection à l'échelle européenne reste morcelée par les frontières des États-nations.

Les élections européennes, au travers des campagnes qui les précèdent, permettent de donner au PE et à l'Union européenne (UE) dans son ensemble une visibilité accrue au sein des arènes politiques nationales. Mais elles représentent également un moment de cristallisation des différentes scènes politiques des 27 États membres et de structuration des principaux enjeux qui les traversent. Au croisement de la rencontre du national et de l'européen, ces campagnes électorales constituent donc un terrain fertile pour s'interroger sur la place de l'Europe dans les espaces publics nationaux.

Une abondante littérature s'est développée sur les élections européennes, principalement autour de la théorie d'élections nationales de second ordre (Reif et Schmitt, 1980). Pourtant, ce n'est que récemment que des auteurs se sont penchés sur l'analyse de la couverture médiatique de l'Europe, tant dans le cadre des élections que lors d'événements clés au plan européen. Partant du constat que l'UE dépend des médias pour atteindre ses citoyens (de Vreese, 2001), ces travaux montrent le rôle central des médias dans les campagnes électorales (Hallin et Mancini, 1984 ; Gerstlé, 2006 ; Gerstlé, Davis et Duhamel, 1991). D'une part, certaines recherches ont porté sur l'analyse des dynamiques de *news-making*, d'*agenda-setting* et de diffusion de l'information, montrant ainsi l'impact des médias non seulement sur les campagnes mais également sur le comportement électoral et les attitudes envers la construction européenne (Gerstlé, Magni-Berton et Piar, 2006 ; Hobolt, 2005 ; Piar, 2009). D'autres recherches ont plutôt porté sur l'européanisation des sphères publiques et l'apparition potentielle d'un espace public européen. Elles ont notamment montré qu'en l'absence de *mass-médias* transnationaux, les médias nationaux restent prédominants et que le qualificatif de second-ordre pouvait également être appliqué aux campagnes électorales. Les médias ne parvenant pas à s'affranchir des logiques nationales, l'espace médiatique reste fragmenté selon des logiques nationales et la transnationalisation des débats peine à s'affirmer (Guiraudon, Baisnée et Grosjean, 2002 ; Le Torrec *et al.*, 2001 ; Trenz, 2005 et 2007 ; Schlesinger, 2003 ; Slaata, 2003 ; Eriksen, 2005). Toutefois, la littérature sur la couverture médiatique de l'UE reste éparse et il existe encore relativement peu d'études comparatives.

Cet article vise dans ce contexte à approfondir cette réflexion, en proposant une approche qui se situe au croisement d'une méthode qualitative et d'une méthode quantitative portant sur l'analyse de contenu thématique d'un corpus médiatique. Il permet ainsi d'avoir une vue plus globale et contextualisée des contenus des campagnes ayant précédé les élections européennes de juin 2009. Nous nous interrogeons donc, de façon comparative, sur le caractère « national de second-ordre » de ces campagnes, impliquant qu'elles soient de faible intensité, dominées par des enjeux nationaux et caractérisées par une faible européanisation. À travers l'analyse de leur couverture médiatique, il s'agit dans un premier temps de déterminer dans quelle mesure les acteurs et thématiques nationaux ont pris le pas sur les enjeux et acteurs proprement européens. Dans un second temps, il s'agit d'évaluer si une dynamique d'européanisation est identifiable et ce, au moyen de trois critères : l'européanisation horizontale, l'européanisation verticale et l'analogie thématique (Machill, Beiler et Fischer, 2006 ; Koopmans et Erbe, 2003 ; Koopmans et Statham, 2002 ; Gerhards, 2002).

Afin de répondre à nos deux questions, nous nous appuyons sur une analyse de la campagne électorale telle que reflétée dans les médias de dix États membres[2]. Après avoir explicité le cadre théorique et les hypothèses guidant cet article, nous explicitons tant les données utilisées que la méthodologie suivie. Une troisième section analyse la part respective des acteurs et des enjeux européens et nationaux dans les dix pays

---

[2] Ces données ont été récoltées dans le cadre plus large d'un projet collectif mené au sein du Centre d'étude de la vie politique portant sur les campagnes médiatiques dans 22 États membres. Pour plus de détails sur ce projet, voir : http://dev.ulb.ac.be/cevipol/fr/dossiers_elections-europeennes-2009.html (dossier « élections européennes 2009 » coordonné par Brack, Rittelmeyer et Stănculescu).

étudiés. Enfin, la dernière partie nous permet d'évaluer le degré d'européanisation des différents espaces publics nationaux à la lumière des campagnes médiatiques ayant précédé les élections européennes de 2009.

Cadrage théorique : le modèle des élections nationales de second ordre et les campagnes médiatiques

Le scrutin européen a fait l'objet d'une riche littérature. En effet, comme le rappelle Pippa Norris (1997, 109), ces élections permettent d'analyser la politique européenne, les institutions supranationales et d'aborder la question du déficit démocratique et ce, à travers l'étude de cas nationaux (stratégies des partis durant la campagne, thématiques centrales et résultats en termes de votes et de sièges). Elles permettent également de comparer et de contraster le comportement électoral sur une base transnationale et de déterminer le lien entre le contexte institutionnel, socio-économique et politique et les variations de comportement électoral. À la croisée de ces deux perspectives a été élaboré le concept d'« élections nationales de second ordre ». Développé par Karlheinz Reif et Hermann Schmitt (1980) après les premières élections européennes, ce concept visant à caractériser le scrutin européen s'est avéré « *strikingly perscient and immensely influencial* » (Norris, 1997, 109) et a été élevé au rang de référence consacrée.

Ce modèle explique que les élections européennes ne portent pas vraiment sur l'assemblée européenne mais qu'elles constituent plutôt un scrutin secondaire, pour lequel les enjeux sont perçus comme de moindre importance et liés à la politique nationale. De là découle un ensemble de prédictions. Premièrement, ce type d'élection se caractérise par un faible taux de participation : les enjeux étant vus comme moins substantiels ou moins lisibles, les électeurs se mobilisent peu. Ensuite, ce type d'élection est marqué par un éclatement du spectre politique en favorisant l'émergence et/ou le succès des petits partis et des formations contestataires. Par ailleurs, les partis au pouvoir au niveau national tendent à enregistrer de mauvaises performances, les électeurs utilisant les élections européennes pour envoyer un message au gouvernement et le sanctionner. Enfin, ces trois caractéristiques sont renforcées en fonction du cycle électoral, en particulier si les élections européennes se situent au milieu du cycle électoral national (Hix et Marsh 2007 ; Magni-Berton, 2008 ; Marsh, 1998 ; Schmitt et Reif, 1980).

Ce modèle a généré de nombreux travaux visant à tester sa validité et à affiner sa pertinence (Schmitt et Mannheimer, 1991 ; Koepke et Ringe, 2006 ; Lodge, 1996 ; van der Eijk, 1996 ; Norris, 2000 ; Flickinger et Studlar, 2007 ; Studlar, Flickinger et Bennett, 2003 ; Rallings et Trasher, 2005 ; Weber, 2009) mais ils ont tendance à se concentrer sur les aspects liés au vote et aux résultats électoraux. Or, le modèle entraîne également des implications pour les campagnes précédant le vote. En effet, les enjeux du scrutin étant perçus par les principaux acteurs du processus politique comme de moindre importance, tant les partis que les citoyens et les médias leur accordent moins d'attention que les élections de premier ordre (Marsh, 1998) et, d'autre part, la caractérisation du scrutin comme élection *nationale* de second ordre implique que « les enjeux nationaux prennent le pas sur les enjeux européens, avec une faible européanisation des campagnes et des programmes politiques » (Costa, 2009, 70). Cette caractéristique atténue encore la nature européenne du scrutin et renforce de ce fait les trois autres éléments du modèle : faible taux de participation, succès des petits partis et mouvements contestataires et vote sanction à l'égard du gouvernement.

Alors que cette dimension portant sur le caractère national ou européen des campagnes constitue un élément permettant de vérifier la pertinence du modèle des élections nationales de second ordre à travers la question des enjeux, cette perspective n'a été appliquée que récemment, principalement à travers l'analyse des campagnes médiatiques (de Vreese et Peter, 2004 ; de Vreese, Lauf et Peter, 2007 ; Gerstlé, Semtko, Schönbach et Villa, 2000 ; Weber, 2007). Un nouveau champ de recherches s'est développé autour de l'évaluation de l'européanisation des sphères médiatiques nationales lors d'événements européens clés, à travers différents indicateurs tels que la visibilité ou le ton de la campagne, mais aussi la présence respective d'acteurs européens et nationaux. À travers des approches principalement quantitatives d'analyse de contenu, ces chercheurs ont généralement démontré que l'Europe n'avait qu'une importance très relative dans les campagnes précédant les élections européennes. Si les premières élections ont bénéficié d'une couverture médiatique importante, cette attention est retombée pour les scrutins suivants (Leroy et Siune, 1994). Bien que la saillance de l'Europe au sein des sphères médiatiques soit croissante (Risse et van de Steeg, 2003), certains auteurs ont également conclu que « *the European Union had neither a face nor a voice during the campaign for the European elections* » (de Vreese, Lauf et Peter, 2007, 125).

Les médias peuvent être vus comme jouant un rôle essentiel, en particulier lors des campagnes électorales, la sphère médiatique étant le principal « véhicule » de la campagne. Elle constitue le lien entre les candidats et les électeurs. Les messages de campagne parviennent aux électeurs par le biais des médias (Holbert et Benoit, 2009 ; Trenz, 2004). En effet, une fonction essentielle des médias est de lier les citoyens et la sphère politique : « *most voters [...] experience politics primarily through the media* » (de Vreese, Banducci, Semetko et Boomgaarden, 2006, 478 ; voir aussi Nord et Strömbäck, 2006, 193-195). Ce rôle de médiation ou *linkage* se trouve encore renforcé dans le cas d'institutions distantes, telles que le PE, sur lesquelles les citoyens n'ont qu'une connaissance ou expérience limitée (Blumler, 1983 ; Norris, 2000) : « *citizens across Europe rely on the media for information about the European Union and European integration* » (de Vreese, 2001, 284). Par ailleurs, il est également possible d'attribuer aux médias un rôle d'information et de mobilisation, permettant aux citoyens de faire un choix informé lors des élections dans les régimes démocratiques (de Vreese, Lauf et Peter, 2007 ; Gerstlé, 1999).

Au vu de ces éléments, cet article s'interroge sur le caractère « national de second ordre » des campagnes médiatiques ayant précédé le scrutin européen. De là, découlent deux questionnements : en premier lieu, dans quelle mesure le « national » prend-il le pas sur l'« européen » ? L'observation de la campagne dans les différentes sphères nationales confirme-t-elle le sentiment de campagnes dominées par les acteurs et les enjeux nationaux ou ce jugement est-il à nuancer ? Et, en second lieu, dans quelle mesure assiste-t-on à une européanisation des sphères publiques dans lesquelles se déroulent ces campagnes ? Les hypothèses générées par le modèle théorique sont les suivantes : quel que soit le critère retenu, les campagnes électorales peuvent être qualifiées de « campagnes nationales de second ordre » ; elles sont dominées par les acteurs et les enjeux nationaux et sont faiblement européanisées.

Afin d'évaluer l'arbitrage entre « national » et « européen », deux indicateurs ont été sélectionnés : d'une part, la présence respective des acteurs nationaux et européens dans les campagnes médiatiques et, d'autre part, la nature européenne ou nationale des thématiques et enjeux abordés (de Vreese, Banducci, Semetko et Boomgaarden, 2006). Afin de mesurer l'européanisation des sphères publiques nationales, trois critères inspirés de la littérature sur ce sujet ont été retenus (Machill, Beiler et Fischer, 2006 ; Koopmans et Erbe, 2003 ; Koopmans et Statham, 2002) :

a) *L'européanisation horizontale.* Elle correspond à l'établissement de liens de communication entre les différents États membres. Ruud Koopmans et Jessica Erbe effectuent une subdivision entre une variante faible dans laquelle les médias dans un pays couvrent les débats dans un autre État membre, mais où il n'y a pas de lien entre les pays dans la structure de « *claim-making* » et une variante forte où les acteurs d'un pays s'adressent explicitement ou font référence aux acteurs ou politiques dans un autre État membre.

b) *L'européanisation verticale.* Elle correspond à l'établissement de liens de communication entre le niveau national et le niveau européen, lesquels sont relayés par les médias nationaux.

c) *L'analogie thématique.* Elle décrit la similarité des sujets et solutions politiques dans les différents États membres. Elle fait référence au fait qu'un même thème est discuté de manière simultanée dans les médias de plusieurs États membres et qu'il donne lieu à des débats similaires.

Données et méthodologie

Afin de déterminer la place et le traitement de l'Europe dans les campagnes médiatiques lors des élections européennes, nous avons analysé les articles de presse[3] parus en ligne dans dix États membres : l'Autriche, l'Espagne, la France, la Grèce, l'Irlande, Malte, la Pologne, la Roumanie, le Royaume-Uni et la Suède[4]. Ces États membres ont été choisis sur base d'une combinaison de critères prenant en compte à la fois la taille des pays, leur date d'entrée dans l'UE, leur zone géographique, leurs systèmes politiques et leur rapport à l'intégration européenne. Pour

---

[3] Le choix de la presse écrite plutôt que les médias audiovisuels ou radiophoniques a été motivé à la fois par la volonté de compléter le champ des matériaux utilisés, dans la mesure où les travaux actuellement existant utilisent majoritairement ces deux autres matériaux, ainsi que par la volonté de s'intéresser au contenu des campagnes, la presse écrite s'attachant plus à la substance que les autres médias.

[4] L'annexe 1 contient la liste des journaux pris en compte, ainsi que leurs diffusions et ancrages idéologiques éventuels.

chacun de ces pays, deux à trois journaux de la presse nationale dite de « qualité » ont été sélectionnés d'après l'étendue de leur diffusion, leur renommée et leur influence[5]. L'ensemble des articles portant sur les élections européennes parus au cours du mois précédant les élections (5 mai- 4/7 juin 2009) dans les vingt-quatre journaux étudiés ont été traités, à l'exclusion des éditoriaux. Il s'agissait en effet de déterminer la place des enjeux et thèmes européens et nationaux dans la presse, sans attribuer de rôle actif aux médias, d'où la mise à l'écart des éditoriaux[6].

Dans le prolongement des travaux portant sur les scrutins européens (de Vreese, Banducci, Semetko et Boomgaarden, 2006), l'ensemble des articles a fait l'objet d'un encodage systématique en fonction de trois axes : les acteurs, les thèmes évoqués et enfin, un encodage croisé entre acteurs et thèmes. En effet, afin de déterminer le poids relatif de l'Europe et du national dans les campagnes médiatiques, nous nous basons sur la place occupée par les acteurs nationaux et européens et par les thèmes nationaux ou européens dans les médias des dix États étudiés. De façon plus précise, pour chaque article paru, ont été déterminés le ou les acteurs principaux ainsi que le ou les thèmes dominants. De même a été encodé le lien entre acteur(s) et thème(s) pour chaque article. Nous entendons par acteur : une personne (un député européen), un ensemble de personnes (un parti), une organisation (la Croix-Rouge) ou encore une institution (la Commission européenne). Il a été décidé de ne relever que les acteurs principaux dans chaque article (un à trois acteurs par article). Ces acteurs ont ensuite été classifiés en deux catégories : national ou européen. Sur base des critères établis par Claes H. de Vreese, Susan A. Banducci, Holli A. Semetko et Hajo Boomgaarden (2006, 486) ont été considérés comme nationaux les partis politiques nationaux, les

---

[5] Outre les questions liées à la collecte des données, nous avons choisi d'utiliser la presse nationale pour plusieurs raisons : l'homogénéité des données, le caractère souvent secondaire des informations reprises par la presse régionale, et enfin, parce que la majorité des pays couverts ont un scrutin à circonscription nationale et ne sont pas découpés en circonscription régionales (voir annexe 1).

[6] Ce positionnement ne consiste cependant pas à postuler une neutralité des médias mais découle de la volonté de concentrer l'analyse sur la nature des campagnes électorales pour les élections européennes. Le rôle des médias, leur impact sur la campagne, au travers notamment des relations entre les journalistes et les candidats, ainsi que sur les électeurs a notamment été mis en évidence par Christophe Piar dans sa thèse de doctorat *La coproduction de l'actualité télévisée et son impact sur la formation des opinions des citoyens en campagne électorale*, Université Paris I Panthéon-Sorbonne, 2009.

organisations nationales, les institutions nationales, les membres d'assemblées nationales et d'exécutifs nationaux. Ont été considérés comme européens : les candidats aux élections européennes, les institutions européennes, les partis politiques européens et les acteurs politiques en provenance d'un autre État membre que celui soumis à l'encodage. Il convient de noter que l'encodage des fonctions exercées par les acteurs repose non pas sur les fonctions présentées uniquement dans l'article de presse mais sur une recherche biographique ad hoc effectuée par les codeurs.

Les thèmes de chaque article ont également fait l'objet d'un encodage similaire et d'une classification entre thématique européenne et thématique nationale. Si toute une série de thèmes trouvaient naturellement leur place dans l'une ou l'autre catégorie, telle la présidence de la Commission européenne ou l'avenir du traité de Lisbonne, qui pouvaient aisément être assignés au débat européen, pour d'autres, comme la crise économique, la politique agricole ou encore la question de l'immigration, le choix était plus compliqué à faire. Ayant privilégié une méthode qualitative de lecture des articles, nous avons regroupé sous le terme de « national » tant les thèmes qui concernaient uniquement ce niveau que ceux qui, même s'ils avaient le potentiel d'appartenir au niveau européen, étaient présentés dans les articles, et implicitement dans le discours des acteurs, comme relevant du niveau national. Par exemple, l'immigration a été comptée comme une thématique européenne si, dans les articles, les acteurs proposaient des solutions européennes de gestion de l'immigration ou spécifiaient, au moins, que c'est à ce niveau-là que les solutions doivent être recherchées. Si rien de tel ne se retrouvait pas dans le discours des acteurs, alors le thème était vu comme national.

Deux catégories supplémentaires ont été créées : la première, portant sur l'« observation du déroulement de la campagne » regroupe l'ensemble des articles présentant des sondages, des données factuelles sur le vote, les communiqués des commissions électorales[7] et la seconde

---

[7] Cela se rapproche du concept de jeu, selon la distinction entre jeu et enjeux, effectuée par Jacques Gerstlé et Olivier Duhamel, distinction qui a été appliquée par Christophe Piar (2009). Le jeu recouvre les moments aux cours desquels la presse présente la campagne comme une compétition entre candidats et comme un moment de construction de leurs images (Gerstlé, Davis et Duhamel, 1991).

prend en compte la couverture de la campagne dans les autres États membres et ceci, afin de pouvoir évaluer le degré d'européanisation horizontale des campagnes médiatiques.

Notre valeur ajoutée vient du fait que le traitement des données est principalement qualitatif. Il repose non pas sur le relevé d'occurrences mais sur la lecture approfondie de l'ensemble des articles, permettant ensuite leur encodage en fonction d'un *codebook* effectué de façon inductive[8].

Des campagnes électorales nationalisées ?

Claes H de Vreese, Susan A. Banducci, Holli A. Semetko et Hajo Boomgaarden avaient constaté, dans leur étude des élections européennes de 2004, qu'en dépit d'une visibilité croissante des acteurs européens dans les campagnes électorales, ces dernières restent dominées par des acteurs nationaux (de Vreese, Banducci, Semetko et Boomgaarden, 2006 ; de Vreese, Lauf et Peter, 2007). L'observation du même indicateur pour les campagnes électorales qui ont précédé les septièmes élections pour le Parlement européen démontre que la situation n'a pas beaucoup changé. En observant l'ensemble des acteurs présents durant ces campagnes, nous avons considéré comme acteur national : les partis politiques nationaux, les membres de l'exécutif, les membres des assemblées nationales et régionales, les organisations de la société civile nationale et comme acteurs européens : les candidats, les partis politiques européens, les institutions européennes et leurs représentants ainsi que les groupes politiques au PE. Sur cette base, seul un tiers des pays observés ont été marqués par une présence supérieure des acteurs européens par rapport aux acteurs nationaux (*cf.* tableau 1). En effet, Malte, la Roumanie et l'Irlande constituent un ensemble de pays où la campagne électorale pour les européennes a été principalement menée par des acteurs européens et non pas par des acteurs politiques nationaux. Dans les sept autres cas, les personnalités politiques nationales et les acteurs institutionnels nationaux ont prévalu sur ceux relevant du niveau européen.

---

[8] Le *codebook* utilisé est disponible en annexe 2.

Tableau 1 : Acteurs européens *versus* acteurs nationaux en % dans les 10 pays observés[9]

Pays	Acteurs nationaux	Acteurs européens
Autriche	60.81	35.13
Espagne	76.62	23.38
France	68.08	25.53
Grèce	88.48	11.52
Irlande	44.26	49.18
Malte	43.37	56.63
Pologne	60.61	36.36
Roumanie	46.36	53.64
Royaume-Uni	60.55	35.78
Suède	57.94	42.06

Par contre, si l'indicateur retenu s'appuie sur les thèmes présentés dans les campagnes, la situation s'avère légèrement différente. De manière générale, nous constatons que le poids de l'Europe est plus significatif en termes de thèmes abordés qu'en termes de visibilité des acteurs. Comme le montre le tableau 2, dans six pays, les thématiques européennes ont été plus visibles dans les articles de la presse quotidienne écrite portant sur les élections européennes que les questions nationales (France, Malte, Pologne, Roumanie, Suède, Royaume-Uni).

[9] Les acteurs ont été répartis en trois catégories : acteurs nationaux, acteurs européens et acteurs en provenance d'autres États-membres. Le tableau 1 présente la proportion d'acteurs nationaux et d'acteurs européens par rapport au nombre total d'acteurs. Cela explique que les proportions ne fassent pas 100 % dans certains cas, étant donné que les acteurs en provenance des autres États membres font l'objet d'une analyse spécifique (*cf. infra*) et ont été exclus du tableau 1.

Tableau 2 : Thèmes européens *versus* thèmes nationaux en % dans les 10 pays observés

Pays	Thèmes nationaux	Thèmes européens	Descriptif campagne[10]		
			National	Autres EM	Total
Autriche	46.34	29.27	24.39	0	24.39
Espagne	43.31	21.02	28.66	7.01	35.67
France	12.60	38.08	32.05	17.26	49.31
Grèce	37.44	28.19	33.48	0.88	34.36
Irlande	31.11	28.15	37.78	2.96	40.74
Malte	36.29	48.14	15.57	0	15.57
Pologne	14.56	33.98	40.77	10.67	51.45
Roumanie	15.38	37.18	30.77	16.66	47.43
Royaume-Uni	24.15	47.19	19.67	8.98	28.65
Suède	7.69	62.44	29.41	0.45	29.86

Le croisement de ces deux indicateurs nous permet d'identifier trois groupes de pays. Une première catégorie réunit les pays où la campagne a eu, tant du point de vue des acteurs présents que des thèmes abordés, une prédominance européenne. Deux pays s'inscrivent dans ce cas de figure : Malte et la Roumanie.

Une autre catégorie est constituée par les pays où nous avons pu identifier une campagne à prédominance nationale, car le poids tant des questions que des acteurs domestiques a été plus significatif que celui de l'européen. Ce fut le cas de la Grèce, de l'Espagne et de l'Autriche.

10 Dans la colonne « National » de notre catégorie « Descriptif campagne », nous pouvons observer la part occupée par les observations sur le déroulement de la campagne au niveau national (la catégorie 3 de notre annexe) dans la campagne européenne, telle qu'elle se retrouve dans les médias. La colonne « Autres États membres » présente les chiffres qui correspondent aux observations sur le déroulement de la campagne dans les autres États membres (catégorie 4 de notre *Codebook*).

Tableau 3 : Les types de campagnes électorales

	Acteurs nationaux	**Acteurs européens**
Thèmes nationaux	Autriche, Espagne, Grèce	Irlande
Thèmes européens	France, Royaume-Uni, Suède, Pologne	Malte, Roumanie

La situation s'avère plus complexe dans les autres États observés. Comme le met en évidence le tableau 3, ces pays sont marqués soit par une prédominance des acteurs nationaux et des thèmes européens, soit par une prépondérance des acteurs européens mais des enjeux nationaux. Ainsi, en Suède, au Royaume-Uni, en Pologne et en France, si les médias ont plus reflété des thématiques européennes que nationales, les acteurs nationaux ont davantage occupé l'espace médiatique que leurs homologues européens. *A contrario*, en Irlande, la scène médiatique a été proportionnellement un peu plus occupée par les acteurs européens, mais les thèmes se sont plutôt concentrés sur des préoccupations nationales.

À ce stade, plusieurs remarques doivent être formulées. Tout d'abord, le poids relativement significatif des thèmes européens dans les campagnes s'explique partiellement par le contenu de cette rubrique. En effet, cette catégorie réunit tant les enjeux européens qui ont fait débat et qui, dans la plupart des cas, restent limités en nombre, que des présentations des candidats ou des programmes électoraux des différents partis politiques et des informations sur le fonctionnement du Parlement européen, sur le rôle des députés, ainsi que sur l'importance du vote lors de ces élections. Le poids de ce type de contenu, qu'on pourrait qualifier de descriptif et informatif, est repris dans le tableau 4.

Ainsi, comme nous pouvons l'observer dans ce tableau, dans quatre pays sur dix, au moins la moitié du contenu des thématiques européennes relève du registre descriptif et informatif. En Grèce, en Espagne et en Autriche, le poids significatif que ce registre a occupé dans les médias confirme le caractère fortement national de ces campagnes. Dans le même temps, cela confirme également la prédominance européenne de la campagne à Malte ou encore en Pologne, au moins du point de vue des thèmes abordés. Nos données nous indiquent également que, si l'Europe était présente dans les médias roumains, elle a surtout été traitée d'une manière descriptive et informative, les journalistes et les acteurs politiques s'attachant surtout à expliquer l'Europe plutôt qu'à en débattre.

Tableau 4 : Poids du contenu descriptif et informatif au sein des thématiques européennes, en %, pour les 10 pays observés[11]

Pays	Contenu descriptif et informatif
Autriche	50
Espagne	72.72
France	25.89
Grèce	56.25
Irlande	39.47
Malte	36.76
Pologne	34.28
Roumanie	77.58
Royaume-Uni	35.71
Suède	43.47

Si ces résultats peuvent découler d'un traitement pédagogique par les médias de cet objet européen souvent perçu comme lointain et méconnu, ils peuvent aussi s'expliquer par la nature assez consensuelle des thèmes européens. Au regard du déroulement des campagnes, on observe que, pour la plupart des pays étudiés, les questions ayant fait débat étaient plutôt d'ordre national. C'est le cas dans les quatre pays où le poids des sujets nationaux a été plus élevé que celui des sujets européens, mais également en France, au Royaume-Uni ou encore en Roumanie. Ainsi, à part en Suède et à Malte, l'Europe n'a pas fait l'objet

[11] Nous avons considéré comme contenu descriptif et informatif les articles décrivant le fonctionnement de l'Union européenne ainsi que les résumés des positionnements des partis ou des candidats. Dans notre codebook, expliqué dans l'annexe 2, ce type de contenu se situe dans la catégorie « Vie politique européenne ».

de discussions significatives. Par contre, dans le pays nordique analysé, la Suède, les acteurs présents dans la campagne se sont principalement exprimés et ont débattu de politiques européennes telles que l'environnement, la criminalité transfrontalière ou encore les soins de santé transfrontaliers. Les questions nationales n'ont été que rarement mentionnées. Ce même constat peut être effectué pour le cas de Malte, où, lorsque des politiques précises ont été abordées, elles l'étaient souvent sous l'angle européen. Ainsi à titre d'exemple, la question de l'immigration a été fortement débattue dans un cadre européen (sous l'angle du « *burden-sharing* » et de la solidarité européenne), suscitant des prises de position des différents acteurs politiques. Il en est de même pour la question du congé de maternité.

Au contraire, en Roumanie, le débat européen n'a été présent qu'à deux occasions : quand les têtes de liste des principaux partis politiques ont brièvement échangé sur la question du fonctionnement des institutions européennes, accusées par un social-démocrate d'être corrompues, mais aussi à l'occasion de la publication de la « Liste des 12 plus mauvais candidats au Parlement européen », publiée par le Parti socialiste européen. Le reste du temps, le débat s'est surtout situé autour des candidats aux élections présidentielles programmées pour l'automne, le contenu des articles portant sur l'Europe se limitant à des informations sur les institutions, des présentations de candidats et des appels au vote. Au Royaume-Uni, les thématiques européennes relevaient tant du factuel (connaissance des institutions) que de prises de positions sur l'Europe mais peu de politiques européennes ont été débattues. En effet, ce scrutin européen a eu lieu dans un contexte particulier dans ce pays (scandale des dépenses parlementaires et déclaration du chef du parti conservateur sur sa volonté de créer un nouveau groupe au PE), donnant lieu à de nombreux articles sur les salaires, indemnités et activités des eurodéputés ainsi que des réactions sur la création potentielle d'un nouveau groupe par les conservateurs. En France, les rapports de force entre les partis politiques nationaux et l'opposition à la politique menée par le chef de l'État ont représenté le point de gravitation de la campagne. Les thèmes européens qui ont pu être lancés sont restés prisonniers des clivages politiques. Ainsi par exemple, la droite, notamment souverainiste, a tenté de susciter le débat sur la question des frontières de l'Europe et de l'élargissement, tandis que la gauche appelait à plus d'Europe sociale, sans pour autant qu'aucun ne saisisse vraiment le sujet abordé par l'autre. En Pologne, l'attention des médias a été fortement concentrée autour des querelles entre les deux principaux partis politiques, le PIS et le PO, qui ne portaient que partiellement sur les affaires européennes. La question de la souveraineté de la Pologne au sein de l'Union européenne, mais aussi l'efficacité de la représentation du pays au sein des instances de Bruxelles, ont été souvent mentionnées par les différents acteurs. De même, la relation avec l'Allemagne ou encore la diaspora polonaise en Irlande ou au Royaume-Uni ont suscité l'intérêt des médias.

Il semble que le contexte national et le cycle électoral jouent un rôle essentiel dans les résultats que nous venons de présenter (sur l'impact du cycle électoral, voir : Kousser, 2004 ; Parodi, 1983 ; Reif, 1984 ; Schmitt, 2005). A priori, pour la quasi-totalité des pays choisis, l'élection européenne a eu lieu à mi-mandat par rapport aux élections générales[12]. Le Royaume-Uni et la Suède font exception, de nouvelles élections générales étant prévues pour 2010. Compte tenu de ce positionnement temporel, les postulats de la théorie de second ordre auraient donc dû être particulièrement saillants. L'Autriche, l'Espagne et la Grèce qui, comme on l'a démontré précédemment, ont été marqués par des campagnes très nationales, semblent confirmer le modèle. En Grèce par exemple, les scandales de corruption et les manifestations qui ont secoué la classe politique ont transformé les élections européennes en un véritable test électoral pour le gouvernement en place. Tandis qu'en Autriche, la campagne médiatique a été notamment marquée par le candidat indépendant Hans-Peter Martin qui s'est érigé en investigateur des comportements des représentants politiques en place, ainsi que par les provocations du parti nationaliste FPÖ.

Toutefois, plusieurs éléments particuliers sont venus influer sur le critère du cycle électoral. Ainsi, en France et en Roumanie, deux scrutins conduisant à un débat à l'échelle nationale étaient également en ligne de mire. De même, en Irlande et au Royaume-Uni, la perspective d'élections anticipées a aussi troublé la donne. En Irlande, les élections européennes se tenaient en même temps que les élections locales et les « *by-elections* » pour Dublin, contribuant à une prédominance des enjeux locaux et nationaux. Au Royaume-Uni, le scandale sur les dépenses

---

12 Voir annexe 1.

parlementaires a sans doute eu un effet « nationalisant » sur le contenu de la campagne. Par conséquent, si pour une partie des pays le cycle électoral semble constituer un facteur explicatif du type de campagne électorale, d'autres facteurs et éléments de contexte politique entrent également en ligne de compte.

L'analyse des médias des dix pays étudiés confirme donc, pour les élections de 2009, les observations faites par Claes H de Vreese, Susan A. Banducci, Holli A. Semetko et Hajo Boomgaarden quant à la présence des acteurs dans les campagnes de 2004 : « *in the news stories about the elections were generally domestic or national political actors and not EU actors* » (de Vreese, Banducci, Semetko, et Boomgaarden, 2006, 497). Par contre, pour ce qui est de la présence de l'Europe dans les médias, nous pouvons constater que la situation est plus nuancée et favorable à la dimension européenne, d'autant plus si l'on prend en compte le caractère de *mid-term election*. Bien que les débats portent généralement davantage sur des enjeux et thématiques domestiques qu'européens, la présence des thèmes européens n'est donc pas négligeable.

L'européanisation des campagnes électorales ?

Alors que la section précédente s'interrogeait sur la domination du « national » sur l'« européen », cette deuxième partie analyse l'européanisation potentielle de ces campagnes et vise à déterminer dans quelle mesure les débats se transnationalisent. Assistons-nous à un développement des espaces publics de ces États membres qui laisse envisager la constitution d'un espace public européen ? L'analyse des trois critères précédemment énoncés – européanisation horizontale, européanisation verticale, analogie thématique – doit nous permettre d'évaluer cette potentialité.

Européanisation horizontale

Tant du point de vue de la référence aux autres États membres que du point de vue de la référence explicite à un acteur politique appartenant à un autre pays de l'Union, l'européanisation des espaces publics nationaux est plutôt limitée, telles que l'illustrent les deux premières colonnes du tableau 5.

Tableau 5 : Références aux autres États membres, aux acteurs politiques des autres États membres et aux acteurs appartenant au niveau européen par rapport au total des acteurs en %, pour les 10 pays observés

Pays	Références à d'autres États membres[13]	Acteurs d'autres États membres	Acteurs appartenant au niveau européen[14]
Autriche	0	4.05	2.70
Espagne	7.01	0	1.94
France	17.26	6.38	3.40
Grèce	0.88	0	3.63
Irlande	2.96	6.55	3.27
Malte	0	0	12.04
Pologne	10.67	3.03	7.57
Roumanie	16.66	0	5.29
Royaume-Uni	8.98	3.67	7.33
Suède	0.45	0	2.38

Quatre pays peuvent être considérés comme ayant ouvert leurs espaces médiatiques aux autres États de l'Union. En effet, en France, en Roumanie, en Pologne et au Royaume-Uni, le pourcentage d'articles traitant des questions politiques relatives à un autre pays a une importance significative. Le plus souvent, il s'agit de résumés, liés à la perspective de ces élections européennes, de la situation politique dans l'État membre choisi comme sujet de l'article. Pourtant, dans aucun cas cela n'a pris la forme d'un « *claim-making* », nous ne pouvons donc parler que d'une version faible d'européanisation, selon la distinction opérée par Ruud Koopmanns et Jessica Erbe (2003).

Le dépassement des frontières s'avère encore plus limité dans le cas des acteurs. Très peu, voire aucune référence n'a été faite dans les dix pays

13 Cette colonne reprend la catégorie 4 de notre *Codebook*, repris dans l'annexe 2.

14 Proportion des acteurs relevant du niveau institutionnel européen (partis politiques européens, groupes au Parlement européen, Commission européenne ou Parlement européen) à l'exclusion des candidats, par rapport à l'ensemble des acteurs.

étudiés quant aux acteurs politiques évoluant au-delà des frontières nationales. Ce désintérêt total pour les acteurs politiques non-nationaux s'avère très fort dans les cas de la Suède, de Malte de la Grèce ou encore de l'Espagne et de la Roumanie. En Irlande, quelques articles faisaient référence aux acteurs politiques d'autres pays, notamment dans le cadre des débats entourant le mouvement *Libertas* et le soutien dont il bénéficiait de la part d'acteurs politiques en Pologne (Lech Walesa) et en République tchèque. Le cas le plus extrême a été celui de la France au travers de la mise en scène du soutien réciproque entre la chancelière allemande, Angela Merkel, et le Président français, Nicolas Sarkozy *via* l'organisation d'un meeting commun au nom de l'amitié franco-allemande.

Européanisation verticale

Il paraît tout aussi difficile de parler d'une européanisation verticale des campagnes électorales de 2009. Comme le montre la troisième colonne du tableau 5, la présence des acteurs relevant du niveau institutionnel européen (partis politiques européens, groupes au Parlement européen, Commission européenne ou Parlement européen) est très réduite.

Dans la plupart des cas, ces chiffres traduisent des références aux partis politiques européens. Elles restent pourtant très limitées et cela renforce l'idée que les structures partisanes européennes restent pour l'instant des « coquilles vides ». Alors qu'il avait fallu attendre le traité de Maastricht pour que l'existence des partis politiques européens soit formellement reconnue, l'adoption d'un règlement en 2003 avait fait naître de nouveaux espoirs quand à l'exercice d'un rôle accru pour ces partis politiques européens[15]. Il établissait un statut pour ces partis et énonçait les règles concernant leur financement. Il devait notamment permettre de les revaloriser et de les rendre plus visibles. Malgré ces dispositions donnant des moyens financiers aux partis politiques européens afin qu'ils deviennent des acteurs de ces campagnes, ils ne semblent guère avoir été plus visibles qu'auparavant.

---

15 Règlement (CE) n° 2004/2003 du Parlement européen et du Conseil du 4 novembre 2003 relatif au statut et au financement des partis politiques au niveau européen.

Il est à noter qu'en Espagne, en Autriche ou en Suède, il n'y a quasiment pas de référence à un autre acteur ou une institution appartenant au niveau européen. En Roumanie, la Commission européenne a été évoquée au sujet des accusations de corruptions formulées par la tête de liste des sociaux-démocrates. En Autriche, le candidat indépendant Hans-Peter Martin a mené sa campagne en s'érigeant en « investigateur » au sujet des notes de frais des députés européens et l'influence des groupes de pression sur les députés. En Suède, l'évocation de la Commission européenne reposait sur les débats quant à l'implication de la Commissaire suédoise dans la campagne pour les élections européennes tandis qu'au Royaume-Uni, en Pologne et à Malte, quelques acteurs européens (Président du PE, bureau du PE dans le pays concerné, groupes ou partis politiques européens) sont intervenus directement ou ont fait l'objet d'une présentation dans les médias.

L'analogie thématique

Le troisième critère de mesure de l'européanisation de ces campagnes électorales européennes porte sur les thèmes qui ont fait l'objet de débats dans les campagnes des différents États membres observés. Comme le précisent Markus Beiler, Marcel Machill et Corinna Fischer, cet indicateur est « *directed towards the fact that a topic is discussed simultaneously in the media of several EU states* » (Machill, Beiler et Fischer, 2006, 7).

Les encodages consacrés aux thèmes mettent assez clairement en évidence la prépondérance d'un traitement informatif et descriptif de la campagne. Les médias se sont en effet souvent contentés d'articles relatant le déroulement de la campagne, commentant les rapports de force entre les candidats, sans s'intéresser particulièrement au contenu. Nos tableaux 2 et 4 démontrent ce constat d'une campagne où les médias et les acteurs n'ont guère cherché à lui donner de substance, un article sur cinq décrivant le déroulement de la campagne dans l'État membre par le biais de sondages ou de données factuelles sur le vote.

Si l'on exclut tant les articles consacrés à l'observation du déroulement de la campagne que ceux portant sur des thèmes essentiellement informatifs ou descriptifs, l'analyse de contenu transversale menée permet d'identifier quelques sujets de débat qui émergent. Le tableau 6 met en avant les trois principaux thèmes « politiques » de la campagne pour chaque État observé, au regard de leur traitement des médias.

Tableau 6 : Trois principaux thèmes « politiques » dans les campagnes des dix pays observés en fonction du nombre d'articles leur étant consacrés

Thèmes / Pays	1	2	3
Autriche	Politique d'immigration	Élargissement de l'UE	Questions économiques : Crise économique
Espagne	Questions économiques : Crise et situation économiques	Questions institutionnelles et fonctionnement de la démocratie : Accusations de corruption entre les partis	Questions de société : Loi sur l'avortement
France	Élargissement de l'UE	Politique sociale européenne	Questions économiques : Crise économique
Grèce	Questions économiques : Crise et situation économiques	Questions institutionnelles et fonctionnement de la démocratie : Scandales de corruption	Questions institutionnelles et fonctionnnement de la démocratie : Débats sur la tenue d'élections nationales
Irlande	Questions institutionnelles et « démocratie européenne » : traité de Lisbonne	Questions économiques : Crise économique	Politique de l'emploi : Politiques sociales nationales
Malte	Politique d'immigration	Politique de l'emploi : Politiques sociales nationales	Questions de société : Religion et valeurs familiales
Pologne	Vie politique européenne : *Libertas*	Questions institutionnelles et « démocratie européenne » : Position de la Pologne au sein de l'UE et efficacité de sa représentation	Questions de société :Valeurs, religion, chrétienté
Roumanie	Questions institutionnelles et fonctionnement de la démocratie : Fraude électorale par les partis politiques	Vie politique nationale : Perspective d'élections présidentielles	Vie politique européenne : Candidature de la fille du Président
Royaume-Uni	Vie politique nationale : Nationalisme/extrême droite	Vie politique européenne : Création d'un nouveau groupe au PE	Vie politique nationale : Elections locales concomitantes
Suède	Environnement	Politique de l'emploi/ Politique sociale	Politique sociale européenne : Soins de santé transfrontaliers

Une certaine analogie thématique semble apparaître, décrivant ainsi une européanisation au niveau des sujets traités. En effet, dans la moitié des pays observés, la crise économique et les difficultés économiques du pays ont été au cœur de la campagne. Le degré d'exposition du pays à la crise économique semble avoir ici joué. Etroitement liées, les politiques sociales ont aussi souvent été abordées, prolongées dans certains cas par des discussions sur l'Europe sociale.

Cependant, ce constat est à tempérer par la prise en compte de deux éléments. Tout d'abord, comme nous l'avons souligné précédemment, ces résultats sont à nuancer en raison du manque de substance des débats. Si l'Europe était présente, elle a fait l'objet d'un traitement plutôt descriptif et n'a pas structuré la compétition politique ou les débats. D'autre part, comme l'illustre le cas des politiques sociales, l'approche et l'angle sous lequel étaient abordées ces questions variaient d'un pays à l'autre. En effet, comme le soulignent Céline Belot et Christine Pina (2009), le cadrage cognitif des questions européennes change en fonction du pays. Selon les États, le thème a été traité de façon exclusivement nationale, et parfois a été étendu à des questionnements dépassant ce cadre. De même, l'immigration, qui a également occupé le devant de la scène électorale de plusieurs États membres, est surtout restée liée aux débats politiques nationaux, en Autriche, tandis qu'à Malte, elle a été explicitement et presqu'exclusivement liée à la sphère européenne.

Cette section a permis d'examiner l'étendue de l'européanisation des espaces publics nationaux. À cet égard, trois critères ont été analysés : européanisation verticale, horizontale et analogie thématique. La lecture des campagnes lors des élections européennes sur ces trois dimensions nous a indiqué que le processus d'européanisation reste limité.

Conclusion

En observant de manière approfondie le scrutin de juin 2009, l'analyse menée avait pour but d'alimenter la réflexion et le débat sur les dimensions nationale et européenne des élections européennes. En se focalisant sur l'étude de la campagne électorale, élément peu pris en compte par la théorie de second ordre, par le biais de la sphère médiatique, qui n'est utilisée que depuis peu pour s'interroger sur la chose européenne, cette contribution complète deux champs de recherche encore lacunaires. La méthode employée offre une vision d'ensemble du contenu des campagnes et permet un fin arbitrage entre national et européen.

Il résulte de nos analyses que l'Europe ne fait encore que très peu campagne. L'observation combinée des acteurs et des thèmes ne remet guère en question les principes liés au second ordre. De manière générale, les acteurs restent largement nationaux. Et s'il semble que les thèmes reflètent la nature européenne du scrutin, ce constat est fortement nuancé par la prépondérance d'éléments informatifs et descriptifs. Cependant, notre hypothèse est à nuancer. S'il existe effectivement des cas flagrants de campagne de second ordre avec une forte domination du national, aussi bien au niveau des acteurs que des thèmes présents, d'autres cas sont apparus dans lesquels la campagne vue au travers des médias a bien eu un aspect plus européen que national. Or la situation en tant qu'élection intermédiaire, ainsi que l'instrumentalisation du scrutin pour provoquer des élections anticipées, auraient justement dû renforcer encore le caractère de second ordre. Si le cycle électoral semble jouer un rôle et donc vérifier en partie ce postulat de la théorie de second ordre, on constate cependant que de nombreux autres facteurs et éléments de contexte interfèrent également et incitent donc à ne le considérer que comme un critère parmi d'autres.

En matière d'européanisation, d'après les trois critères utilisés, les campagnes ne laissent cependant entrevoir que peu de perspectives. Un faible dépassement des frontières nationales par les médias et les acteurs, une rareté des appels ou références au niveau européen et une implication plus que discrète de ses acteurs, ne représentent guère des éléments à même de nourrir les arguments des tenants de la création d'un espace public européen. Ainsi, même l'optique de la constitution d'un espace public européen comme le résultat de l'européanisation des sphères publiques nationales (Kanter, 2002 ; Gerhards, 2002), pourtant considérée comme la plus crédible par la littérature, reste très hypothétique.

L'analogie apparue dans les principaux thèmes des campagnes observées ne se retrouve ni dans les termes des débats ni dans les moyens envisagés. À cela s'ajoute un manque de substance politique des campagnes électorales qui restent ternes à la fois de par l'attitude des acteurs que par le traitement réalisé par les médias. Si bien que si l'Europe ne fait encore que très peu campagne, le national ne fait également qu'assez peu campagne.

La neutralisation du questionnement sur le rôle des médias vis-à-vis des campagnes électorales et plus largement sur l'espace public européen que nous avons effectuée mériterait désormais d'être intégrée afin de voir les rôles et responsabilités respectifs. Si les médias sont en mesure de participer à la construction d'un espace public européen (Baisnée, 2006 ; Fossum et Schlesinger, 2007), ils se heurtent cependant à la difficulté du traitement de cet objet supranational complexe fait de consensus et de négociations à différents niveaux (Schlesinger, 1991 ; Meyer, 1999). La médiatisation de la politique et des campagnes électorales nécessite désormais d'élargir la relation gouvernant-gouverné pour l'inscrire dans un jeu tridimensionnel incluant les effets de la sphère médiatique.

ANNEXE 1

PAYS	CYCLE ÉLECTORAL	CIRCONSCRIPTION	JOURNAUX CHOISIS	DIFFUSION*	IDÉOLOGIE**
AUTRICHE	2008-2013	Nationale	*Die Presse*	74 000	Conservateur (chrétien, proche ÖVP)
			Der Standard	70 000	Libéral
ESPAGNE	2008-2012	Nationale	*ABC*	254 000	Conservateur
			El Pais	392 000	Centre-gauche
FRANCE	2007-2012 Mais élections régionales sur l'ensemble du territoire en 2010	8 circonscriptions	*Le Monde*	345 000	/
			Libération	151 000	/
			Le Figaro	360 000	Conservateur/droite
GRÈCE	2007-2012 Mais pression de l'opposition pour des élections anticipées (qui ont effectivement eu lieu en octobre 2009)	Nationale	*Kathimerini*	46 000	Conservateur/centre-droit
			Ta-nea	76 000	/
IRLANDE	2008-2012 Mais simultanéité d'élections locales et de législatives partielles à Dublin, ainsi que perspective d'élections générales à l'automne.	4 circonscriptions	*The Irish Times*	119 000	/
			Irish Independent	181 000	Libéral

…/…

ANNEXE 1 *(suite)*

PAYS	CYCLE ÉLECTORAL	CIRCONSCRIPTION	JOURNAUX CHOISIS	DIFFUSION*	IDÉOLOGIE**
MALTE	2008-2013 Mais simultanéité avec des élections locales.	Nationale	*The Times of Malta*	20 000	Conservateur
			Malta Independent	Non dispon.	/
POLOGNE	2007-2011	13 circonscriptions	*Gazeta Wyborcza*	396 000	/
			Rzeczpospolita	128 000	Conservateur
ROUMANIE	2008-2012 Mais élections présidentielles en 2010.	Nationale	*Adevarul*	187 000	/
			Romania libera	54 000	Libéral
			Cotidianul	40 000	/
ROYAUME-UNI	2005-2010 Mais simultanéité du scrutin avec élections locales et scrutin anticipé attendu.	12 circonscriptions	*The Daily Telegraph*	840 000	Conservateur
			The Guardian	332 800	Centre-gauche
			The Times	618 160	/
SUÈDE	2006-2010	Nationale	*Gotebörgs Posten*	246 000	Libéral
			Expressen	305 000	/
			Aftonbladet	450 000	Social démocrate

* Données tirées de de http://www.courrierinternational.com/sources_overview et de http://www.presseurop.eu/fr/sources.
** *Ibid.*

ANNEXE 2 : *CODEBOOK* THÉMATIQUE

1. QUESTIONS NATIONALES

a. *Vie politique nationale* (Remaniement du gouvernement, élections nationales, extrême droite)
b. *Questions de société* (Questions identitaires, éthiques, de genre)
c. *Questions économiques* (Crise économique et situation économique nationale)
d. *Questions institutionnelles et fonctionnement de la démocratie* (Corruption, fraude aux élections, transparence, fonctionnement du système de justice)
e. *Politique étrangère*
f. *Politique d'immigration*
g. *Politique agricole*
h. *Politique de l'emploi*
i. *Politique énergétique*
j. *Politique de la santé*
k. *Politique d'éducation et de recherche*

2. QUESTIONS EUROPÉENNES

a. *Vie politique européenne* (Bilan des députés sortants, présidence de la Commission, informations sur l'UE, sur les activités du PE, descriptif des programmes des candidats, des partis politiques nationaux et européens)
b. *Questions institutionnelles et « démocratie européenne »* (Réforme institutionnelle, relation avec le citoyen, statut des élections européennes)
c. *Politique sociale européenne*
d. *Élargissement*
e. *Politique d'immigration*
f. *Politique étrangère et défense de l'UE*
g. *Politique énergétique (Sécurité énergétique)*
h. *Questions économiques (Pacte de stabilité, crise économique)*
i. *Environnement*
j. *Agriculture et pêche*
k. *Protection des consommateurs*
l. *Télécommunication et nouvelles technologies*
m. *Affaires intérieurs (Sécurité, criminalité)*
o. *Politique des transports*
p. *Politique régionale*

3. OBSERVATIONS SUR LE DÉROULEMENT DE LA CAMPAGNE

(Budgets électoraux, sondages, règles de campagne)

4. COUVERTURE DE LA CAMPAGNE D'UN AUTRE ÉTAT MEMBRE

Références bibliographiques

Baisnée Olivier (2006), « Les médias et l'Union européenne : un espace public encore introuvable », *in* Céline Belot et Bruno Cautrès, *La Vie démocratique de l'Union européenne,* Paris, La documentation française, p. 65-78.

Belot Céline et Pina Christine (2009), « Des campagnes européennes non-disputées et sous contraintes », *Revue politique et parlementaire*, vol. 1052, p. 62-72.

Blumler Jay (1983), *Communicating to Voters: Television in the First European Parliamentary Elections*, Londres, Sage.

Costa Olivier (2009), « Les acteurs politiques », *in* Renaud Dehousse, *Politiques européennes*, Paris, Presses de Sciences Po, p. 53-82.

de Vreese Claes (2001), « "Europe" in the News: A Cross-National Comparative Study of the News Coverage of the Key EU Events », *European Union Politics*, vol. 2, p. 283-307.

de Vreese Claes et Peter Jochen (2004), « In search of Europe: A Cross-National Comparative Study of the European Union in National Television News », *The Harvard International Journal of Press/Politics*, vol. 9, p. 3-24.

de Vreese Claes, Banducci Susan, Semetko Holli et Boomgaarden Hajo (2006), « The News Coverage of the 2004 Parliamentary Election Campaign in 25 Countries », *European Union Politics,* vol. 7, p. 477-504.

de Vreese Claes, Lauf Edmund et Peter Jochen (2007), « The Media and European Parliament Elections: Second-rate Coverage of a Second-order event ? », *in* Wouter Van der Brug et Cees van der Eijk, *European Elections and Domestic Politics*, Indiana, Université of Notre Dame, p. 116-130.

Eriksen Erik (2005), « An emerging European Public Sphere », *Journal of European Social Theory*, vol. 8, n°3, p. 341-363.

Flickinger Richard et Studlar Donley (2007), « One Europe, Many Electorates? Models of Turnout in European Parliament Elections After 2004 », *Comparative Political Studies*, vol. 40, n° 4, p. 383-404.

Fossum Philip et Schlesinger John (2007), *The European Union and the Public Sphere: A Communicative Space in the Making?*, Londres, Routledge.

Gerhards Jürgen (2002), « Das Öffentlichkeitsdefizit der EU im Horizont normativer Öffentlichkeitstheorien », *in* Hartmut Kaelble, Martin Kirsch et Alexander Schmidt-Gernig (dir.), *Transnationale Öffentlichkeiten und Identitäten im 20. Jahrhundert*, Francfort, Campus, p. 135-158.

Gerstlé Jacques, Davis Dennis et Duhamel Olivier (1991), « Television News and the Construction of Political Reality in France and the United States », *in* Lynda Kaid, Jacques Gerstlé et Keith Sanders, *Mediated Politics in two Cultures. Presidential Campaigning in the United States and France*, New York, Praeger, p. 117-144.

Gerstlé Jacques (1999), « Effets des médias et transformations de l'espace public », *in* Ioan Dragan, *La Communication du politique*, Paris, L'Harmattan, p .21-39.

Gerstlé Jacques, Semtko Holli, Schönbach Klaus et Villa Marina (2000), « L'européanisation défaillante des campagnes nationales », *in* Gérard Grunberg, Pascal Perrineau et Colette Ysmal, *Le Vote des Quinze. Les élections européennes de 1999*, Paris, Presses de Science-Po, p. 59-80.

Gerstlé Jacques (2006), « L'impact des medias télévisés sur la campagne référendaire française de 2005. Comparaison avec les élections européennes de 2004 », *Notre Europe, Études et recherches*, n° 53.

Gerstlé Jacques, Magni-Berton Raul et Piar Christophe (2006), « Media Coverage and Voting in the European Parliamentary Elections in France 2004 », *in* Michaela Maier et Jens Tenscher, *Campaigning in Europe - Campaigning for Europe. Political Parties, Campaigns, Mass media and the European Parliament Election 2004*, Berlin, Lits Publishers.

Guiraudon Virginie, Baisnée Olivier et Grojean Olivier (2002), « La place de l'Europe dans les débats nationaux : enjeux théorique, protocole méthodologie and premiers résultats empiriques à partir du cas français », VIIe Congrès de l'AFSP, Lille.

Hallin Daniel et Mancini Paolo (1984), « Speaking of the President: Political structures and Representational Form in US and Italian Television News », *Theory and Society*, vol. 4, p. 829-850.

Hix Simon et Marsh Michael (2007), « Punishment or Protest? Understanding European Parliament Election », *Journal of Politics*, vol. 69, n° 2, p. 485-510.

Hobolt Sara (2005), « When Europe Matters: the Impact of Political Information on Voting behavior in EU Referendums », *Journal of Elections, Public Opinion and Parties*, vol. 15, p. 85-109.

Holbert Lance et Benoit William (2009), « A Theory of Political Campaign Media Connectedness », *Communication Monographs*, vol. 76, n°3, p. 303-332.

Koepke Jason et Ringe Nils (2006), « The Second-order Election Model in an Enlarged Europe », *European Union Politics*, vol. 7, p. 321-347.

Koopmans Ruud et Erbe Jessica (2003), « Towards a European Public Sphere? Vertical and Horizontal Dimensions of Europeanised Political Communication », Berlin, Discussion Paper SP IV, Veröffentlichungsreihe der Arbeitsgruppe « Politische Öffentlichkeit und Mobilisierung », Wissenschaftszentrum für Sozialforschung (WZB).

Koopmans Ruud et Statham Paul (2002), « The Transformation of Political Mobilisation and Communication in European Public Spheres : A Research Outline », Project : europub. com, Disponible en ligne : http://www.eurpolcom.eu/ exhibits/europub.pdf

Kousser Thad (2004), « Retrospective Voting and Strategic Behavior in European Parliament Elections », *Electoral Studies*, vol. 23, n° 1, p. 1-21.

Leroy Pascale et Siune Karen (1994), « The Role of television in European Elections. The Cases of Belgium and Denmark », *European Journal of Communication*, vol. 9, p. 47-69.

Le Torrec Virginie, Blanchard Philippe, Garcia Guillaume and Patou Charles (2001), « Framing Europe: News Coverage and legitimacy of the EU in 5 countries », communication présentée à la ECSA Biennal International Conference, Madison, Wisconsin.

Lodge Juliet (1996), *The 1994 Elections to the European Parliament*, Londres, McMillan.

Machill Marcel, Beiler Markus et Fischer Corinna (2006), « Europe-topics in Europe's media. The Debate about the European Public Sphere: a Meta-analysis of Media content Analyses », *European Journal of Communication*, vol. 21, p. 57-88.

Magni-Berton Raùl (2008), « Pourquoi les partis gouvernementaux perdent-ils les élections intermédiaires. Enquête Eurobaromètre 2004 et élections européennes », *Revue française de science politique*, vol. 58, p. 643-656.

Marsh Michael (1998), « Testing the Second-Order Election Model After Four European Elections », *British Journal of Political Science*, vol. 28, p. 591-607.

Nord Lars W. et Strömbäck Jesper (2006), « Game is the Name of the Frame: European Parliamentary Elections in Swedish media 1995-2004 », *in* Michaela Maier et JensTenscher , *Campaigning in Europe – Campaigning for Europe. Political Parties, Campaigns, Mass media and the European Parliament Election 2004*, Berlin, Lits Publishers.

Norris Pippa (1997), « Nominations and Reflections », *European Journal of Political Research*, vol. 31, p. 109-124.

Norris Pippa (2000), « Blaming the Messenger? Political Communications and turnout in EU elections », *in* « Citizen Participation in European Politics », *Demokratiutredningens skrift*, n° 32, Stockholm, Statens Offentliga Utredningar.

Norris Pippa (2000), *A Virtuous Circle. Political Communication in Postindustrial Societies*, Cambridge, Cambridge University Press.

Parodi Jean-Luc (1983), « Dans la logique des élections intermédiaires », *Revue politique et parlementaire*, vol. 903, p. 42-72

Piar Christophe (2009), *La Coproduction de l'actualité télévisée et son impact sur la formation des opinions des citoyens en campagne électorale*, thèse de doctorat, Université Paris I Panthéon-Sorbonne.

Rallings Collin et Thrasher Michael (2005), « Not All "Second-Order" Contests are the Same: Turnout and Party Choice at the Concurrent 2004 Local and European Parliament Elections in England », *British Journal of Politics and International Relations*, vol. 7, n° 4, p. 584-597.

Reif Karlheinz et Schmitt Hermann (1980), « Nine Second Order National Elections: a Conceptual Framework for the Analysis of European Election Results », *European Journal of Political Research*, vol. 8, p. 3-44.

Reif Karlheinz (1984), « National Electoral Cycles and European Elections 1979 and 1984 », *Electoral Studies*, vol. 3, p. 244-255.

Risse Thomas et van de Steeg Marianne (2003), « An Emerging European Public Sphere ? Empirical evidence and theoretical clarifications », Paper presented at the International conference « Europeanization of Public spheres », Berlin, Wissenschaftszentrum, p. 191-206.

Schmitt Hermann et Mannheimer Renato (1991), « Special issue: The European Elections of June 1989 », *European Journal of Political Research*, vol. 19, p. 31-54.

Schmitt Hermann (2005), « The European Parliament Elections of June 2004: Still Second Order? », *West European Politics*, vol. 28, n° 3, p. 650-679.

Schlesinger Philip (1991), *Media, State and Nation: Political Violence and Collective Identities*, Londres, Sage publications.

Schlesinger Philip (2003), « The Babel of Europe? An Essay on Networks and Communicative Spaces », *ARENA online working papers*, n° 22.

Slaatta Tore (2006), « Europeanisation and the News Media: Issues and Research Imperatives », *Javnost*, vol. 13, n° 1, p. 5-24.

Studlar Donley, Flickinger Richard et Bennett Stephen (2003), « Turnout in European Parliament Elections: Towards a European-Centred model », *British Elections and Parties Review*, vol. 13, p. 195-209.

Trenz Hans-Jörg (2004), « Quo vadis Europe? Quality Newspapers Struggling for European Unity », papier présenté au workshop " One EU-Many Publics", Stirling.

Trenz Hans-Jörg (2005), *Europa in den Medien. Die europäische Integration im Spiegel nationaler Öffentlichkeit*, Frankfurt am Main, Campus Verlag.

Trenz Hans-Jörg (2007), « Measuring Europeanisation of public communication », ARENA, *RECON online working paper.*

van der Eijk Cees et Franklin Mark (1996), *Choosing Europe? The European Electorate and National Politics in the Face of the Union*, Ann Arbord, University of Michigan Press.

Weber Till (2007), « Campaign Effects and Second-Order Cycles », *European Union Politics*, vol. 8, p. 509-536.

Weber Till (2009), « When the Cat is away the Mice will Play: Why Elections to the European Parliament are about Europe after all », *Politique européenne*, n° 28, p. 53-72.

Olivier COSTA et Clarissa DRI

PROJET DE RECHERCHE LEGIPAR. LÉGITIMATION PARLEMENTAIRE ET GOUVERNEMENT DÉMOCRATIQUE EN FRANCE ET DANS L'UNION EUROPÉENNE (ANR – 2009-2011)

Dans un contexte de recomposition de la démocratie représentative, aux échelles nationale et européenne, et de promotion des alternatives participatives ou d'expertise sectorielle, le rôle des parlements dans le processus de légitimation du pouvoir reste méconnu. Il s'agit de la question centrale du projet LEGIPAR, qui vise à identifier les mécanismes selon lesquels l'Assemblée nationale en France et le Parlement européen à l'échelle de l'Union participent encore et toujours à la construction d'un discours de légitimité démocratique. En particulier, compte tenu du niveau de défiance des citoyens envers les organisations politiques et les institutions électives enregistré dans de multiples enquêtes nationales et internationales, il convient d'examiner dans quelle mesure et jusqu'à quel point cette « crise » de la politique et de la représentation peut être imputée à ces assemblées.

Cette problématique est fondée sur un double constat. Le premier est celui de la nécessité d'une réflexion informée et objective sur la légitimation des systèmes politiques français et de l'Union européenne. De nombreux travaux relevant de la théorie politique, de l'analyse électorale, de l'étude des opinions publiques ou encore de la sociologie des mobilisations ont établi le diagnostic d'une crise de confiance des citoyens dans leurs institutions nationales et européennes – les institutions locales jouissant globalement d'une meilleure image. Toutefois, de manière quelque peu paradoxale, ces travaux envisagent peu la place et le rôle des parlements et de leurs membres, alors même qu'ils sont au fondement de la logique démocratique des systèmes politiques contemporains, et que la représentation parlementaire constitue encore le principal vecteur de participation des citoyens et de légitimation des régimes. À l'échelle de l'Union, le processus continu de renforcement des pouvoirs du Parlement européen montre que, même dans un système politique fondé sur des formes alternatives de légitimation (expertise et logique d'agence, négociation intergouvernementale, néocorporatisme, pluralisme), la voie parlementaire continue d'apparaître comme une référence.

Des travaux essentiellement théoriques ont analysé la place du parlement dans la dynamique de (dé)légitimation des systèmes politiques contemporains pour conclure généralement en l'avènement d'une forme post-parlementaire de représentation (Andersen et Burns, 1996). Selon Bernard Manin (1995), la démocratie du public succéderait ainsi au parlementarisme et à la démocratie des partis pour placer en son centre une offre politique personnalisée, charismatique et désinstitutionnalisée. Colin Crouch (2004) a poursuivi plus récemment ces intuitions en décrivant, à travers le concept de « post-démocratie », un système décisionnel échappant largement au jeu de la représentation parlementaire au profit de négociations occultes entre dirigeants gouvernementaux et groupes d'intérêt. Les sciences sociales se sont largement saisies de la question démocratique, mais parfois sans établir de lien avec des phénomènes empiriquement observables (Manin, 1995 ; Rosanvalon, 1998, 2000 au niveau national) ; (Mairet, 1989, 1996 ; Ferry 2000 ; Ferry et Lacroix, 2000, au niveau européen).

Il convient donc de réintégrer une analyse du rôle des mécanismes de la représentation parlementaire à la réflexion sur l'état et l'avenir des systèmes politiques nationaux et supranationaux. Pour intéressants qu'ils soient, les travaux considérés dessinent en effet une relation finalement ambiguë entre le parlement et les processus de (dé)légitimation des systèmes politiques contemporains. La marginalisation supposée des enceintes parlementaires est le plus souvent comprise comme un indice de leur faible capacité à maintenir ou à restaurer la confiance des citoyens vis-à-vis du politique ou à exercer une influence quelconque sur l'action publique. À l'heure de la post-démocratie, la médiation parlementaire aurait fait son temps. Cependant, la difficulté des nouvelles formes de représentation et de participation politique à s'imposer à d'autres échelles que locale et la permanence des parlements en tant qu'arènes du débat public et que symboles de la démocratie (Chryssochoou *et al.*, 1998 ; Costa *et al.*, 2004), suggèrent une tout autre hypothèse : les parlements contribueraient à maintenir et à perpétuer des liens ténus de légitimation dans des systèmes politiques travaillés – et à certains égards, menacés – par des dynamiques extra-institutionnelles (globalisation, individuation, etc.).

La focalisation du débat sur les formes nouvelles de la démocratie s'explique également par le deuxième constat à la base du projet LEGIPAR : l'extrême faiblesse en France de l'étude des phénomènes parlementaires, entendus au sens large (Nay, 2003). Si le parlement français fait l'objet d'une attention jamais démentie de la part des spécialistes de droit parlementaire, des constitutionnalistes et des historiens, les études relatives à la population des parlementaires et aux activités des chambres et à la perception par les citoyens de leurs représentants font défaut. Alors que les études législatives (*legislative studies)* constituent une branche très dynamique de la science politique dans la plupart des démocraties occidentales, elles n'existent pas en tant que telles en France. Cette situation provient à la fois de l'affaiblissement (réel ou supposé) du parlement par la Constitution de 1958 et de la focalisation de la sociologie politique française contemporaine sur des formes moins institutionnalisées du politique. Si cette appréhension des phénomènes politiques dans toute leur diversité s'est révélée très féconde, elle n'en a pas néanmoins induit une carence de la recherche française sur la question de la représentation parlementaire. Les recherches conduites en France sur les parlementaires sont ainsi très partielles : elles privilégient un angle méthodologique (Chérot, 1980) ou encore un aspect spécifique de la question, tel que les procédures de recrutement sur une longue période (Best et Gaxie, 2000). Les études de grande ampleur ayant une visée exhaustive sont relativement anciennes (Cayrol, Parodi et Ysmal, 1973 ; Converse et Pierce, 1986) et nécessitent une actualisation. Comme le montrait Werner Patzelt en 1999 dans un article consacré aux travaux européens sur les parlements, on en sait beaucoup plus en France sur les élites politiques en général que sur les parlementaires en particulier.

Le Parlement européen suscite, à tous points de vue, des travaux beaucoup plus abondants que le parlement français (Costa et Rozenberg, 2008). Pendant longtemps, les publications ont revêtu une tonalité très institutionnaliste, dans la mesure où elles émanaient de juristes ou d'acteurs de l'institution. Il existe désormais une importante littérature, notamment anglo-saxonne, relative au fonctionnement du

Parlement européen, à ses membres et à leur comportement. La recherche a marqué des progrès certains sur quatre fronts. Le premier est celui du fonctionnement interne de l'assemblée, abordé principalement sous un angle institutionnaliste historique ; les études abondent sur la manière dont le Parlement européen a usé de ses prérogatives et de son autonomie pour accroître ses pouvoirs et son influence dans l'Union (Corbett, 1998 ; Costa, 2001 ; Rittberger, 2003). Le second front est celui de la discipline partisane et des rapports entre les groupes politiques (Raunio, 1997) ; de nombreuses études se sont notamment focalisées sur les équilibres partisans et sur le comportement des députés lors des votes (Delwit *et al.*, 1999 ; Hix, 1999 ; Kreppel, 2001). Certaines recherches abordent enfin l'institution sous un angle plus sociologique. Les unes portent sur les élections européennes (Grunberg *et al.,* 2000 ; Perrineau, 2005), d'autres sur le personnel politique dans une approche plus sociographique (Beauvallet, 2003 ; Kauppi, 2005 ; Michon, 2005). Le dialogue avec ces recherches s'impose : il serait regrettable que la science politique française, qui a souvent fait œuvre de pionnière à l'égard du Parlement européen, reste en marge de cet enjeu scientifique de premier ordre. L'étude de cette institution est en effet un puissant révélateur des particularités de l'exercice politique hors du cadre national, et, par contraste, des mécanismes intimes qui sous-tendent des phénomènes tels que la représentation, la délibération et la légitimation.

Le projet LEGIPAR se propose ainsi d'appréhender la question de la représentation parlementaire de manière globale et systématique, en envisageant plus spécifiquement la contribution de ce mécanisme démocratique à la légitimation et à la gouvernance des systèmes politiques contemporains. D'une manière globale, on peut concevoir la légitimation comme un processus triple, reposant sur la participation des citoyens (légitimation par les *inputs*), la production de politiques dont ils sont les destinataires (légitimation par les *outputs)* et l'existence de mécanismes de *checks and balances* et de contrôle formel (légitimation intrasystémique et rationnelle-légale). Les parlements interviennent à ces trois niveaux en assurant la représentation des citoyens et en incarnant « le peuple » (1), en influant sur l'adoption des lois et du budget et en soutenant ou orientant la politique du gouvernement (2), et en contrôlant l'action de ce dernier et de l'administration (3). Pour mettre à jour la contribution effective et perçue – positivement ou négativement – des parlementaires à ces trois modes de légitimation, il importe d'adopter une approche multidimensionnelle. La démarche employée est ainsi triplement duale : la question de la représentation est examinée du point de vue des élus comme de celui des citoyens, porte à la fois sur des parlementaires nationaux et européens, et s'appuie sur des données aussi bien qualitatives que quantitatives.

Plus spécifiquement, le projet LEGIPAR veut répondre à trois ordres de questions :

1. Qui sont les députés (origine socioprofessionnelle, ancrage territorial, type de trajectoire politique) ? Quelles sont leurs activités au sein de l'institution et en circonscription ? Les éléments d'identité sociale sont-ils des facteurs contribuant à expliquer leurs choix et leurs comportements au sein des chambres et en dehors de celles-ci ?

2. Comment les députés pensent-ils et disent-ils se comporter ? Quelles sont leurs valeurs déclarées ? Quelles sont leurs motivations affichées ? Comment perçoivent-ils les exigences de la représentation ? Quelle approche ont-ils de leur mandat et de leurs relations avec les citoyens ?

3. Quelle est l'image des députés auprès des citoyens ? Quelle perception ont-ils de l'identité, du comportement, des valeurs et des priorités des élus en général et de leurs élus en particuliers ? Qu'attendent-ils d'eux ? Quelle vision ont-ils de la contribution du parlement à la conduite de la politique ?

Pour y répondre, une équipe de neuf chercheurs travaille depuis janvier 2009 de façon cordonnée à Sciences Po Bordeaux (SPIRIT) et Sciences Po Paris (Centre d'études européennes) avec le soutien financier de l'Agence nationale de la recherche (ANR)[1]. Ils bénéficient du support de trois assistantes de recherche (une à temps plein et deux à temps partiel), d'une cinquantaine d'étudiants et d'une douzaine de vacataires qui contribuent au travail de terrain à Bordeaux, Paris et Bruxelles.

---

[1] L'équipe de LEGIPAR inclut Olivier Costa (coordinateur, chargé de recherche CNRS à SPIRIT), Olivier Rozenberg (chargé de recherche FNSP au Centre d'études européennes de Sciences Po), Sylvain Brouard (chargé de recherche FNSP à SPIRIT), Eric Kerrouche (chargé de recherche CNRS à SPIRIT), Pierre Lefébure (maître de conférences à Sciences Po Bordeaux), Cécile Vigour (chargée de recherche CNRS à SPIRIT), Camille Bedock (doctorante à Sciences Po) Clarissa Dri (doctorante à SPIRIT), Isabelle Guinaudeau (doctorante à SPIRIT), Sébastien Lazardeux (post-doctorant à SPIRIT), Tinette Schnatterer (assistante de recherche du projet) et Caroline Sagat (documentaliste à SPIRIT).

Ce dispositif humain très large nous permet de réaliser un travail empirique de grande ampleur autour des activités et acteurs des institutions étudiées. Il doit nous permettre de mieux cerner la place du mécanisme représentatif classique face aux nouvelles formes de participation et déterminer le rôle des institutions parlementaires face aux institutions exécutives et administratives ainsi qu'aux représentants du pouvoir économique, de la société civile et des intérêts privés. Notre protocole de recherche implique le recours combiné à l'analyse quantitative et qualitative et le dépassement de la dichotomie entre les approches de la représentation par les acteurs, d'une part, et par les institutions ou les structures sociales, d'autre part. Ce dépassement s'opère par le recours à la notion d'« éligibilité » et à la sociologie des rôles parlementaires.

Cette première année de recherches a permis d'accomplir certaines tâches initiales. L'équipe a recueilli des éléments socio-biographiques concernant l'ensemble des élus étudiés. Elle a, par ailleurs, constitué des bases de données exhaustives sur les activités de l'Assemblée nationale et du Parlement européen en récupérant de manière systématique les informations disponibles sur Internet (propositions de textes, amendements, questions, ordre du jour des commissions parlementaires…) ; toutes ces données font l'objet d'un codage thématique poussé, empruntant la nomenclature du projet international *Policy Agendas* (www.policyagendas.org). Les recherches auprès des élus ont également débuté. Un double questionnaire fermé et semi-ouvert a déjà été administré en face-à-face à cent quatre-vingt élus ; notre ambition est d'interroger deux cent cinquante membres de l'Assemblée nationale et cinquante parlementaires européens français. En ce qui concerne le droit parlementaire, l'équipe a identifié et organisé les principales règles qui régissent le travail parlementaire dans les deux assemblées étudiées, et retrace actuellement les évolutions intervenues depuis vingt ans. À l'heure actuelle, l'équipe LEGIPAR travaille à l'organisation de *focus groups* dans six circonscriptions électorales. L'ambition est de réunir des groupes d'électeurs de six députés nationaux de différents partis, statuts et genre pour analyser leur perception des élus en généraux et de leur député en particulier et de l'action de celui-ci à l'Assemblée nationale et en circonscription. Le site web du projet est en ligne (www.legipar.sciencespobordeaux.fr) ainsi qu'un portail public de veille documentaire (www.netvibes.com/legipar). Au terme de l'enquête, après une première séquence de publications, les données recueillies seront mises à disposition de la communauté scientifique sur le site du projet.

Il est trop tôt pour dégager un premier bilan de ce projet. La première année a été essentiellement consacrée à la définition précise du protocole de recherche, à la collecte de données et à l'analyse de la littérature. On soulignera néanmoins la richesse des différents éléments empiriques déjà réunis, qui permettront sans aucun doute à l'équipe de faire avancer les connaissances de fond sur les élus et chambres étudiées, de tester de multiples hypothèses et de traiter de questions plus spécifiques telles que l'impact des nouvelles formes de participation sur la représentation parlementaire, les déterminants du comportement des élus, la représentation des minorités et des genres ou encore l'impact de l'intégration européenne sur la représentation parlementaire.

Références bibliographiques

Andersen Svein et Burns Tom (1996), « The European Union and the Erosion of Parliamentary Democracy: A Study of Post parliamentary Governance », *in* Svein Andersen et Kjell A. Eliassen K. (dir.), *The European Union: How Democratic Is It?*, Londres, Sage, p. 227-252.

Beauvallet Willy (2003), « Institutionnalisation et professionnalisation de l'Europe politique, le cas des eurodéputés français », *Politique européenne*, n° 9, p. 99-122.

Best Heinrich et Gaxie Daniel (2000), « Detours to Modernity: Long Term Trends of Parliamentary Recruitment in Republican France 1848-1999 », *in* Heinrich Best et Maurizio Cotta (dir.), *Parliamentary Representatives in Europe 1848-2000. Recruitment and Careers in Eleven European Countries*, Oxford, Oxford University Press.

Cayrol Roland, Parodi Jean Luc et Ysmal Colette (1973), *Le Député français*, Paris, Armand Colin, Travaux et recherches de science politique 23.

Chérot Jean-Yves (1980), *Le Comportement parlementaire*, Aix-en-provence, Université de droit, d'économie et des sciences d'Aix-Marseille.

Chryssochoou Dimitris, Stavridis Stelios et Tsinisizelis Michaël (1998), « European Democracy, Parliamentary Decline, and the Democratic Deficit in the EU », *Journal of Legislative Studies,* vol. 4, n° 3.

Converse Philip et Pierce Roy (1986), *Political representation in France*, Cambridge, Belknap Press.

Corbett Richard (1998), *The European Parliament's Role in Closer EU Integration*, New York, St. Martin's Press.

Costa Olivier (2001), *Le Parlement européen, assemblée délibérante*, Bruxelles, Éditions de l'Université de Bruxelles.

Costa Olivier, Kerrouche Eric et Magnette Paul (dir.) (2004), *Vers un renouveau du parlementarisme en Europe ?*, Bruxelles, Éditions de l'Université de Bruxelles.

Costa Olivier et Rozenberg Olivier (2008), « Parlementarisme », *in* Céline Belot, Paul Magnette et Sabine Saurugger (dir.), *Science politique de l'Union européenne*, Paris, Economica.

Crouch Colin (2004), *Post-democracy*, Cambridge, Polity Press.

Delwit Pascal, Magnette Paul et De Waele Jean-Michel (1999), *À quoi sert le Parlement européen ? Stratégies et pouvoirs d'une assemblée transnationale*, Bruxelles, Complexe.

Ferry Jean-Marc (2000), *La Question de l'État européen*, Paris, Gallimard.

Ferry Jean-Marc et Lacroix Justine (2000), *La Pensée politique contemporaine*, Bruxelles, Bruylant.

Grunberg Gérard et Perrineau Pascal (2000), *Le Vote des quinze : les élections européennes du 13 juin 1999*, Paris, Presses de Sciences Po.

Hix Simon (1999), « Dimensions and Alignments in European Union Politics: Cognitive Constraints and Partisan Responses », *European Journal of Political Research*, vol. 35, n° 1, p. 69-106.

Kauppi Niilo (2005), *Democracy, Social Resources and Political Power in the European Union*, Manchester, Manchester University Press.

Kreppel Amie (2001), *The European Parliament and Supranational Party System. A Study in Institutional Development*, Cambridge, Cambridge University Press.

Mairet Gérard (1989), *Discours d'Europe : Souveraineté, citoyenneté, démocratie*, Paris, La Découverte.

Mairet Gérard (1996), *Le Principe de souverainete : histoires et fondements du pouvoir moderne*, Paris, Gallimard.

Manin Bernard, (1995), *Principes du gouvernement représentatif*, Paris, Calmann-Lévy.

Michon Sébastien (2005), « Les assistants parlementaires au Parlement européen », *in* Guillaume Courty (dir.), *Le Travail de collaboration avec les élus*, Paris, Michel Houdiard.

Nay Olivier (2003), « La vie à l'assemblée, angle mort de la science politique française », *Revue suisse de science politique,* vol. 9, n° 3, p. 83-96.

Patzelt Werner (1999). « Recruitment and Retention in Western European Parliaments », *Legislative Studies Quarterly*, vol. 24, n° 2, p. 239-279.

Perrineau Pascal (2005), *Le Vote européen 2004-2005 : de l'élargissement au référendum français*, Paris, Presses de Science Po.

Raunio Tapio (1997), *The European Perspective: Transnational Party Groups in the 1989-1994 European Parliament*, Londres, Ashgate.

Rittberger Berthold (2003), « The Creation and Empowerment of the European Parliament », *Journal of Common Market Studies*, vol. 41, p. 203-225.

Rosanvallon Pierre (1998), *Le Peuple introuvable. Histoire de la représentation démocratique en France*, Paris, Gallimard.

Rosanvallon Pierre (2000), La *Démocratie inachevée. Histoire de la souveraineté du peuple en France*, Paris, Gallimard.

Cornelia WOLL

L'UNION EUROPÉENNE : UNE MACHINE À LIBÉRALISER ?

Nicolas Jabko, *L'Europe par le marché : Histoire d'une stratégie improbable*, Paris, Presses de Sciences Po, coll. « Gouvernances », 2009, 288 pages.

François Denord et Antoine Schwartz, *L'Europe sociale n'aura pas lieu*, Paris, Raisons d'Agir, 2009, 138 pages.

L'Union européenne (UE) est-elle néolibérale ? Ce titre, initialement prévu par l'éditeur pour l'ouvrage de Nicolas Jabko, rappelle une des questions centrales du débat public et permet de lier ces deux ouvrages parus en 2009. Quelle est la nature de la construction européenne ? Vers où va-t-elle ? S'agit-il d'un projet porté par les élites ou y a-t-il un véritable contrôle politique possible sur l'orientation de ce projet d'intégration économique et sociale d'aujourd'hui vingt-sept pays ? Les réponses apportées par ces deux livres s'opposent sur plusieurs dimensions.

Le petit ouvrage de François Denord et Antoine Schwartz est un manifeste politique, paru au moment des élections européennes, avec un objectif clair et affiché : défaire la mythologie d'une Europe sociale qui compléterait un jour le grand projet de libre-échange entre les États membres de l'Union européenne. François Denord, chercheur CNRS au Centre de sociologie européenne de l'École des hautes études en sciences sociales (EHESS), et Antoine Schwartz, doctorant et ATER à l'Université Paris X-Nanterre, sont tous les deux experts des libéraux en France et s'attachent dans ce livre aux origines historiques et aux tenants intellectuels du projet européen.

Divisé en trois chapitres, le livre commence par rappeler le rôle des États-Unis dans le lancement d'un projet européen et atlantique essentiellement anticommuniste. Il étudie ensuite le paysage intellectuel en

Europe qui a nourri le projet et qui l'a fermement encadré sous une forme libre-échangiste, dont toute la dynamique communautaire découle. Même sous l'influence de Jacques Delors, qui œuvrait pour construire une Europe sociale, la tendance lourde n'a pas été renversée. Bien qu'une majorité d'États membres soient dirigés par des gouvernements ou des coalitions sociale-démocrates et que la Communauté économique européenne se transforme en « Union européenne » avec le traité de Maastricht en 1992, l'orientation profonde du projet ne change pas dans les années 1990. Au contraire, alors que les initiatives européennes en matière sociale restent à la surface des besoins des États-providences, les marchés européens passent une des étapes les plus importantes de leur intégration : la création de l'Euro. François Denord et Antoine Schwartz concluent que ce ne sont pas les idées et un appel rhétorique pour plus d'Europe sociale qui suffira pour inverser l'évolution, tant les élites bruxelloises et les institutions européennes telles que la Banque centrale européenne et la Cour de justice européenne s'attachent à préserver les principes d'une union de libre-échange.

Le livre de N. Jabko, chercheur au Centre des études et des recherches internationales de Sciences Po, s'attaque à trois de ces constats : il remet en question la nature clairement économique et libre échangiste de l'intégration européenne, il accorde une place beaucoup plus importante et transformatrice à la rhétorique politique et il refuse de considérer l'unification des années 1980 et 1990 comme la simple continuation d'un projet de libre-échange imaginé par les pères de l'Europe dans les années 1940 et 1950. Pour N. Jabko, l'intégration européenne depuis 1985 était inattendue et improbable, même si elle s'est faite de façon tellement progressive que peu de gens se sont rendu compte de cette « révolution tranquille » (p. 16). Il trouve problématique le discours en France sur « l'Europe libérale » qui s'expliquerait, au choix, par les pressions de la mondialisation, des chefs d'entreprises transnationales ou des bureaucrates européens avides d'ancrer leur pouvoir. Pour preuve, il cite la Grande Bretagne, où l'Europe est caractérisée comme l'image inversée d'une zone de libre-échange et apparaît comme une machine à faire des réglementations contraignantes et empressées, « un Léviathan tentaculaire aux services des puissances du continent » (p. 11). Au lieu de trancher entre ces deux visions, le livre se propose d'analyser leur coexistence et se concentre ainsi sur les « deux visages » (p. 259) de l'Union européenne.

En étudiant la période de 1985 à nos jours, N. Jabko rappelle l'hétérogénéité et les désaccords entre les principaux acteurs : on rencontre des fédéralistes farouches, des libéraux convaincus, des socio-démocrates soucieux d'élargir la portée d'un projet de libre-échange ou encore des chefs d'États opposés à tout projet qui abouteraient à céder encore plus de souveraineté à une bureaucratie lointaine. Le miracle de la révolution tranquille n'est pas la victoire des libéraux sur les autres, selon l'auteur, c'est au contraire que tous ces acteurs se sont ralliés au projet d'intégration des marchés dans les années 1990. Il analyse donc ce tournant inattendu en montrant qu'il est le résultat d'une stratégie politique des promoteurs de l'Europe, en particulier au sein de la Commission européenne, qui s'est servie du marché comme point de ralliement. Pour ce faire, les défenseurs de l'Europe avaient besoin de développer un concept de « marché » très ouvert : selon le public, ils le présentaient comme un outil de libéralisation, comme un outil de gestion des menaces extérieures, ou encore comme une façon de construire un ordre socio-économique commun.

Nicolas Jabko étudie cette stratégie politique dans quatre domaines d'intégration : la création d'un espace financier unifié, la libéralisation du secteur énergétique, la politique de cohésion à travers les fonds structurels et l'Union économique et monétaire. Dans chaque cas, il analyse les alliances improbables qui ont fini par soutenir le projet d'intégration au « nom du marché ». Toutefois, l'image du marché était une ressource politique très variable : une contrainte qui rendait l'intégration financière incontournable, une norme qui dictait l'évolution de la réglementation d'électricité, un espace qui a permis l'institutionnalisation de la politique structurelle ou encore un totem qui a servi de référence indiscutée pour l'intégration de la politique monétaire. Cette variation est importante, parce qu'elle se traduit dans des résultats politiques très divergents, allant de la libéralisation aux nouvelles réglementations à la construction d'outils auparavant inexistants, accompagnés d'un transfert de souveraineté très large.

Nicolas Jabko insiste sur la pluralité de ces résultats et montre qu'elle ne peut s'expliquer ni par les intentions des acteurs seulement, ni par une dynamique libérale qui impose toujours plus de marché. Le concept « marché » est un concept fondamentalement ambigu et les défenseurs de l'Europe ont su exploiter cette ambigüité pour créer des coalitions improbables. Par ce travail d'agrégation, le résultat final contient des morceaux des divers projets individuels et échappe en partie au contrôle des uns et des autres au bout du compte. Le livre apporte ainsi une contribution empirique importante sur le rôle de la rhétorique politique. Certes, les acteurs politiques utilisent un discours de façon stratégique et ils essaient de jouer sur l'ambigüité pour réussir leurs manœuvres politiques. Toutefois, les choix discursifs affectent la composition des coalitions de soutien et du coup les choix institutionnels. Ainsi, ils ont des conséquences lourdes qui ne sont pas forcément en adéquation avec les intentions initiales de leurs utilisateurs. L'orientation politique de l'UE est donc un combat politique permanent, potentiellement réversible, mais difficilement maitrisable à cause de l'ambiguïté qui joue toujours un rôle central dans chaque stratégie politique.

Le dialogue entre les deux livres est important et on comprend que l'opposition entre les auteurs reproduit la tension fondamentale du débat sur la nature et l'avenir de la construction européenne. Lors d'une journée d'études organisée par la Section d'études européennes de l'Association française de science politique le 19 février 2010 à Sciences Po, Sigfrido Ramirez de l'Université Bocconi à Milan répond à F. Denord et A. Schwartz en soulignant que même historiquement, l'influence des élites libérales n'était pas aussi évidente et incontestée que l'on pourrait croire. Il développe notamment l'exemple de la politique de concurrence. Aujourd'hui citée comme main de fer « libéralisatrice » de l'UE, la politique de concurrence est bien le résultat de visions souvent diamétralement opposées sur la place du politique et du marché dans l'intervention industrielle[1]. Que l'on parle des origines du projet européen ou de la transformation des années 1990, une vision monolithique de ce projet apparaît en effet comme une reconstruction simplifiée. L'insistance de N. Jabko sur la multiplicité des visions européennes et le combat politique permanent est ainsi mieux adaptée pour expliquer l'évolution et les tournants inattendus de la construction européenne. Si on analyse l'UE uniquement en termes de projet néolibéral, on risque de passer à côté d'éléments importants d'approfondissement et d'extension d'autorité supranationale aussi dans des domaines non marchands.

---

[1] *Cf.* Ramírez-Pérez, Sigrido M. (2006), « Antitrust ou Anti U.S.? L'industrie automobile européenne et les origines de la politique de concurrence de la CEE », *in* Eric Bussière, Michel Dumoulin and Sylvain Schrimann (dir.), *Europe organisée, Europe du libre-échange*, Bruxelles, Pieter Lang, p. 203-229.

Toutefois, il ne faut pas confondre la pluralité du débat politique et les tendances lourdes de l'évolution institutionnelle. Le livre de N. Jabko s'intéresse en premier lieu au changement. Il démontre avec force que la dépendance au sentier n'est pas suffisante pour expliquer l'évolution de l'UE. Mais en se concentrant sur les stratégies politiques et l'ambiguïté qui en résulte, il n'analyse pas assez les contraintes institutionnelles et la réduction du champ du possible. Selon Martin Höpner et Armin Schäfer, ni les élites politiques, ni les politiques publiques de l'UE ne sont exclusivement libérales. En revanche, la création d'un espace de libre-échange permet aux gardiens communautaires, en particulier la Cour de justice européenne et la Commission, d'insister sur la libre circulation et les droits individuels des citoyens européens, ce qui met en même temps en question les règles collectives établies au sein de chaque État membre[2]. Leur argument rejoint celui de Fritz Scharpf, qui distingue l'intégration négative par la suppression des barrières aux échanges et l'intégration positive par la construction de règles communes[3]. L'intégration négative peut s'appuyer sur la jurisprudence et l'intervention du contrôle de la concurrence et se fait ainsi beaucoup plus facilement que l'intégration positive qui nécessite l'accord d'une majorité ou parfois de tous les États membres. Avec les derniers élargissements, la difficulté d'un accord intergouvernemental est devenue encore plus prononcée. Pour ceux qui s'intéressent à la possibilité d'une Europe sociale, il y a donc des raisons très institutionnelles et systémiques de croire qu'elle ne se fera effectivement pas.

Cette analyse institutionnelle met en lumière le point commun des livres de F. Denord et A. Schwartz et de N. Jabko. En se concentrant sur les acteurs et leurs idées politiques, ils n'accordent pas suffisamment d'attention aux contraintes structurelles et en particulier aux institutions politiques. Pour F. Denord et A. Schwartz, les institutions communautaires renforcent l'influence des libéraux et les protègent contre une alternative sociale-démocrate. Or, on ne sait pas comment et pourquoi ce poids s'exerce et pourquoi il est censé être irréversible. Pour N. Jabko, les institutions contraignent les acteurs, mais doivent continuellement

---

2 Höpner, Martin et Schäfer, Armin (à paraître). « A New Phase of European Integration: Organized Capitalisms in Post-Ricardian Europe », *West European Politics*.

3 Scharpf, Fritz W. (1996). « Negative and Positive Integration in the Political Economy of European Welfare States », *in* Gary Marks *et al.* (dir.), *Governance in the European Union*. Londres, Sage.

être réinterprétées, ce qui laisse une marge pour revenir sur le projet initial et le redéfinir autrement. Il propose ainsi une vision beaucoup plus optimiste du travail politique. Mais il est difficile de croire que tout est toujours possible, même si des marges de manœuvre existent. L'auteur le reconnaît en soulignant que la plupart des stratégies politiques « n'atteignent jamais une visibilité telle, qu'elles méritent d'être examinées en détail » (p. 269). Ce constat rejoint l'analyse de Frank Baumgartner *et al.* sur le lobbying à Washington, où les auteurs montrent que ceux qui cherchent à influencer essaient continuellement de changer le cadrage du problème politique en question – le « *spinning* »[4]. La grande majorité de ces tentatives échouent, mais les rares qui réussissent ont souvent un effet très profond sur l'évolution des politiques publiques en question.

Ce constat pose alors la question : qu'est-ce qui explique les rares réussites ? Ou alternativement, qu'est-ce qui explique le grand nombre d'échecs ? Ces questions opposent les stratégies aux contraintes institutionnelles, l'analyse du changement à celle de la stabilité. C'est une question de curseur, mais il est utile de rappeler cette tension, puisqu'elle est au cœur du débat sur sa légitimité politique. L'UE a beau avoir un double visage et des significations multiples, elle est aussi de plus en plus mise en question par la population des différents pays. Pour affronter l'accusation d'être une machine libéralisatrice ou un Léviathan tentaculaire, l'Union européenne se doit d'être un lieu de débats politiques, ou le changement est possible et sujet à un contrôle démocratique des citoyens de ces États membres.

---

[4] Baumgartner, Frank R., Berry, Jeffrey M., Hojnacki, Marie, Kimball, David C. et Leech, Beth L. (2009), *Lobbying and Policy Change : Who Wins, Who Loses, and Why*, Chicago, Chicago University Press.

Katarzyna Karnaszewska

Sandra Lavenex et Emek M. Ucarer (dir.), *Migration and the Externalities of European Integration,* Lanham, Lexington, 2002, 232 pages.

Le débat européen sur l'immigration et l'asile trouve son origine dès après la Seconde Guerre mondiale. La grande pénurie de main-d'œuvre dans les pays de l'Europe occidentale a mené au recrutement massif de migrants travailleurs. Cette vague d'immigration qui dura pendant les années 1950 et 1960 a été suivie par un autre mouvement migratoire, de regroupement des familles des migrants cette fois, dans les années 1970. Ce n'est toutefois qu'à partir des années 1980 que les pays de l'Europe de l'ouest, conscient de l'intensification des vagues migratoires, entament une coopération dans le contrôle des frontières. L'évolution du régime de migration se poursuit grâce à l'Acte unique européen et l'achèvement du projet de libre circulation des personnes et des capitaux. En 1985 déjà, la convention de Schengen promulgue l'ouverture des frontières entre les pays signataires. Ces deux derniers développements révèlent un nouveau défi en matière de contrôle frontalier : l'abolition des frontières intérieures dans l'Union force les États membres à collaborer en matière de contrôle frontalier à l'extérieur de l'Union et de façon générale en matière d'immigration et d'asile. En 1992, le traité de Maastricht sur l'Union européenne formalise cette politique en créant un pilier intergouvernemental pour l'immigration et l'asile dans le cadre de Justice et d'affaires intérieures (JAI). C'est avec le traité d'Amsterdam, quand les matières de JAI tels que visas, asile et immigration entrent dans le premier pilier communautaire, que la coopération dans le domaine de la politique de migration prend un élan plus sérieux avec le développement d'une politique commune.

Ces développements institutionnels constituent la toile de fond de l'ouvrage dirigé par Sandra Lavenex et Emek M. Ucarer, qui, avec neuf autres collaborateurs, analysent les effets complexes de la politique européenne de migration sur les pays voisins de l'Union européenne. Cet ouvrage regroupant onze chapitres a pour objectif de fournir une analyse systématique de la problématique des « externalités » de l'Union européenne, de la coopération dans le domaine d'immigration et d'asile, et d'apporter des arguments qui démontrent les effets de l'européanisation de la politique migratoire sur les autres pays non membres de l'UE. L'ouvrage est organisé selon un ordre thématique et une suite logique qui fait en sorte qu'il se lit facilement et de façon cohérente. L'introduction retrace brièvement les développements historiques et institutionnels des migrations en Europe, et présente le cadre analytique en expliquant le concept des externalités et son application par rapport aux pays voisins. Les deux premiers chapitres, écrits par Emek M. Ucarer et Johannes van der Klaauw respectivement, décrivent le processus du développement de la politique commune migratoire dans le contexte de l'intégration européenne et le rôle joué par le Haut-Commissariat des Nations unies pour les réfugiés (HCR) dans le processus d'harmonisation du système d'immigration et d'asile, ainsi que son application envers les pays tiers. Les cinq chapitres suivants regroupent des analyses qui illustrent les exemples d'externalités. Il est question des pays tiers qui sont liés à l'UE par leur position géographique, tels que les pays de l'Europe de l'est, la Norvège, la Suisse, la Turquie et les pays de l'Afrique méditerranéenne.

Les chapitres 8 et 9, écrits par Joanne van Selm et Sandra Lavenex respectivement, élaborent d'autres aspects distincts du régime de migration de l'UE en essayant de répondre aux questions de savoir si la politique de migration, d'asile et la politique étrangère deviennent une seule entité et quel est l'impact du développement du régime de migration de l'UE sur le domaine de la politique du marché extérieur avec les pays tiers et les organisations multilatérales. Les auteurs ont raison d'associer le problème du contrôle des flux migratoires avec les développements de l'UE en matière de commerce internationale. Cette analyse propose l'argument suivant : avec la globalisation et la libéralisation des marchés, l'émergence des acquis migratoires de l'UE peut potentiellement produire des restrictions et même bloquer les mains des négociateurs européens travaillant sur le commerce extérieur avec les pays tiers. Bien que l'UE protège son marché du travail, elle doit aussi faire face au problème de l'augmentation des demandes de la main-d'œuvre dans certains secteurs (comme par ex. l'informatique). Ce phénomène met la pression sur l'UE pour qu'elle soit plus flexible par rapport à la circulation des migrants travailleurs.

Sandra Lavenex et Emek M. Ucarer ont regroupé les travaux de recherche qui abordent les aspects importants du régime de migration qui se construit en Europe : le contexte historique, la collaboration de l'UE avec le HCR, les exemples bien saisis des externalités, le rôle du marché et de la politique étrangère dans le développement de la politique migratoire, ainsi que les sujets pertinents de la citoyenneté et du bien-être social. Les chapitres sont unis par leurs approches critiques de la politique migratoire de l'UE envers les pays voisins. La complexité de la politique d'immigration et d'asile est bien présentée avec des analyses des politiques de visa, de l'adoption des standards concernant le contrôle des frontières extérieures, de la lutte contre les migrants clandestins, des ententes sur la réadmission des migrants dans les pays tiers, du statut de protection temporaire et des limitations d'accès aux procédures des demandes d'asile.

La question des externalités ou des effets externes est importante pour le développement du système de migration en Europe. La politique de migration de l'UE est basée sur la volonté de protéger les frontières contre les demandeurs d'asile et les migrants clandestins. En effet, les différents exemples d'ententes bilatérales et multilatérales cités dans le livre entre les pays de l'Union et les pays tiers démontrent que l'UE veut se protéger contre les demandeurs d'asile en utilisant les pays tiers. Les accords sur la réadmission sont signés avec ces pays tiers pour que les demandes d'asile soient le plus souvent évaluées en dehors de l'Union, c'est-à-dire dans les pays de transit.

Cette approche de « partage de fardeau » (*burden sharing*) caractérise la politique de l'Union depuis les années qui ont suivi la chute de mur de Berlin. Plusieurs pays affectés par les externalités (comme par exemple les pays d'Europe centrale et orientale) collaboraient volontairement dans ce domaine avec l'UE car cette coopération était conçue comme une condition d'adhésion à l'UE. Par exemple, les Pays d'Europe centrale et orientale (PECO) devaient appliquer dans leur politique nationale les normes de l'UE concernant la politique de visa payant envers d'autres migrants. En 1998 certains de ces pays tiers (considérés comme sûrs par l'UE) ont graduellement introduit les acquis de Schengen dans leur politique nationale avant même d'être admis dans l'UE. Cette forme de collaboration entre les pays tiers et ceux de l'UE est décrite sous la forme de transfert de politique (*policy transfer*) qui peut être volontaire ou involontaire. Le transfert de la politique de migration par les membres de l'Union passe effectivement sous la pression et sous certaines conditions imposées par les pays membres pour leurs propres intérêts. Les pays de l'Union sont préoccupés par leurs problèmes concernant les migrants clandestins et les demandeurs d'asile, et non pas par les problèmes potentiels des pays tiers qui ne sont pas véritablement les pays de destination ultime des migrants. Pour se protéger, l'Union construit donc la forteresse de Schengen ou une sorte de zone tampon *(buffer zone)* forçant certains pays comme la Norvège et la Suisse à collaborer avec eux. Ces deux pays sont des exemples où la politique de transfert est en même temps volontaire (car ils collaborent volontairement avec Union pour ne pas devenir un eldorado pour les migrants) et involontaire (car le projet est imposé par l'Union qui oblige ces pays de modifier leur politique nationale). Le cas des pays méditerranéens décrit par Ferruccio Pastore est différent. La complexité de partenariat entre l'Union et les pays du bassin méditerranéen découle de plusieurs facteurs qui rendent difficiles la mise en œuvre du processus d'harmonisation du système de contrôle de migration. Un des facteurs concerne l'hétérogénéité de cette région qui fait en sorte qu'il est presque impossible d'y avoir des accords multilatéraux.

Dans ce contexte concernant la problématique des externalités, cet ouvrage illustre bien que le processus de « communautarisation » de la politique migratoire peut avoir un impact positif ou négatif sur les relations entre les pays membres de l'Union et les pays tiers voisins, mais aussi entre ces voisins et leurs propres voisins qui sont encore plus loin de l'UE. Les accords sur les contrôles frontaliers comportent aussi une dimension économique : l'UE se charge de fournir l'assistance technique pour mieux aider ses partenaires non-membres à contrôler les frontières, mais en même temps elle offre une aide pour développer l'économie et améliorer les conditions de vie.

Les conséquences des externalités peuvent aussi être négatives comme c'est le cas pour certains PECO où les relations bilatérales et l'intégration économique se sont compliquées. En effet, les mesures de visas imposées par l'UE sur les pays voisins peuvent aggraver les relations de ces pays avec leurs propres voisins, comme c'était le cas avec la Hongrie. Cette dernière devait effectivement contrôler de façon stricte ses frontières avec la Slovaquie et la Roumanie, même si beaucoup d'Hongrois vivaient/travaillaient en Slovaquie et en Roumanie. Le système des visas a compliqué ces liens régionaux.

Les exemples d'externalités de la politique européenne sont nombreux, intéressants et suffisamment bien décrits pour que le lecteur puisse comprendre les mécanismes de la politique de migration et la dynamique des relations entre les pays tiers et l'UE. Pour que le thème des externalités soit bien complété, un chapitre sur les relations entre l'UE et la Russie dans le domaine des migrations aurait pu être inclus. L'accord de partenariat et de coopération (APC) qui a été signé en 1994 entre Moscou et Bruxelles a pour objectif la coopération dans le cadre économique et commercial, mais aussi dans le cadre politique où la question sensible de Kaliningrad et les problèmes de visas sont abordés. Une discussion sur ce thème aurait été utile. Le cadre théorique soulève aussi quelques questions. Les auteurs ont pris le terme « externalités » d'une théorie développée en économie. Néanmoins, ce cadre théorique économique n'est pas élaboré et il nous manque des explications plus claires pour que la notion d'externalité et l'analyse qui en découle soient plus compréhensible. D'autant plus que le terme « externalités » semble être utilisé comme synonyme de l'expression « effets externes », ce qui ne signifie pas exactement la même chose. Mais de manière générale, le livre demeure une bonne source d'information sur l'évolution des politiques migratoires et de l'asile en Europe. Il est particulièrement utile pour comprendre la dynamique des relations entre les membres de l'UE et les pays voisins qui aimeraient être candidats à l'adhésion.

Nicolas **Leron**

Karen Alter, *The European Court's Political Power: Selected Essays*, Oxford, Oxford University Press, 2009, 327 pages.

Karen Alter, Associate Professor en science politique à la Northwestern University, peut être aisément considérée comme l'une des auteurs majeurs dans le champ de l'intégration juridique européenne[1]. Dans son dernier ouvrage *The European Court's Political Power: Selected Essays,* publié en 2009 chez Oxford University Press[2], elle compile quelques dix-sept années de recherche sur la Cour de justice de l'Union européenne[3]. Karen Alter n'a eu de cesse, en effet, d'étudier cette institution en multipliant les angles d'approche : compétition entre juridictions nationales, rôle des requérants particuliers, rôle des juristes européens, relations entre la Cour de justice et les gouvernements des États membres, comparaison avec les autres cours internationales, approche socio-historique, approche contrefactuelle, approche contextuelle, études de cas.

C'est que la Cour de justice, longtemps délaissée au profit d'autres institutions européennes, fascine désormais les politistes. Le champ initialement ouvert dans les années 1980 par les articles fondateurs des juristes américains Eric Stein et Joseph Weiler[4] s'est révélé d'une fertilité exceptionnelle

---

1 La littérature anglophone utilise les termes *legal integration* et *integration-through-law.*

2 Elle y avait déjà inauguré en 2001 la collection « Studies in European Law » par son ouvrage remarqué *Establishing the Supremacy of European Law: The Making of an International Rule of Law in Europe.*

3 Anciennement Cour de justice des Communautés européennes (CJCE), elle est rebaptisée par le traité de Lisbonne Cour de justice de l'Union européenne (CJUE). Nous emploierons indifféremment les termes de « Cour », « Cour de justice », « Cour de justice des Communautés européennes » et « Cour de justice de l'Union européenne ». Nous en ferons de même pour les termes « droit communautaire » et « droit de l'Union européenne », par habitude de langage.

4 Eric Stein (1981), « Lawyers, Judges, and the Making of a Transnational Constitution », *The American Journal of International Law*, vol. 75, n° 1, p. 1-27 ; Joseph Weiler (1991), « The Transformation of Europe », *The Yale Law Journal*, vol. 100, n° 8 – Symposium International Law, p. 2403-2483.

politique européenne, n° 31, 2010, p. 227-232.

pour les études européennes. Depuis, la production littéraire en la matière croît de manière exponentielle[5]. On pourrait compter à ce jour, dans le contexte paradigmatique de la puissance politique des juges[6], outre la deuxième génération d'auteurs constituée d'Anne-Marie Slaughter et Walter Mattli (approche néofonctionnaliste)[7], Alec Stone Sweet (approche néo-néofonctionnaliste)[8], Renaud Dehousse (approche contextuelle)[9], Geoffrey Garret (approche néoréaliste)[10] et K. Alter, une troisième génération représentée notamment par les tenants d'une approche socio-historique de la Cour de justice et des juristes européens tels qu'Antoine Vauchez, Antonin Cohen, Michel Mangenot et Antoine Mégie[11].

Au sein de ce champ d'étude foisonnant, K. Alter propose une voie originale qui se veut à la fois en opposition à l'approche néoréaliste de G. Garret fondée sur la théorie principal-agent – fortement contestée – et au néofonctionnalisme classique d'A.-M. Slaughter et W. Mattli. En outre, elle pose d'entrée de jeu le postulat – quasi-hérétique – selon lequel la Cour de justice est une juridiction internationale, au même titre que la Cour internationale de justice ou la Cour de justice de la Communauté andine. Si une telle conception de la Cour de justice n'a, bien entendu, plus droit de cité parmi les juristes – les communautaristes ayant remporté la controverse doctrinale stratégique de l'autonomisation

---

5 Pour une synthèse de la littérature récente sur l'intégration juridique européenne, voir : Lisa Conant (2007), « Review Article: The Politics of Legal Integration », *JCMS Annual Review*, vol. 45, n° 1, p. 45-66.

6 Ran Hirschl (2008), « The Judicialization of Mega-Politics and the Rise of Political Courts », *Annual Review of Political Science*, vol. 11, p. 93-118.

7 Anne-Marie Burley et Walter Mattli (1993), « Europe Befor the Court: A Political Theory of Legal Integration », *International Organization*, vol. 47, n° 1, p. 41-76 ; Walter Mattli et Anne-Marie Slaughter (1998), « Revisiting the European Court of Justice », *International Organization*, vol. 52, n° 1, p. 177-209.

8 Alec Stone Sweet et James A. Caporaso (1998), « La Cour de justice des Communautés européennes », *Revue française de science politique*, vol. 48, n° 2, p. 195-244.

9 Renaud Dehousse (2000), « L'Europe par le droit : Plaidoyer pour une approche contextuelle », *Politique européenne*, n° 1, p. 63-83.

10 Geoffrey Garrett (1995), « The Politics of Legal Integration in the European Union », *International Organization*, vol. 49, n° 1, p. 171-181.

11 Antoine Vauchez (2008), « "Integration Through Law": Contribution to a Socio-history of EU Political Common Sense », *EUI Working Paper RSCAS*, n° 2008/10 ; Antonin Cohen et Antoine Vauchez (2008), « Back to the "Future of Europe": A Political Sociology of EU Constitutional Saga », *EUI Working Paper RSCAS*, n° 2008/33 ; Antoine Mégie et Guillaume Sacriste (2009), « Polilexes : Champ juridique européen et polity communautaire », *Politique européenne*, n° 28, p. 157-162.

du droit communautaire vis-à-vis du droit international[12] –, elle est de même peu admise chez les politistes des études européennes. Mais cette banalisation de la Cour de justice et de son pouvoir permet à K. Alter, selon une approche comparatiste[13], de poser la question centrale qui parcourt l'ensemble de ses travaux : la Cour de justice est-elle une exception dans le monde ou préfigure-t-elle l'évolution naturelle des autres cours internationales ?

Dans un chapitre inédit, « The European Court's Political Power Across Time and Space », qui introduit l'ouvrage et fait office de synthèse générale de ses travaux, K. Alter reprend avec clarté sa théorie de l'intégration juridique en quatre seuils qui s'activent en présence de certains facteurs :

- Un droit applicable : l'existence à la fois d'une juridiction obligatoire accessible aux justiciables, ainsi que d'un droit directement invocable par ceux-ci et qui contredit les pratiques nationales.
- Des requérants intéressés : la présence de requérants développant une stratégie judiciaire pour parvenir à leurs fins. Ce seuil est activé en fonction du niveau de soutien politique et social aux objectifs généraux des règles mises en avant par les requérants, de la présence d'une mobilisation collective et du type d'organisation du groupe d'intérêt (les groupes aux mandats spécifiques et politiquement marginalisés sont davantage susceptibles d'opter pour une stratégie judiciaire).
- Le soutien judiciaire (national et/ou international) : la prise de décisions judiciaires dans le sens des objectifs des requérants. Les facteurs déterminants sont le niveau de complexité politique dans lequel intervient la juridiction (plus l'autorité est polycentrique, moins la Cour sera en mesure de trouver une solution satisfaisant un panel large l'électeurs, l'activisme judiciaire en étant d'autant réduit), le niveau de divergences des préférences entre les acteurs infra-étatiques (plus le soutien social est en contradiction avec la politique gouvernementale et est cohérent et

---

12 Pour une illustration du débat au sein de la doctrine juridique française, voir les articles canoniques d'Alain Pellet, premier représentant des internationalistes (Pellet, 1994, « Les fondements juridiques internationaux du droit communautaire », *Cours de l'Académie de droit européen*, vol. 5, livre 2, p. 193) et de Denys Simon, héraut de l'approche communautariste (Simon, 2000, « Les fondements de l'autonomie du droit communautaire », *Droit international et droit communautaire. Perspectives actuelles*, Colloque SFDI de Bordeaux, Paris, Pedone, p. 207-249).

13 Voir le chapitre 11 « Agents of Trustee? International Courts in their Political Context » et le chapitre 12 « Private Litigants and the New International Courts ».

uni, plus l'activisme judiciaire sera grand), et la présence de litiges mettant en jeu l'indépendance des cours et le respect de l'État de droit.

– Le suivi politique (« *political follow-through* ») : la mise en œuvre d'un suivi politique de la décision judiciaire favorable afin d'assurer que le coût du maintien de la situation illégale dépasse, pour le gouvernement et l'administration, les inconvénients d'une régularisation. De même que pour le deuxième seuil, le facteur principal est la présence d'une mobilisation collective, et pas seulement individuelle.

Les cours sont conçues comme des acteurs politiques charnières situés aux points de bascule (*tipping point actors*). Elles aideront les groupes d'intérêts à atteindre leurs objectifs lorsque le droit en question et leur autorité juridique sont clairs. En revanche, elles ne substitueront généralement pas leurs propres interprétations aux conceptions politiques construites lorsque le contexte politique et social se caractérise par des conceptions divergentes ou antagonistes, et où leur propre base de légitimité se trouve faible. À la vision essentialiste des juristes qui voient une autorité intrinsèque à la Cour de justice et au droit européen, K. Alter préfère la qualification de catalyseur de forces politiques et sociales. Elle opère, en quelque sorte, un décentrement par rapport à la figure du juge alors replacée dans son environnement politique et social, dans une approche similaire à celle de Lisa Conant[14].

Karen Alter en profite également pour se distancier des interprétations biaisées de son approche souvent qualifiée de « compétition inter-cours », selon laquelle c'est la compétition entre les juridictions nationales ordinaires et les juridictions nationales suprêmes qui constitue le principal moteur de l'intégration juridique, les premières contournant les dernières par le truchement du droit de l'Union européenne, créant et renforçant ainsi l'autorité et la diffusion de celui-ci. Elle se replace dans une veine institutionnaliste historique, voire bourdieusienne selon ses mots, et contre le néofonctionnalisme et la théorie du *self-empowerment* de Anne-Marie Burley et Walter Mattli[15], nécessairement grevés par les éléments problématiques intrinsèques de cette approche et d'ailleurs empiriquement

---

14 Lisa Conant (2002), *Justice Contained: Law and Politics in the European Union*, Ithaca, Cornell University Press.

15 Selon la théorie du « *self-empowerment* », les juridictions nationales se saisissent du droit communautaire comme instrument de pouvoir vis-à-vis des pouvoirs exécutif et législatif nationaux, ce qui en retour renforce l'autorité et la diffusion du droit communautaire et la Cour de justice, qui alors dans une logique circulaire donne un nouveau surcroit de force aux juridictions nationales face à leur gouvernement et parlement.

contredits. Les acteurs qui pourraient soulever un litige de droit communautaire dans la poursuite de leurs intérêts particuliers le font finalement peu ; l'effet de *spillover* se développe rarement ; les loyautés politiques demeurent les mêmes[16]. L'approche institutionnaliste historique permet de mieux saisir la contingence, le contexte et les contre-forces. Karen Alter théorise ainsi la possibilité d'un retour de bâton de l'intégration juridique ou « effet de réverbération » : un cercle vicieux de réaction à l'activisme de la Cour peut s'enclencher, chaque seuil de sa théorie constituant une possibilité d'échec[17]. C'est, selon nous, un des apports principaux de K. Alter qui met en lumière pour mieux le critiquer le présupposé téléologique positif du néofonctionnalisme tel qu'appliqué à l'intégration juridique.

Par ailleurs, la distinction qu'elle opère entre le néofonctionnalisme et son approche est entachée d'un certain flou. En effet, si elle se démarque nettement de l'approche principal-agent dont elle démonte méticuleusement les présupposés – elle y oppose la notion de *trustee* qui intègre la réputation et la figure du bénéficiaire[18] – son analyse de la situation des États membres vis-à-vis du droit communautaire et de la Cour en terme de « *joint decision trap* » reste similaire à celle décrite par le néofonctionnalisme, certes dans une version raffinée par l'intégration du type de requérants et du contexte politique et social qui entoure tel enjeu saisi par une stratégie judiciaire européenne. Les gouvernements nationaux demeurent sans réelle prise sur le processus d'intégration juridique, dont les principaux rouages sont les acteurs infra-étatiques et non-étatiques, mus par une logique instrumentale.

Karen Alter accorde peu de place au poids cognitif et discursif de la doctrine juridique de la Cour de justice et des communautaristes – les « *Euro-lawyers* » étudiés par A. Vauchez[19] – même si elle dit vouloir élaborer une théorie du changement doctrinal par l'effet d'une compétition entre juridictions. Si le champ juridique se comprend comme un univers discursif autonome régi par le langage et la logique juridiques, alors les

---

16 Voir le chapitre 3 « The Theory and the Reality of the European Coal and Steel Community » où K. Alter démontre que le processus d'intégration juridique n'a pas eu lieu avec la CECA, contrairement aux prédictions du modèle néofonctionnaliste.

17 Voir le chapitre 9 « The European Union's Legal System and Domestic Policy: Spillover or Backlash? ».

18 Voir le chapitre 11 « Agents of Trustee? International Courts in their Political Context ».

19 Antoine Vauchez (2008), « The Force of a Weak Field: Law and Lawyers in the Government of the European Union (For a Renewed Research Agenda) », *International Political Sociology*, vol. 2, n° 2, p. 128-144.

décisions de la Cour et la forme du raisonnement qu'elle développe constituent un des déterminants de l'intégration juridique. Sans revenir à l'approche légaliste sophistiquée de J. Weiler selon laquelle l'intégration juridique s'explique en premier lieu par la force intrinsèque du droit et de la logique juridique[20], les conceptions que se font les acteurs du droit de l'Union européenne comme ordre juridique autonome et distinct du droit international et de la Cour de justice comme cour constitutionnelle de l'Union européenne – et non comme une cour internationale exceptionnelle – doivent être intégrées dans le modèle théorique si l'on veut appréhender de manière satisfaisante la complexité du processus de l'intégration juridique européenne.

L'ancrage théorique du modèle explicatif en quatre seuils de K. Alter est incertain. Elle dit se situer dans le courant de l'institutionnalisme historique et fait part de son tropisme bourdieusien. Pourtant selon ses articles et ses questionnements, sa démarche semble s'inscrire parfois dans l'institutionnalisme de choix rationnel, souvent dans une voie proche du néofonctionnalisme, et peut-être à l'occasion dans la nébuleuse constructiviste. Mais la principale force de K. Alter réside peut-être ailleurs que dans l'échafaudage théorique. Elle a rassemblé au fil de ses travaux une somme probablement inégalée de données empiriques sur la Cour de Justice de l'Union européenne et ses consœurs, ce qui lui permet de mettre en évidence les failles et les insuffisances des approches classiques de l'intégration juridique de l'Union européenne. Cette compilation de dix-sept années de recherche doit se comprendre avant tout comme le parcours de K. Alter dans l'univers des cours internationales. Son point fort est d'aller décortiquer dans le détail et sous divers angles d'analyse les mécanismes de l'intégration juridique, en s'affranchissant finalement des rigidités propres à toute construction théorique. Plus défricheur de problématiques que bâtisseur de modèles, *The European Court's Political Power* de K. Alter est une somme dont la lecture s'impose à celles et ceux qui s'intéressent à la place du droit et du juge dans la construction politique européenne et au-delà[21].

---

20 Joseph H.H. Weiler (1994), « A Quiet Revolution. The European Court of Justice and its Interlocutors », *Comparative Political Studies*, vol. 26 , n° 4, p. 510-534.

21 Les travaux de Fritz Scharpf montrent la place centrale du droit et de la Cour dans l'étude *de la* et *des* politique(s) européenne(s), de même que *a contrario* la nécessité de dépasser une lecture strictement institutionnaliste de l'intégration juridique (le droit communautaire comme contrainte formelle de l'intégration positive). Voir Fritz Scharpf (2009), « The Double Asymetry of European Integration. Or: Why the EU Cannot Be a Social Market Economy », *MPIfG Working Paper*, n° 09/12.

Olivia-Larisa **Chicos**

Hanspeter Kriesi, Edgar Grande, Romain Lachat, Martin Dolezal, Simon Bornschier et Timotheos Frey, *West European Politics in the Age of Globalization*, Cambridge, Cambridge University Press, 2008, 428 pages.

L'ouvrage de Hanspeter Kriesi et ses collègues s'intéresse aux conséquences de la mondialisation sur le clivage politique entre la droite et la gauche au niveau national. Plus précisément, les auteurs cherchent à comprendre si et comment la mondialisation a entraîné un changement des profils idéologiques ainsi que de l'organisation politique en Europe occidentale. Ce livre est donc, dès le départ, un projet ambitieux et novateur puisqu'au lieu de s'attarder aux conséquences économiques de la mondialisation sur la capacité politique des États, il porte son attention sur l'impact que peut avoir la mondialisation sur les forces politiques et sur l'électorat. Contrairement aux idées reçues, les auteurs croient que les réactions aux conséquences économiques et culturelles de la mondialisation se manifestent *a priori* au niveau national et que cela s'observe au niveau des profils idéologiques, des clivages politiques et des partis politiques que plusieurs présument n'être déterminés que par des phénomènes internes à l'État.

Selon les auteurs, le processus de mondialisation comme phénomène d'érosion des barrières nationales a provoqué l'émergence d'un nouveau clivage social post-matérialiste, opposant les gagnants et les perdants de la mondialisation en Europe de l'Ouest. Les catégories sociales anciennement protégées des changements par les barrières nationales sont considérées comme les perdants de la mondialisation puisqu'ils perçoivent l'érosion de ces barrières comme une menace à leur statut social. Pour se protéger contre ces conséquences néfastes, ces derniers s'accrochent à la souveraineté nationale et réclament des mesures

politique européenne, n° 31, 2010, p. 233-238.

protectionnistes qui peuvent être culturelles ou économiques. Par contre, les gagnants, étant les bénéficiaires des nouvelles opportunités créées par la mondialisation, sont favorables au processus d'intégration internationale et soutiennent l'ouverture des frontières. Les auteurs se réfèrent à cet antagonisme entre les gagnants et les perdants de la mondialisation en parlant de conflit entre intégration et démarcation ou plus simplement, un conflit entre intégration et différenciation.

Dans une structure politique bi-dimensionnelle, cet antagonisme s'inscrit naturellement dans la dimension économique en intensifiant l'opposition classique entre ceux qui sont favorables au libre marché et ceux qui demeurent attachés à l'intervention de l'État. Pourtant, selon les auteurs, c'est sur la dimension culturelle que le conflit intégration-démarcation a le plus d'impact et cela au point de diviser les alliés du camp pro-marché. Ainsi, des citoyens unis par des positions économiques libérales se retrouvent en totale opposition sur des enjeux culturels tels que l'émancipation des femmes, la solidarité envers les plus démunis, la protection de l'environnement, l'homosexualité…

Dans le contexte européen, les questions d'immigration et d'intégration européenne, centrales à la dimension culturelle, correspondent tout à fait au clivage intégration-démarcation lié à la mondialisation. Sur ces questions, le pôle démarcation est caractérisé par une opposition au processus d'intégration européenne et par des positions très restrictives sur l'immigration. De plus, les auteurs soulignent que la défense des valeurs traditionnelles et l'opposition au libéralisme culturel par les perdants de la mondialisation se manifestent de plus en plus par des poussées nationalistes accompagnées d'une volonté d'isolement et d'un sentiment xénophobe.

Ces oppositions d'ordre culturel conduisent à la transformation structurelle de l'espace politique et à un repositionnement stratégique des partis politiques en Europe occidentale. La mondialisation structure des intérêts politiques latents qui peuvent être articulés par les organisations politiques. Ainsi, selon l'hypothèse d'« adaptation » des auteurs, les nouvelles préférences, identités, valeurs et intérêts, liés essentiellement aux questions culturelles et issus du conflit entre intégration et démarcation, engendrent un repositionnement et un réalignement de ces derniers sur l'échiquier politique national donnant ainsi naissance à une configuration politique tripolaire : la gauche, la droite modérée et une nouvelle droite populiste.

Face à ce clivage culturel, les trois familles politiques traditionnelles en Europe, soit les sociaux-démocrates, les libéraux et les chrétiens-démocrates, adoptent de manière générale une position intégrationniste modérée, laissant ainsi l'articulation des intérêts et préférences des perdants de la mondialisation à des organisations politiques jusque-là marginales. Ces dernières, à l'inverse des courants politiques dominants, ont adopté un programme conforme aux attentes des partisans de la démarcation qui, en ce qui concerne l'Europe, s'illustre par l'opposition à l'intégration européenne. Pour la gauche radicale, cela se traduit surtout par l'opposition au libéralisme économique. Par contre, l'opposition à l'érosion des frontières nationales de la droite populiste s'inscrit plutôt dans une perspective d'objection à toute forme de concurrence culturelle ou sociale qui risque de menacer l'identité nationale. Ainsi, ce qui caractérise la droite populiste ce sont principalement des positions xénophobes et racistes qui séduisent ceux qui craignent les conséquences de la mondialisation. Le livre suggère que les enjeux d'ordre culturels sont plus importants aux yeux des perdants de la mondialisation que les questions économiques, ce qui explique également pourquoi la droite populiste mobilise ces individus plus que ne le fait l'extrême gauche. Par conséquent, les auteurs considèrent que la droite populiste, ayant répondu intelligemment aux intérêts des perdants de la mondialisation, est de ce fait la force entraînante de la transformation des systèmes politiques en Europe occidentale.

Compte tenu que la recherche menée par les auteurs examine ces transformations dans six pays de l'Europe de l'Ouest (la France, l'Allemagne, l'Angleterre, l'Autriche, la Suisse et les Pays-Bas), cet ouvrage représente l'une des plus importantes études comparatives sur la mondialisation et ses répercussions sur les systèmes politiques nationaux. Étayé de nombreuses références, le livre propose tout d'abord une vue d'ensemble des impacts de la mondialisation sur l'espace politique national européen. Dans sa deuxième partie, l'ouvrage présente les six études de cas, soit les six pays examinés qui reçoivent chacun un chapitre du livre. Finalement, la dernière partie s'attache méthodiquement à une analyse comparative des cas étudiés.

L'analyse se divise en deux parties, soit la demande, qui représente les préférences des électeurs, et l'offre, c'est-à-dire les positions des partis politiques. Pour chacune des facettes du jeu électoral, les positions des acteurs sont analysées selon douze problématiques (l'aide sociale, le budget, le libéralisme économique, l'Europe, la culture, l'immigration, l'armée, la sécurité, la protection de l'environnement, les réformes institutionnelles et les infrastructures) et ce pour quatre élections nationales différentes ; trois durant les années 1990 et début 2000 et une quatrième pendant les années 1970, comme point de référence. Des sondages électoraux préexistants sont utilisés pour évaluer les préférences des électeurs et ces derniers sont classés en fonction de leur classe sociale. Pour ce qui est de l'analyse de l'offre, l'attention s'est portée sur les débats durant les campagnes électorales. Pour repérer les positions des partis, les auteurs ont réalisé une analyse d'articles de journaux et pour chaque pays un journal de qualité et un tabloïd furent sélectionnés. Tous les articles sauf les éditoriaux ont été analysés et chaque phrase a été codifiée afin de relever les relations entre les positions des partis politiques et les douze problématiques. La cueillette des données est visiblement très impressionnante et reflète le travail de moines que les chercheurs ont dû accomplir. De plus, la stratégie de recherche est originale puisqu'elle diffère des approches dominantes qui analysent plutôt les programmes des partis ou bien utilisent les sondages d'experts. Les graphiques représentant les positions des partis politiques ainsi que celles de l'électorat sont parfois difficiles à saisir pour le non-initié à l'analyse multidimensionnelle mais les descriptions minutieuses que les auteurs apportent sont très appréciées car elles permettent une meilleure compréhension du visuel. *West European Politics in the Age of Globalization* est un travail qui permet de repenser l'étude des partis politiques en Europe et s'adresse donc aux lecteurs familiers avec le sujet.

En ce qui a trait à la thèse principale des auteurs, une question légitime se dessine au fur et à mesure que les chapitres se succèdent. Si la mondialisation est la cause de changements dans les structures politiques nationales (au point de voir apparaître une configuration politique tripolaire : la gauche, la droite modérée et une nouvelle droite populiste), nous devrions observer des résultats similaires dans d'autres pays et surtout dans des pays qui partagent une forte ouverture économique et qui représentent un fort pouvoir d'attraction pour l'immigration. Les auteurs suggèrent même de poursuivre la recherche afin de vérifier si des conclusions similaires peuvent êtres dégagées. Sans avoir fait d'étude sur le sujet, il est possible de constater que de tels résultats sont difficilement applicables à d'autres pays. Prenons un exemple : le

Canada. Bien que très libéral dans sa dimension économique, et sujet à des vagues importantes d'immigration, le Canada n'a pas vu son système politique se transformer et n'a pas assisté à une montée de l'extrême droite. Pouvons-nous alors penser que les changements au niveau des profils idéologiques ainsi qu'au niveau de l'organisation politique en Europe de l'Ouest ne sont en fait que les conséquences de l'intégration européenne ?

Si une reconfiguration de l'espace politique national a lieu dans la plupart des pays européens et non ailleurs, il est alors légitime de se questionner sur la source de ces transformations. En apparence, l'intégration européenne et la mondialisation semblent être un seul et même phénomène de libéralisation économique. D'ailleurs l'Union européenne est souvent considérée comme le cheval de Troie du libéralisme économique en Europe. Les mécanismes européens d'intégration négative, soit la suppression des droits de douanes et des entraves aux échanges et à la libre concurrence, sont évidemment des processus de mondialisation de l'économie, mais l'Union européenne ne se limite pas qu'à ce rôle de promoteur de la libéralisation des marchés. En tant qu'organisation supranationale, elle a le pouvoir d'imposer aux États-membres des directives par des règles juridiques qui ont prééminence sur les législations nationales. De ce fait, les États se retrouvent dans l'incapacité de pratiquer des politiques d'encadrement des marchés puisque l'intégration européenne a affaibli de façon considérable leurs pouvoirs de résolution des problèmes liés aux aléas du libéralisme économique. Ainsi, bien plus que la mondialisation, l'Union européenne peut porter atteinte à la souveraineté étatique car les décisions bruxelloises ont, d'une part, juridiquement préséance sur celles des États-membres et d'autre part, elles s'accompagnent d'un pouvoir coercitif, c'est-à-dire d'un risque de sanctions si non appliquées.

Est-il alors possible de penser la transformation de l'espace politique national en Europe comme la conséquence de l'européanisation ? Est-il possible que l'émergence d'une droite populiste en Europe soit en fait la réplique des perdants de l'intégration européenne ? Il est difficile de répondre avec certitude à ces questions parce que les deux phénomènes (l'intégration européenne et la mondialisation) s'entrecroisent et se mêlent au point où il est presque impossible de savoir lequel des deux est le véritable instigateur des changements politiques nationaux en Europe. La seule certitude est que les *deux* interagissent ensemble pour transformer la nature des politiques nationales. Il serait donc peut-être plus approprié de rebaptiser cet ouvrage : *West European Politics in the Age of Globalization and Europeanization.*

Laurent **Labrot**

Roland Erne, *European Unions: Labor Quest for a Transnational Democracy*, Ithaca et Londres, Cornell University Press, 2008, 260 pages.

Il est des domaines d'analyses particulièrement complexes pour la science politique contemporaine, et la conduite d'une réflexion théorique portant sur le positionnement des organisations syndicales de salariés au niveau européen en fait incontestablement partie. La grande difficulté de la démarche, qui explique le peu de références directes sur le sujet, peut s'expliquer facilement. D'une part, une telle réflexion ne peut s'affranchir d'une parfaite connaissance des confédérations nationales qui composent la Confédération européenne des syndicats (CES), mais elle doit aussi d'autre part comprendre les méandres des négociations interprofessionnelles et sectorielles avec en toile de fond les ambigüités d'une Europe oscillant au gré des vents entre néolibéralisme et volontarisme social théoriquement assumé. Bref, un ensemble particulièrement ardu qui rend l'approche de Roland Erne importante et stimulante.

Dans un ouvrage de 251 pages, l'auteur va proposer une analyse ramassée de l'objet syndical européen dans une perspective de science politique, avec comme point de départ et d'arrivée la question de son rôle fondamental dans les évolutions de la construction européenne. Le titre de l'ouvrage précise ainsi la question séminale posée par R. Erne, à savoir le positionnement des grandes confédérations vis-à-vis du projet de construction européenne lui-même, des perspectives de démocraties transnationales, et de leurs stratégies de négociations à une échelle continentale avec en particuliers les grands groupes. Refusant tout angélisme pourtant fort répandu dans ce contexte, l'auteur ne délivre pas ainsi *a priori* au syndicalisme européen un brevet de promoteur intrinsèque de la démocratie et du progrès social, mais considère tous les aspects du problème pour construire une réponse qui démontre bien la complexité du jeu d'acteur et les illogismes d'un lobbying chaotique et manquant clairement de perspectives fondamentales. On est bien ici sur l'élaboration d'un cadre d'analyse avec des précisions sur l'agenda ainsi que sur le suivi d'un calendrier européen que l'on va tenter parfois d'infléchir avec des fortunes diverses. Si les apparences présentent un mouvement syndical uni au fil des euromanifestations qui rythmeront la dernière décennie, avec des revendications en faveur d'un véritable système social européen et la dénonciation de certaines dérives comme la directive Bolkenstein, la persistance d'un individualisme très perceptible à l'échelle nationale entrave considérablement l'influence potentielle de la CES.

À partir de ce questionnement initial, l'auteur s'interroge ensuite sur les finalités d'un syndicalisme européen particulièrement hétérogène, dépendant d'organisations nationales souvent tentées par des attitudes corporatistes, et qui doit composer le plus souvent avec des positionnements contradictoires selon les dossiers et stratégies suivies.

Roland Erne nous propose dans une seconde partie une analyse qui porte sur plus de vingt ans de négociations nationales sur les revenus des salariés, esquissant une typologie précise en matière de stratégie mais également de résultats. L'écart constaté dans une grande majorité d'états membres entre les revenus des salariés et la productivité ne fait ainsi que s'amplifier ces dernières années, et questionne tout à la fois sur les stratégies suivies par les syndicats autour de la table des négociations, mais également en toile de fond sur le déclin de leurs effectifs dans la quasi-totalité des pays membres de l'Union européenne et donc de leurs pouvoirs réels. On discernera ainsi les objectifs traditionnels du syndicat qui sont avant tout centrés sur la défense des acquis en terme de conditions de travail et de revenus, d'un véritable projet social pour le monde du travail, plateforme politique qui devrait logiquement accompagner les mouvements syndicaux ces prochaines années et dont certaines esquisses avaient été proposées en Espagne lors du dernier congrès de la CES. Or, l'ouvrage montre bien que même les missions traditionnelles du syndicat ne sont pas remplies au niveau européen, ce qui questionne sérieusement sur l'avenir d'un dialogue social que l'on verra comme aussi prometteur que long à se dessiner dans cette perspective. Pourtant, loin de déboucher sur la fin du syndicat et de reprendre ainsi certains crédos éculés, les conclusions de R. Erne dans ce contexte précisent les contours de nouvelles règles du jeu qui verraient ces organisations fluctuer entre démocratisation et technocratisation dans un ensemble ouvert et pragmatique. Ce n'est donc ni une dénonciation ni un plébiscite du système syndical européen qu'il propose mais bien un cadre analytique qui permet de juger de ses évolutions à venir. On retrouve ici une impression qui se dégage tout au long de la lecture de l'ouvrage, à savoir que l'on a bien ici avant tout la définition d'une méthodologie susceptible d'être partagée avec d'autres acteurs, et pouvant conduire à de nouveaux travaux qui en approfondiraient certains axes et perspectives.

Dans une dernière partie enfin, l'auteur s'intéresse plus particulièrement aux problématiques des grands groupes en Europe et des stratégies suivies par les représentants des salariées dans le cadre des Comités de groupes européens. On retrouvera ici deux exemples particulièrement connus des médias ces dernières années avec les dossiers ABB Alstom et Alcan-Pechiney-Algroup. Avec ces études de cas, l'auteur souligne leurs spécificités mais également les stratégies de coopérations mises en place par les branches syndicales concernées dans plusieurs pays européens, avec en toile de fond le rôle d'une commission européenne à l'attitude souvent ambivalente. Roland Erne reprend ainsi entre autre plusieurs travaux du Gouvernance Union Research Network (GURN) et s'interroge sur la régulation de tels redéploiements industriels, particulièrement en terme d'échanges impliquant les branches syndicales concernées. Il présente ainsi un cadre peu connu du public et caractérisé par une approche commune faite tout à la fois de références à l'économie internationale et aux politiques industrielles, mais également de culture européenne et de pratiques lobbystes, sans oublier les mécanismes inhérents à la négociation collective. Pour l'auteur, l'émergence de cette sphère au cours des dernières décennies présente un exemple de transformation du cadre économique désormais installé à l'échelle européenne et évoluant en lien direct avec l'ensemble des partenaires institutionnels. On retrouvera dans cette analyse plusieurs travaux de science politique portant sur les évolutions de la représentation d'intérêt, mais également une perspective systémique que ne renierait pas par exemple Hanspeter Kriesi dans ses travaux sur le système politique Suisse, où encore Charles Tilly et ses analyses du système démocratique européen. Ici encore, on pressent que certains développements rapides feront l'objet d'analyses plus précises dans de futures publications.

Il est évident que l'ouvrage s'adresse avant tout à un public bien au fait des circonvolutions du syndicalisme européen et qui maîtrise également une approche fondée sur la science politique théorique. Ces deux préalables constituent tout à la fois une logique stimulante pour l'esprit mais également une sérieuse limite en termes de lectorat. On pourra également reprocher à l'ouvrage une certaine aridité, qui tient à la fois à la complexité du sujet, mais également à la volonté de l'auteur de couvrir un maximum de contenu autour de sa problématique générale. Ainsi, le choix d'analyser successivement les stratégies de négociations syndicales à l'échelle européenne avant d'aborder la question des firmes propose certes des chapitres très différents, mais va quelque peu malmener le lecteur non initié et même surprendre le spécialiste qui s'attendait à des développements plus homogènes. Si l'ouvrage réussit ainsi le tour de force de dresser un panorama complet des réalités syndicales européennes dans une perspective de théorie politique en deux cent cinquante pages, il y parvient au détriment de certains jalons explicatifs. Évoquer l'action des Comités de groupes européens est totalement pertinent, mais ne pas parvenir *a minima* sur le contexte de leurs créations limite l'analyse pour un grand nombre de lecteurs. On débouche ici sur un constat peu perceptible au départ, celui qui voit R. Erne s'appuyer sur un corpus analytique ainsi que sur une culture du sujet qui pointe une certaine exception française en la matière. Alors que la question syndicale a fait l'objet et depuis longtemps de nombreuses analyses de théorie politique au sein du monde anglo-saxon, nordique, et même méditerranéen[1], l'approche française se caractérise généralement par sa démarche exclusivement sociologique. Cette dernière va dans le meilleur des cas comme avec l'ouvrage d'Anne-Catherine Wagner[2] « Vers une Europe Syndicale » proposer une réflexion de qualité sur le sujet, mais sans développer une théorisation à l'aune des travaux de science politique contemporains. Si l'approche sociologique se suffit à elle-même et répond parfaitement à certaines problématiques du syndicalisme contemporain, elle en saurait en revanche se substituer à une démarche de science politique théorique comme on a parfois tendance à vouloir nous le faire croire en France. Vouloir ainsi comparer des ouvrages de sociologie avec des analyses de théorie politique n'a pas grande signification, les approches en étant totalement distinctes tout comme les finalités. On remarquera enfin dans ce contexte que l'ouvrage de R. Erne, que l'on ne peut pour ces derniers motifs que souhaiter voir traduit un jour en français, propose une vision claire et documentée du syndicalisme européen. On ne retrouve ainsi aucun des poncifs qui fleurissent dans nombre d'ouvrages hexagonaux, tel que sa disparition prochaine, la malhonnêteté fondamentale de ses membres, sa subversion aux travers idéologiques, et enfin sa direction constituée d'idéalistes nimbés de quelque pureté originelle et qui souffriraient d'un martyr christique face au grand capital. Pour cette seule perception claire du sujet, l'ouvrage de R. Erne se doit de figurer dans toutes les bibliographies de science politique où il pourra même faire œuvre pie en prenant utilement la pace de quelques autres.

Au final et après une conclusion très dense qui explicite les conclusions obtenues, on se doit d'accorder à l'ouvrage de R. Erne toute l'importance qu'il mérite. Si les acteurs syndicaux eux-mêmes retrouvent dans ces pages certaines réalités qu'ils connaissent et maîtrisent, il n'existait à ce jour aucune synthèse éclairante du déploiement et de la finalité syndicale à l'échelle européenne actuelle. L'approche de science politique conduit à de multiples questionnements concernant le modèle social européen en gestation, et permet une approche de la notion de pouvoir dans ce contexte. Il ne serait pas étonnant que cet ouvrage devienne un classique dans les années à venir et qu'une majorité de travaux portant sur le syndicalisme européen y voient la dynamique initiale dont ils ont pu s'inspirer.

AUTEURS

Nathalie **BRACK** est membre du CEVIPOL (Centre d'études de la vie politique), Institut d'études européennes, Université libre de Bruxelles.
nbrack@ulb.ac.be>nbrack@ulb.ac.be

Olivia-Larisa **CHICOS** est étudiante à la maitrise au Département de science politique de l'Université de Montréal.
olivia-larisa.chicos@umontreal.ca

Olivier **COSTA** est chargé de recherche CNRS au SPIRIT (Science politique, Relations internationales, Territoire), Institut d'études politiques de Bordeaux.
o.costa@sciencespobordeaux.fr

Mathilde **DARLEY** est chargée de recherche CNRS au CESDIP (Centre de recherches sociologiques sur le droit et les institutions pénales, Université de Versailles Saint- Quentin.
mathilde.darley@gmail.com

Clarissa **DRI** est doctorante au SPIRIT (Science politique, Relations internationales, Territoire), Institut d'études politiques de Bordeaux.
clarissadri@yahoo.com.br

Nora **EL QADIM** est doctorante au Centre d'études européennes, Sciences Po, Paris.
nora.elqadim@sciences-po.org

Adrian **FAVELL** est Professor of European and International Studies, Aarhus University.
ihoaf@hum.au.dk

Virginie **GUIRAUDON** est directrice de recherche CNRS au CERAPS (Centre d'études et de recherches administratives, politiques et sociales), Université Lille Nord de France.
guiraudon@univ-lille2.fr

Katarzyna **KARNASZEWSKA** est candidate au programme M. Sc. de l'Université de Montréal (spécialisation en migrations internationales).

Laurent **Labrot** est professeur associé à l'Institut d'études politiques de Grenoble.
Labrot.laurent@magic.fr

Nicolas **Leron** est doctorant en science politique au Centre d'études européennes de Sciences Po, Paris.
Nicolas.leron@gmail.com

Pierre **Monforte** est post-doctorant, au CPDS (Centre de recherches sur les Politiques et le développement social), Université de Montréal.
pierre.monforte@umontreal.ca

Yann-Sven **Rittelmeyer** est membre du CEVIPOL (Centre d'études de la vie politique), Institut d'études européennes, Université libre de Bruxelles.
Yann-Sven.Rittelmeyer@ulb.ac.be

Bastien **Sibille** est membre de la Chaire de recherche du Canada en citoyenneté et en gouvernance et chercheur associé au CERAPS (Centre d'études et de recherches administratives, politiques et sociales), Université Lille Nord de France.
Bastien.sibille@gmail.com

Cristina **Stănculescu** est membre du CEVIPOL (Centre d'études de la vie politique), Institut d'études européennes, Université libre de Bruxelles.
cstancul@ulb.ac.be

Cornelia **Woll** est chargée de recherche FNSP, Centre d'études et de recherches internationales, Sciences Po, Paris.
cornelia.woll@sciences-po.fr

Numéros parus :

- **n°1 avril 2000** : La recherche en science politique et l'Union européenne
- **n°2, septembre 2000** : Construction européenne et politiques sociales
- **n°3, janvier 2001** : L'élargissement de l'Union européenne
- **n°4, printemps 2001** : Mobilisations et clivages socio-politiques en Europe
- **n°5, automne 2001 :** La Commission européenne
- **n°6, hiver 2002 :** Les partis politiques britanniques et l'intégration européenne
- **n°7, printemps 2002 :** Les groupes d'intérêt et l'Europe
- **n°8, automne 2002 :** La défense en Europe
- **n°9, hiver 2003** : Les parlementarismes européens
- **n°10, Printemps 2003** : L'Euro
- **n°11, automne 2003** : Administrer l'union européenne
- **n°12, Hiver 2004 :** L'Europe au Microscope du Local
- **n°13, Printemps 2004 :** Réformer l'Europe : La Convention européenne
- **n°14, automne 2004 :** Enseigner L'Europe
- **n°15, Hiver 2005 :** L'Élargissement de l'UE – les nouveaux membres
- **n°16, Printemps 2005 :** Européaniser les partis politiques
- **n°17, automne 2005 :** À la recherche de la politique étrangère européenne
- **n°18, Hiver 2006 :** La socio-histoire de l'intégration européenne
- **n°19, Printemps 2006 :** Le patriotisme constitutionnel
- **n°20, Automne 2006 :** Genre et action publique en Europe
- **n°21, Hiver 2007 :** L'Europe du chômage
- **n°22, Printemps 2007 :** Sécurité extérieure de l'UE
- **n°23, Automne 2007 :** Sécurité intérieure de l'UE
- **n°24, Hiver 2008 :** Dieu loin de Bruxelles
- **n°25, Printemps 2008 :** Les approches sociologiques
- **n°26, Automne 2008 :** Amours et désamours entre européens
- **n°27, Hiver 2009 :** Les syndicats à l'épreuve de l'Europe
- **n°28, Printemps 2009 :** Les élections au Parlement européen
- **n°29, automne 2009 :** L'Europe au miroir de la Turquie
- **n°30, 2010** : L'identité européenne, entre science politique et science fiction

Prochain numero :

- **n°32, 2010 :** Les groupes d'experts

Abonnements :

L'Harmattan
Édition-Diffusion
7, rue de l'Ecole Polytechnique
F-75005 PARIS
Tel : (+ 33 1) 40 46 79 14
Fax : (+ 33 1) 43 29 86 20
harmat@worldnet.fr

Prix de l'abonnements :

particuliers

France : 1 an (3 numéros)	36,50 €
Etranger : 1 an (3 numéros)	41,20 €
étudiants	
1 an (3 numéros)	33,55 €

Directives pour contributions et politique éditoriale

1. Revue trimestrielle publiée avec le concours du CNRS, du laboratoire PACTE Grenoble et de la FNSP (Centre d'études européenne).
2. Le comité éditorial encourage toute proposition d'articles originaux à caractère scientifique liés aux études de l'intégration européenne, couvrant les domaines de le revue (Politiques publiques, Sociologie politique, Relations internationales,...)
3. Les manuscrits doivent être envoyés aux adresses mel suivantes : politique-europeenne@sciences-po.fr et celine.belot@iep-grenoble.fr. Un avis de réception sera renvoyé aux auteurs.
4. Chaque article doit être tapé en interligne double (Format A4). L'article peut être rédigé en français ou en anglais. Chaque manuscrit doit être accompagné d'un titre (en français et en anglais), d'un court résumé (en français et en anglais, 100 mots maximum) et d'une note biographique séparée indiquant le nom de l'auteur, son affiliation et son adresse complète incluant l'adresse électronique.
5. Les manuscrits ne doivent pas dépasser 45 000 signes (espaces non compris), notes de bas de page incluses.
6. Le comité éditorial prendra en compte des comptes rendus critiques de lecture (maximum 7 000 signes). Pour ces comptes rendus, les références bibliographiques seront intégrées aux notes de bas de page, selon la présentation : Prénom, Nom, *Titre*, Ville éditeur, numéros de page, date de publication ou Prénom, Nom, « *titre* », titre de la revue, volume (numéro), p. x-x. Il encourage, par ailleurs, la soumission de review articles portant sur un même thème, une question de méthode ou une problématique théorique.
7. La vocation de *Politique européenne* étant de promouvoir les études politiques sur l'Union européenne, le comité éditorial examinera toute proposition de contribution relative aux « Chantiers de recherche ». Le volume de ces présentations ne pourra excéder 15 000 signes (espaces non compris).
8. Les références bibliographiques doivent respecter la forme suivante : (Smith, 1997, 34), et être présentées en fin d'article. La rédaction de la bibliographie respecte la présentation : nom, prénom (date), *Titre*, Ville, éditeur, numéros de page : Greenwood Justin et Aspinwall Mark (dir.) (1998), *Collective Action in the European Union*, Londres, Routledge. Pour les articles : Nom Prénom (date), « titre », titre de la revue, volume (numéro), p. x-x.
9. Les notes de bas de page doivent avoir la numérotation continue.
10. En soumettant son manuscrit aux éditeurs, l'auteur accepte de transférer les droits exclusifs de publier l'article, incluant le droit à toute reproduction.
11. Après deux évaluations anonymes, une fois l'article retenu pour publication, il sera demandé aux auteurs de fournir la version électronique finale du manuscrit par e-mail.

559027 - Mars 2014
Achevé d'imprimer par